Achim Kubiak

Faszination 911

Eine Typologie des Porsche 911

Delius Klasing Verlag

Außerdem ist von Achim Kubiak
im Delius Klasing Verlag erschienen:
Faszination 356 – Eine Typologie des Porsche 356

Bibliografische Information der Deutschen Nationalbibliothek
Die Deutsche Nationalbibliothek verzeichnet diese Publikation in der
Deutschen Nationalbibliografie; detaillierte bibliografische
Daten sind im Internet über http://dnb.d-nb.de abrufbar.

3. Auflage
ISBN 978-3-7688-1581-9
© by Delius, Klasing & Co. KG, Bielefeld

Gestaltung, Satz und Lithografie: concept & design werbeagentur gmbh, Bottrop
Druck und Bucheinband: Kunst- und Werbedruck, Bad Oeynhausen
Printed in Germany 2007

Alle Rechte vorbehalten! Ohne ausdrückliche Erlaubnis
des Verlages darf das Werk, auch nicht Teile daraus, weder
reproduziert, übertragen noch kopiert werden, wie z. B.
manuell oder mithilfe elektronischer und mechanischer
Systeme inklusive Fotokopieren, Bandaufzeichnung und
Datenspeicherung.

Delius Klasing Verlag, Siekerwall 21, D - 33602 Bielefeld
Tel.: 0521/559-0, Fax: 0521/559-115
E-Mail: info@delius-klasing.de
www.delius-klasing.de

Inhalt

Der Elfer – Dem Mythos auf der Spur 7

1957 – 1963: Vom 356 zum 901 – Ein neuer Sportwagen reift heran 10

1963 – 1968: Das Maß aller Dinge – Sportwagen mit Sechs-Appeal 22

1968 – 1973: Formatänderung – Der Elfer wird erwachsener 50

1973 – 1977: Verjüngungskur – Mehr Sicherheit und Komfort 78

1977 – 1983: Kastration – Tribut an den großen Bruder 110

1983 – 1989: Reifezeugnis – Anknüpfen an alte Traditionen 134

1989 – 1993: Moderne Zeiten – Mit Allradantrieb und Katalysator 160

1993 – 1998: Der Letzte – Das Ende der luftgekühlten Ära 190

1998 – 2004: Charakterfrage – Wassergekühlt in die Zukunft 212

2004 – heute: Auferstehung – Die Legende lebt – Feinarbeit mit Fingerspitzengefühl ... 246

Suchtfaktor 911 – Mit dem Elfer unterwegs 273

Danksagung 278

*Er ist mehr als ein Automobil und mehr als ein Sportwagen.
Seine wirklichen Anhänger werden als die »Gusseisernen«
bezeichnet und sind süchtig nach ihm –
dem Porsche 911.*

Der Elfer

Dem Mythos auf der Spur

Es mag sein, dass andere aufregendere Kleider trugen, schöner oder auch schneller waren oder in Zeiten des immer stärker werdenden Sicherheitsbewusstseins mit modernerer Technik ausgestattet waren, aber keiner brachte über so viele Jahrzehnte ganze Scharen von Schuljungen so zum Schwärmen wie er: der Porsche 911.

Als er nach vielen Jahren der Entwicklung endlich als orderbarer Sportwagen mit der Bezeichnung 901 im September 1963 auf dem Porsche-Stand der Internationalen Automobilausstellung in Frankfurt stand, ging ein Raunen durch die Menge der Porsche-Enthusiasten. Der Neue hatte sich von seinem Vorgänger, dem Porsche 356, weit entfernt. Zwar bedurfte dieser dringend einer Leistungskur und sollte durch bessere Platzverhältnisse dem steigenden Komfortanspruch der Kundschaft gerecht werden, aber damit rückte er auch preislich in andere Regionen. Mit 23 900,– Mark war der 901 mehr als 7000,– Mark teurer als ein Porsche 356 SC Coupé mit dem 95-PS-Stoßstangentriebwerk.

Jedoch erwies sich der Entwurf von Ferdinand Alexander Porsche, genannt »Butzi«, schnell als Meilenstein in der Porsche-Geschichte. Nach einer Zeit der Gewöhnung und der, aufgrund eines Einwandes von Peugeot, Umbenennung zum Porsche 911, war der Neue voll akzeptiert. Dazu trug entscheidend der neu entwickelte Sechszylinder-Boxermotor bei. Nach wie vor im Heck platziert, verlieh er dem »Elfer« zusammen mit dem neu konzipierten Fahrwerk Fahrleistungen, von denen 356-Fahrer nur zu träumen wagten.

Sicher hat die kontinuierliche Entwicklungsarbeit auch noch so unbedeutend erscheinender Details viel mit dazu beigetragen, den Elfer zu dem zu machen, was er heute ist – ein Mythos in der Sportwagengeschichte. Dabei wurden das Erscheinungsbild und der Charakter des Fahrzeugs nie wirklich verändert. Die typische Silhou-

ette blieb bis Anfang der 1990er-Jahre erhalten und galt für viele Elfer-Fahrer als unantastbar.

Schon bei seinem Erscheinen stand der Porsche 911 für etwas Besonderes. Ihn zu fahren war für viele Automobilisten, die diesen Sportwagen erstmals bewegten, ein Abenteuer. Der kleine, überschaubare und ergonomisch auch heute noch genau passende Innenraum war genau das, was sich Sportwagenfahrer wünschten. Die großzügige Uhrensammlung vor dem Fahrer war in ihren Grundzügen einfach nicht zu verbessern. Alle Bedienungshebel waren dort angeordnet, wo man sie erwartete. Oder doch nicht? Wieso die Bedienung des Intervallscheibenwischers über einen kleinen Drehknopf zwischen Drehzahlmesser und Tachometer erfolgte oder das Schiebedach über einen links unter dem Armaturenbrett versteckten Knopf zu bedienen war, stellten die wahren Gusseisernen nie wirklich in Frage. Sie amüsierte es eher, wenn unkundige Beifahrer verzweifelt nach dem Türöffner im Cockpit suchten, der sich unauffällig in die Ablagefläche der Türtaschen einfügte. Für sie zählte nur der Fahrspaß, den der handliche Hecktriebler zu bieten im Stande war. Hatten sportliche Naturen in dem hervorragenden Gestühl erst einmal Platz genommen, konnte das Vergnügen 911 beginnen. Der Dreh am porschetypisch links angeordneten Zündschloss erweckte den heiser bellenden Boxer im Heck zum Leben und stimmte den Fahrer auf das Erlebnis 911 ein. Dass es sich hier nicht um einen verweichlichten Möchtegern-Sportler handelte, war

Elfer am wohlsten. Gierig verschlingt er jede Kurve und mit jedem Kilometer steigt die Freude, einen solchen Sportwagen standesgemäß zu bewegen.

Kraft bietet der Hecktriebler schon in seinen frühen Versionen genügend, auch in den T- und E-Versionen. Wer aber das wahre Elfer-Erlebnis sucht, liegt mit den stärkeren S- oder den späteren Carrera-Versionen richtig. In langen Jahren gereift hat alles seinen Platz, und die Bedienung erfolgt wie von selbst. Dabei sollte man allerdings nicht zimperlich sein, denn der Elfer erfordert eine starke Hand und eiserne Selbstdisziplin. Dass Nehmer-

schnell klar. Eindeutig, laut und deutlich war die Botschaft aus dem Heck zu vernehmen: Hier geht es zur Sache, wenn du willst! Und jeder, der schon einmal auf dem Fahrersitz eines Elfers Platz genommen, und nur etwas Benzin im Blut hatte, angereichert mit dem Geist und dem Bewusstsein eines Gusseisernen, konnte der Versuchung sicher nicht widerstehen, die Fuhre in Gang zu bringen. Mit viel Kraft im linken Fuß war die Kupplung bis zum Boden durchzutreten, und nicht immer gelang ein eleganter Start auf Anhieb. Der Kraftschluss erfolgte kurz und knackig, dann und wann, bei Ungeübten verbunden mit einem kleinen Ruck, der nichts anderes sagen wollte als »Gib' acht, jetzt geht's los!«

Behutsam vom ersten in den zweiten Gang, ein kurzer Dreh am perfekt in der Hand liegenden Ledervolant und dem Großstadtverkehr entfliehen in Richtung Landstraße der gehobenen Ordnung. Hier fühlt sich der

qualitäten gefragt sind, dokumentieren schon die Platzverhältnisse und die Lautstärke des Motors, der seine Arbeit im Heck unüberhörbar verrichtet. Dabei wird das Geräusch nie unangenehm, im Gegenteil, jeder Stoß auf das Gaspedal lässt den Sechszylinder-Boxer frohlocken und animiert ihn zu einer sportlicheren Gangart. Was nicht heißen soll, dass der 911 ständig mit Höchstgeschwindigkeit über die Straße geprügelt werden will. Den größten Spaß hat man auf bergigen, kurvigen Landstraßen mit wenig Verkehr, die eine gute Übersicht für den Fahrer bieten. Hier ist der Elfer in seinem Element. Handlich, mit bester Übersicht, schnell und trotzdem komfortabel, ist man in diesem Kraftpaket unterwegs.

Genießt man das Elfer-Vergnügen in einem frühen Exemplar aus den 1960er-Jahren, ist das Fahren noch sehr direkt, unverfälscht und erinnert stark an den Porsche 356. Fahrbahneinflüsse und Motorsound bestimmen das Fahrvergnügen und man merkt, dass der Komfortanspruch der Kundschaft noch längst nicht den Stellenwert hatte, wie in den 1980er-Jahren oder gar heute. Selbst hydraulische Helfer für die Kupplung sucht man vergebens, weshalb man stramme Waden mitbringen sollte, um das Auto angemessen zu fahren.

Mitte der 1970er-Jahre verweichlichte der Porsche 911 auf Wunsch der Porsche-Oberen im Schatten des 928 sehr, was seiner Beliebtheit im Kreise seiner Käufer aber keinen Abbruch tat. Insbesondere flammte die innige Beziehung der Porsche-Enthusiasten wieder auf, als

Klassik-Freunde stellt er damit heute den besten Elfer dar. Mit dem Erscheinen des Modells 964 im Jahre 1988 wurde alles anders. Der Vierradantrieb hielt in den Elfer genauso Einzug wie das Plastik-Ambiente. So verwundert es nicht, dass dieses Modell wegen seiner unharmonischen Front- und Heckstoßstangen von den Gusseisernen als »Kamei«-Prototyp verspottet wurde. Auch das hat seinen Ruhm nicht beschädigt.

Die Dinge änderten sich erst im Oktober 1993 wieder, als das Modell 993 präsentiert wurde. Von besonderer Harmonie und Rundlichkeit war die Rede und vom

1981 auf der Internationalen Automobil-Ausstellung in Frankfurt das erste 911 Vollcabriolet mit Allradantrieb und breiten Kotflügeln im Turbo-Look als Studie vorgestellt wurde. Die Euphorie, die man damit losgetreten hatte, war im Hause Porsche kaum fassbar. Der Elfer als der deutsche Sportwagen schlechthin sorgte noch einmal für mächtigen Wirbel. Vielleicht hat das die Marketing-Strategen in Zuffenhausen dazu bewogen, dem Klassiker in seiner nächsten Modellvariante die schmückende Zusatzbezeichnung »Carrera« mit auf den Weg zu geben. Dieses Modell stellt gerade in seiner letzten Entwicklungsstufe der Jahre 1988/89 die schönste Form des Fahrens dar. Mit seinen KAT-losen 231 PS besaß er immer noch etwas von jener trockenen Sportlichkeit der ersten Jahre, die einen echten Porsche ausmacht, und war dabei trotzdem schon komfortabel genug, um lange Strecken ausgeruht mit ihm zurücklegen zu können. Für viele Porsche-

schönsten Porsche seit dem 356. Auch technisch löste der Neuling mit seiner neuen Hinterachskonstruktion und dem auf 272 PS erstarkten Boxermotor Begeisterungsstürme aus. Selbst heute, nachdem der wassergekühlte Porsche 911 allgegenwärtig ist, hat gerade dieses Modell nichts von seiner Faszination verloren. Im Cockpit beherrschen nach wie vor die fünf großen Rundinstrumente das Bild, und hat man erst einmal Platz genommen, so übt man gern Verzicht auf modisch verspielte Schalterchen hier, billig wirkende Plastikblenden dort und selbst auf eine perfekte Ergonomie, wie sie in nahezu jedem anderen Großserienfahrzeug an der Tagesordnung ist. Irgendwie hat man sich in all den Jahren an die kleinen Unzulänglichkeiten des Heckmotorhochleistungssportlers gewöhnt und möchte sie trotz aller noch so sinnvoll erscheinenden elektronischen Helferlein nicht missen. Porsche 911 – bleib so, wie wir dich mögen!

Vom 356 zum 901

1957 – 1963:   Ein neuer Sportwagen reift heran

Schon Mitte der 1950er-Jahre, als der Porsche 356 in seiner Blütezeit stand, gab es im Hause Porsche Bestrebungen, dem gestiegenen Leistungs- und Komfortbewusstsein der Kunden mit einem neuen, größeren und noch exklusiveren Modell entgegen zu treten. Neben dem Bedürfnis nach mehr Leistung standen für das neu zu entwickelnde Modell vor allem bessere Platzverhältnisse auf der Wunschliste. Schließlich wollte der Familienvater mit seinen beiden Kindern nicht auf einen Porsche verzichten, und auch die Fahrt in den Urlaub oder zum Tennisplatz sollte keine Probleme bereiten.

Leistungsmäßig war der Vierzylinder-Stoßstangenmotor des Porsche 356 SC mit seinen 95 PS an der Grenze des Machbaren angelangt und der mit seinen 130 PS aufwändig konstruierte, stärkere Königswellenmotor für eine größere Serienproduktion viel zu teuer. Darüber hinaus entsprach er mit seinen lauten Betriebsgeräuschen nicht länger den Vorstellungen nach mehr Komfort für die Insassen.

Schon damals war ein Porsche ein besonderes Auto, auf das gut betuchte Sportfahrernaturen eben nicht verzichten wollten. Allerdings hatten sich die Zeiten geändert, und Fahrzeuge vom Schlage eines Mercedes 220 SE musste der Porsche-Fahrer auf Dauer ziehen lassen, wenn es um schnelles Fahren ging. Dabei tat der Porsche 356-Fahrer gut daran, seinen Blick immer mal wieder auf die Öltemperatur-Anzeige zu richten, denn diese zwang den Fahrer des kleinen Sportwagens, der immerhin 185 km/h schnell war, den Fuß vom Gaspedal zu nehmen, wenn er keinen Motorschaden riskieren wollte.

Anfang der 1950er-Jahre wurde unter der Leitung von Erwin Komenda, der bei Porsche für die Blechtechnik zuständig war, dieser viersitzige Versuchswagen entwickelt. Firmenchef Ferry Porsche fand ihn zu plump, deshalb entstanden Ende der 1950er-Jahre weitere Prototypen. Was von dem Komenda-Entwurf übrig blieb, war der Radstand. Den übernahm Ferdinand Alexander Porsche für seinen Entwurf 754 T7, der dem späteren 901 schon sehr nahe kam.

1957 – 1963
Vom 356 zum 901

In der Porsche-Versuchsabteilung wurde zunächst über eine Weiterentwicklung des erfolgreichen Typs 356 nachgedacht. Etwa, das Fahrzeug zu verlängern, um für vier Personen Platz zu schaffen, und es leistungsmäßig den gestiegenen Kundenwünschen anzupassen. Bereits Anfang der 1950er-Jahre konstruierte Erwin Kommenda, der seit 1931 bei Porsche für die Karosserien verantwortlich zeichnete, einen Viersitzer auf 356-Basis. Beim Firmenchef Ferry Porsche allerdings stieß der fertige Versuchswagen wegen seiner plumpen Form auf wenig Gegenliebe. Ferry Porsche war es dann auch, der schnell erkannte, dass fachkundige Hilfe von außen für das neue Modell unumgänglich war. Er verpflichtete für das neue Projekt keinen Geringeren als Albrecht Graf Goertz, der beim damaligen Automobil-Design-Papst Raymond Loewy mitarbeitete und 1955 den BMW-Sportwagen 507 geschaffen hatte. Dieser hatte weltweite Anerkennung gerade wegen seiner eleganten Linienführung gefunden.

Bei seinen Arbeiten hielt sich Goertz strikt an die Porsche-Vorgaben, die einen größeren Innenraum und das markante, Porsche-typische Fließheck forderten. Ab Sommer 1957 war der in New York lebende Goertz immer wieder in Stuttgart, um seinen Entwurf in vielen Skizzen den Porsche-Wünschen anzupassen. Obwohl man seinen Vorschlag für zu amerikanisch hielt, wurde ein Plastilin-Modell im Maßstab 1:1 davon angefertigt. Doch schließlich wurde das Projekt von Ferry Porsche gestoppt, weil es seiner Meinung nach zwar ein guter Entwurf für einen Sportwagen, aber eben nicht für einen Porsche war. Graf Goertz arbeitete parallel an einem zweiten Entwurf,

Schon in der Entstehungsphase des Entwurfes im Juli 1957 bemerkte man im Hause Porsche, dass der viersitzige Nachfolger des Porsche 356 von Albrecht Graf Goertz zu amerikanisch geraten war und viel zu weit weg von den Porsche-typischen Design-Merkmalen liegen würde. Trotzdem ließ man ein Plastilin-Modell im Maßstab 1:1 davon anfertigen.

Nach dem gescheiterten Design-Versuch von Albrecht Graf Goertz entstand dieses Halbmodell im Maßstab 1:1 aus Plastilin. Das Design der linken Hälfte stammt aus der Modellabteilung des Hauses Porsche unter der Leitung von Heinrich Klie. Die rechte Hälfte hingegen war der zweite Versuch des Grafen Goertz, dem Nachfolgemodell des Porsche 356 ein markentypisches Gesicht zu geben. Beide Entwürfe fanden bei Firmenchef Ferry Porsche wenig Zustimmung.

den er als Halbmodell ausführte. Ein anderes Halbmodell wurde von der Porsche-Modellabteilung unter der Federführung von Designchef Heinrich Klie gestaltet. Die beiden Studien-Modelle des Typs Nummer 695 waren so ausgeführt, dass sie rollbar waren und zum Vergleich aneinander geheftet werden konnten. Inzwischen war Ferry Porsches ältester Sohn Ferdinand Alexander, von allen »Butzi« genannt, in die 1951 von Heinrich Klie gegründete Porsche-Modellabteilung eingetreten. Er kam frisch von der bekannten Ulmer Hochschule für Gestal-

Auch der langjährige Mitarbeiter Ferry Porsches, Erwin Komenda, hatte wenig Glück mit seinen Entwürfen für den Porsche-356-Nachfolger. Nach Auffassung des Firmenchefs gerieten die Entwürfe, wie hier das 1962 entstandene Anschauungsmodell 754 T9, zu klobig.

1957 – 1963
Vom 356 zum 901

Der Fahrwagen des 911-Vorläufers mit der Typenbezeichnung 754 T7 wird heute aufwändig restauriert als Schauobjekt – wie hier während des Oldtimer Grand Prix 2003 auf dem Nürburgring – vorgeführt, versehen mit dem Vierzylinder-Königswellenmotor aus dem Porsche 356. Das Cockpit befand sich, wie man gut erkennen kann, noch im Vorserienstadium.

1957 – 1963
Vom 356 zum 901

Um dem geplanten Unterflurmotor ausreichend Luft zuführen zu können, hatte man zusätzlich zu den seitlichen Lufteinlässen zwischen die Stoßstangenhörner ein großes Lüftungsgitter montiert.

Die Platzverhältnisse für die Passagiere, insbesondere auf den Rücksitzen, waren beim Modell T7 schon wesentlich großzügiger ausgefallen als beim Porsche 356.

tung und wurde der Karosserie-Entwicklung unter der Leitung von Erwin Komenda zugeordnet. Dadurch pendelte er immer zwischen den beiden Abteilungen hin und her. Butzi stellte sich als Glücksgriff heraus, denn er bewies ein beachtliches Styling-Talent, und so wurden seine Ideen für das neue Modell gerne aufgegriffen. Die Arbeiten an den beiden Halbmodellen von Albrecht Graf Goertz und der Porsche-Modellabteilung machten gute Fortschritte, fanden aber trotzdem nicht die Zustimmung des Firmenchefs Ferry Porsche.

Inzwischen wurde der Wunsch nach einem Nachfolgemodell für den Porsche 356 immer dringlicher. An der Viersitzer-Idee mit Fließheck hielt man nach wie vor fest, um die Verwandtschaft zum 356 deutlich zu machen. Am 28. August 1959 begann Ferdinand Alexander Porsche dann, seine eigenen Vorstellungen von einem neuen Porsche unter der Typ-Nummer 754 T7 zu Papier zu bringen. Gegenüber dem Porsche 356 verlängerte er den Radstand um 300 Millimeter auf 2400 Millimeter und orientierte sich damit an den ersten viersitzigen Versuchswagen. Nachdem zahlreiche grobe Skizzen erstellt worden waren, wurden diese in ein Plastilin-Modell umgesetzt. Dieses Modell im Maßstab 1:7,5 wurde am 9. Oktober 1959 fertiggestellt und anschließend in ein blau lackiertes Harzmodell gegossen. Der Entwurf fand großen Zuspruch, und so entschloss man sich zur Herstellung eines Anschauungsmodells im Maßstab 1:1. Das Modell entstand auf einem Holzrahmen und wurde zur besseren Beweglichkeit mit Achsen aus dem Porsche 356 versehen.

Alle an dem Projekt T7 tätigen Mitarbeiter waren hochmotiviert, und so verwundert es nicht, dass das 1:1-Modell schon während der Feiertage am 28. Dezember 1959 fertiggestellt wurde. Das Modell zeigte, bis auf die in den linken vorderen Kotflügel integrierte Tankklappe, den Vorderwagen schon nahezu so, wie er später realisiert werden sollte. Der neue 901 war von seiner Karosserie her eindeutig ein Porsche. Die markanten Kotflügel

Erst Ende 1961 legte sich die Entwicklung des neuen Modells auf eine Richtung fest. Unter der Typen-Nummer 644 T8 entstand unter Ferdinand Alexander »Butzi« Porsche ein Modell im Maßstab 1:7,5, das dem späteren Porsche 901 schon sehr nahe kam.

Dieser Prototyp wirkt mit seinen Trommelbremsrädern vom Vorgänger-Typ 356, der unfertigen Frontpartie und den vielen kleinen Details wie den stehenden Scheinwerfern, dem Außenspiegel und den Türgriffen noch sehr unfertig.

mit ihren aufrecht stehenden Hauptscheinwerfern ließen schnell Assoziation zum Modell 356 aufkommen. Durch die zierlichen Dachsäulen geriet die Fahrgastzelle lichtdurchflutet hell und machte dadurch einen großzügigen Eindruck. Im Fond waren, wie schon beim 356, kleine Sitzschalen untergebracht, deren Rückenlehnen umgeklappt werden konnten und dadurch bei Bedarf den Gepäckraum vergrößerten.

Da für den neuen Porsche zunächst ein niedrigbauender Vierzylinder-Unterflurmotor geplant war, sah Butzi Porsche im Heckbereich Lüftungsschlitze in den Flanken der Karosserie vor. Später stellte man fest, dass diese in thermischer Hinsicht viel zu klein ausgefallen waren. Deshalb wurde das Nummernschild nach unten vesetzt und darüber eine große Lüftungsöffnung installiert. Zeitgleich mit der Anfertigung des 1:1-Modells hatte man ein weiteres Modell im Maßstab 1:7,5 anfertigen lassen, mit dem Windkanalversuche an der Universität Stuttgart durchgeführt wurden. Die am Modell befestigten Fäden zeigten dabei deutlich die noch existierenden aerodynamischen Schwachpunkte der Karosserie auf. Insbesondere betraf dies das abfallende Fastbackheck.

Ende 1959 gab Ferry Porsche das Startzeichen für den neuen Porsche mit der internen Bezeichnung Typ 754. Zunächst sollte ein Fahrwagen entstehen, der für die weiteren Versuche benutzt werden konnte. Dieses Auto wurde weiß lackiert – heute ist es dunkelgrün – und rollte am 1. November 1960 erstmals mit eigenem Antrieb. Am Steuer saß Konstrukteur Helmuth Bott. Sein Kommentar nach der ersten Testfahrt: »Das können wir vergessen!« Sein Unmut galt dem Zweiliter-Unterflurmotor mit seinem Stoßstangenantrieb und dem viel zu lau-

Die Feinarbeit am Modell 644 T8 war aufwändig und zeitraubend. Allein zur Gestaltung des Heckgitters ließ Butzi Porsche sechs Entwürfe anfertigen. Bei den beiden linken Varianten benutzte man die bekannten Gitterelemente des Porsche 356. Die rechte Variante mit dem gestreckten, querliegenden Gitter gefiel Butzi Porsche am besten.

1957 – 1963
Vom 356 zum 901

Die ersten fahrbaren Prototypen des neuen Porsche 901 waren stark getarnt. Neben der matten Lackierung wies der hier gezeigte Erlkönig noch zusätzliche, nicht für die Serienproduktion bestimmte Bauteile auf, die vom endgültigen Design des Fahrzeugs ablenken sollten.

ten Doppelgebläse. Die Karosserieform traf bei allen auf ein positives Echo.

Ferry Porsche selbst war es, der endlich den entscheidenden Schritt zum fertigen 911 wagte. Er gab grünes Licht für zwei weitere Projekte in diese Richtung. Sein Sohn Butzi sollte unter der Typenbezeichnung 644 T8 und Erwin Komenda unter der Typenbezeichnung 754 T9 weiter am neuen Porsche-Modell arbeiten. So entstanden zwei Lager. Komendas T9-Entwürfe wurden immer extremer und schwerer und entfernten sich damit immer weiter vom Porsche-typischen Sportwagenidealbild. Um die Machtkämpfe zwischen den Abteilungen Konstruktion um Erwin Komenda und Karosserie-Styling um Sohn Butzi Porsche zu beenden, beauftragte Ferry Porsche persönlich Walter Beierbach, den ehemaligen Geschäftsführer der Karosseriefabrik Reutter, die Porsche inzwischen übernommen hatte, mit der Umsetzung des Modells seines Sohnes in entsprechende Konstruktionszeichnungen. Komenda war davon natürlich überrascht, unterstützte das Projekt aber weiterhin.

1961 wurde Ferdinand Alexander Porsche zum Chef der Modellabteilung ernannt und damit seine Position bezüglich des Projektes gestärkt. Unter der Typ-Nummer 644 T8 verlief damit die Entwicklung des neuen Modells endlich in nur noch eine Richtung. Schon im Dezember 1961 wurde ein Entwurf für einen Zweisitzer mit einem Radstand von 2100 Millimetern als Plastilin-Modell im Maßstab 1:7,5 präsentiert. Nur dem unermüdlichen Einsatz der Techniker war es zu verdanken, dass durch die geplante neue, raumsparende Vorderachse der Elfer als 2+2-Sitzer weiterentwickelt wurde. Doch viele Dinge liefen nicht so glatt, wie man es sich gewünscht hätte. Auch die Konstruktion der neuen Vorderachse und Lenkung machte Probleme. Eine vollständige Realisierung des Projektes bis Juli 1963 schien nicht machbar zu sein, auch wegen der fortwährenden Arbeiten an der Karosserie.

Am 9. November 1962 fand dann die erste Probefahrt des komplett neuen Prototypen Porsche 901 durch

Die endgültige Form des neuen Typs 901 wurde zwar durch die vielen Tarnverkleidungen gut kaschiert. Aus heutiger Sicht ist die Form aber schon gut erkennbar gewesen.

Der neue Porsche 901 auf dem Werksgelände in der nahezu endgültigen Ausführung. Schaut man genauer hin, so kann man die noch provisorische Gestaltung der Lüftungsschlitze in der Motorhaube erkennen sowie die Doppelrohr-Auspuffanlage, die später durch eine Einrohr-Anlage ersetzt wurde.

Helmuth Bott, dem Leiter des Fahrversuchs, statt. Nur wenige Tage später folgten weitere Probefahrten. Schnell stand allerdings fest, dass die Montage der ersten Serienfahrzeuge nicht vor Frühjahr 1964 erfolgen konnte. Auf der anstehenden Frankfurter Internationalen Automobilausstellung sollte der neue Porsche 901 aber trotzdem gezeigt werden, obwohl dieser bis dahin nicht fahrbereit sein würde.

Die Arbeiten am 901 überschlugen sich durch die anstehende Präsentation auf der IAA. Viele Detaillösungen wurden probiert, verändert, verworfen und erneuert. So platzierte man den Tankeinfüllstutzen erst im März 1963 im linken vorderen Kotflügel. Auch die Ziergitter für die Belüftung unterhalb der Windschutzscheibe sowie für die Innenraumlüftung über der Heckscheibe wurden noch verlegt. Variantenreich zeigten sich auch die Versuche am Lüftungsgitter auf dem Heckdeckel. Die nun als Studio bezeichnete Styling Abteilung legte nur drei Wochen vor Beginn der IAA allein dafür sechs Lösungen vor. Ähnliches galt auch für die Innenraumgestaltung: keine Klarheit bei der Instrumententafel oder der Ausführung der Dreiecksschwenkfenster. Der Motor wurde Schritt für Schritt weiter entwickelt. Unter der Leitung von Ferdinand Piëch gelangte der neue, als Sechszylinder ausgelegte Boxermotor zur Serienreife.

Die IAA rückte immer näher, und erst kurze Zeit vorher lagen die wichtigsten Eckdaten des neuen Porsche 901 für die Präsentation auf dem Messestand fest. Die Ausstellung öffnete am 12. September 1963 in Frankfurt ihre Pforten, und während der IAA-Wagen Nummer 5 erstmals vom Publikum in Augenschein genommen werden konnte, arbeitete man im Werk Zuffenhausen an den sechs übrigen Prototypen. Man beschäftigte sich dort ins-

Der Blick in den Motorraum offenbart diesen Porsche 901 als improvisierten, unfertigen Prototypen. Lüfterrad und -gehäuse wurden für die Serie noch modifiziert.

Das Cockpit mit den fünf Rundinstrumenten, dem großen Holzlenkrad und der Holzdekorleiste auf dem Armaturenbrett, so wie es auch die ersten Serienfahrzeuge besaßen.

besondere mit der endgültigen Ausführung der Instrumententafel und der Anordnung der Schriftzüge. Noch bis 1964 unternahm man ausgiebige Windkanalversuche. Die Verkaufsabteilung bereitete während dessen das Vorführprogramm für das Inland und das europäische Ausland vor. Probleme bereitete neben vielen kleineren technischen Details der Preis des Neulings, der auf 23 900 Mark festgelegt wurde. Das waren 7000 Mark mehr als der Porsche 356 kostete. Bis zur Auslieferung der ersten Fahrzeuge erreichte der Verkauf eine Reduzierung dieses Preises um 1500 Mark.

Geplant war nun, den neuen Porsche 901 in drei Ausstattungsvarianten anzubieten. Die in Frankfurt ausgestellte Variante sollte als 901 de Luxe mit 130 PS starkem Zweiliter-Motor zum Preis von 22 400 Mark einschließlich Ganzleder-Ausstattung erhältlich sein. Dazu war eine als Standard-Ausführung bezeichnete Version mit Vierzylindermotor, Kunstlederinnenausstattung, lackierten statt verchromten Felgen und Holzlenkrad geplant. Die dritte Variante sollte ein »901 S« mit einem auf 150 PS gesteigerten Motor für 23 900 Mark sein. Beim Verkaufsstart am 7. Februar 1964 konnte zunächst nur die de Luxe-Variante geliefert werden.

Die ersten Käufer gerieten allerdings zu Testfahrern, denn immer wieder tauchten Probleme auf. Die Bremsen neigten zum Fading, die Beläge verschlissen durch starke Hitzeentwicklung überproportional schnell und auch das Fahrwerk stellte sich als problematisch heraus. Im

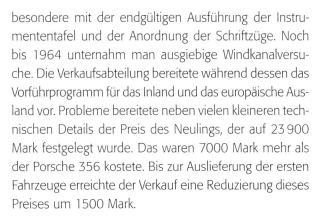

Schon fast fertig erscheint dieses Vorserien-Exemplar des neuen Porsche 901, das von der sportlichen Dame auf dem Werksgelände in Stuttgart präsentiert wird. Im Hintergrund rechts sind gut ein abgedeckter Prototyp sowie ein Porsche 356 Coupé zu erkennen.

Fahrversuch zeigte auch die ansonsten sehr steife Karosserie hier und da noch einige Probleme, wie etwa undichte Fensterrahmen bei höheren Geschwindigkeiten und Zugluft im Innenraum. Erst Ende August 1964 erklärten die Konstrukteure die Neuentwicklung Typ 901 für abgeschlossen.

Trotzdem gab es für die Konstruktionsabteilung in Sachen 901 noch einiges zu tun. Viele Kunden warteten sehnsüchtig auf eine Schiebedach-Version, die erst ab Juni 1965 geliefert werden sollte, und auch der Standard-901 mit dem angekündigten Vierzylinder-Motor war noch nicht verfügbar. An die gewichtsreduzierte Wettbewerbsversion mochte man gar nicht erst denken. Ein weiteres Problem trat auf, als man Anfang Oktober 1964 den neuen Porsche 901 in Paris auf dem dortigen Autosalon präsentierte. Peugeot intervenierte gegen die Typenbezeichnung 901, denn die Franzosen hatten bisher alle ihre Personenwagen mit dreistelligen Zahlen, die sich durch eine Null in der Mitte auszeichneten, typisiert. Die verantwortlichen Peugeot-Vertreter verwiesen auf das Urheberrecht. Weil Porsche für die weltweite Vermarktung aber eine durchgehende Typen-Bezeichnung anstrebte, änderte man diese kurzentschlossen in 911 um. Der geplante Vierzylinder hieß folgerichtig nicht 902, sondern Porsche 912. Die ersten Fahrzeuge des Typs 911 wurden am 27. Oktober 1964 in Stuttgart ausgeliefert. Damit war der Grundstein für den deutschen Sportwagen-Mythos gelegt.

Das Maß aller Dinge

1963 – 1968: Sportwagen mit Sechs-Appeal

Als der Porsche 901 endlich auf der Internationalen Automobilausstellung im September 1963 in Frankfurt dem Publikum vorgestellt wurde, galt für die meisten Porsche-Freunde immer noch der 356 als der Porsche schlechthin. Schließlich war dieser nach nun 15-jähriger Bauzeit zu einer Reife gelangt, die den meisten Automobilen verwehrt bleibt. Dem Publikum war der Neue sowieso zu eckig geraten. Der klassische Porsche-Kunde verehrte seinen 356 eben, für ihn war er mehr als einfach nur ein sportliches Automobil.

Der Neue sollte es also schwer haben. Deshalb war in den offiziellen Presse-Mitteilungen des Hauses Porsche auch nur davon zu lesen, dass der 901 lediglich den 356 Carrera mit seinem 130 PS starken Königswellenmotor ablösen sollte. Die 356-Modelle mit Stoßstangenmotor sollten zunächst weiter gebaut werden. Vor diesem Hintergrund und in Kenntnis, dass der neue Porsche 901 das Serienstadium noch lange nicht erreicht hatte, ist vielleicht auch zu erklären, dass die Werbestrategen aus Zuffenhausen sich in Zurückhaltung übten. Neben der üblichen Händler- und Presse-Vorstellung gab es einen nüchternen Prospekt, der die Faszination des neuen Sportwagens zu vermitteln suchte. Ganz im Stil der Zeit und den Tatsachen entsprechend zeigte er den neuen Porsche so,

Der Prospekt für den neuen Porsche-Sportwagen, den erste Interessenten auf der IAA 1963 in Frankfurt in die Hände bekamen.

wie er war: in manchen Details noch nicht ganz fertig, mit dem Lenkrad samt nostalgischem Chrom-Hupenring aus dem Vorgängermodell 356 und mit nur zwei großen Rundinstrumenten im Armaturenbrett. Im Text ging man ausführlich auf den Wechsel vom Vier- zum Sechszylindermotor ein und versuchte die Vorteile so gut es ging herauszustellen.

Fahren durften die Journalisten den neuen Porsche, der auch jetzt noch 901 hieß, erst im März 1964. Die Redakteure des Fachmagazins *auto, motor und sport* kamen als Erste in den Genuss, den neuen Sportwagen zu testen. Das Auto war schon mit dem neuen Armaturenbrett bestückt, das vor dem Fahrer fünf Rundinstrumente ausbreitete. Dazu zählten – von rechts – eine Zeituhr, ein

Die Skalen der Instrumente glichen noch denen aus dem Vorgängermodell 356.

Die Modellbezeichnung am Heck war bei den ersten Modellen schräg gestellt.

Typischer 1960er-Jahre-Charme: die Holzvertäfelung am Armaturenbrett.

Dieser frühe Porsche 911 verließ im September 1964 die Werkshallen in Stuttgart-Zuffenhausen. Nach einer aufwändigen Komplettrestaurierung steht er heute da wie am Tage seiner Auslieferung.

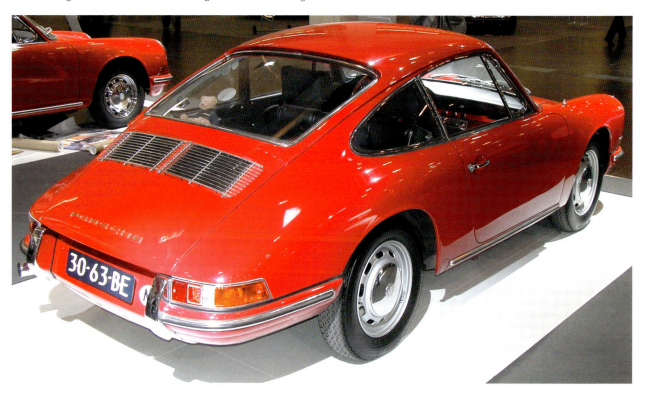

Tachometer mit einem Bereich bis zu 250 km/h, der dominant mittig angeordnete Drehzahlmesser und zwei Kombiinstrumente für Öldruck und Öltemperatur sowie für Benzin und den Motorölstand, was ein absolutes Novum zur damaligen Zeit darstellte. Die Frontfläche des Armaturenbretts hatten die Porsche-Designer mit einer Holzvertäfelung versehen, die heute den Charme der 1960er-Jahre verströmt. Unter dem Sicherheitsaspekt war das neue Fahrzeug mit jeweils einem dick gepolsterten kunstlederbezogenen Wulst an der Unter- und Oberkante des Armaturenbretts versehen. Mit zur Serienausstattung gehörten die Befestigungspunkte für die noch unüblichen Sicherheitsgurte und eine Verbundglas-Windschutzscheibe, die die Insassen bei einem Unfall vor Schnittverletzungen besser schützen sollte. Die Zahnstangenlenkung war in der Fahrzeugmitte angeordnet und wurde über zweimal geknickte Gelenkwellen betätigt. Das war zur damaligen Zeit ein erheblicher Beitrag zur inneren Sicherheit, denn anders als die normalerweise starren Lenksäulen, wie sie noch im 356 eingebaut waren, knickte die neue Porsche-Lenkstange bei einem Aufprall in sich zusammen. Natürlich verfügte der neue Porsche auch über eine weiterentwickelte Scheibenbremsanlage, die an allen vier Rädern montiert war. Auf eine Zweikreishydraulik hatte man hier allerdings verzichtet.

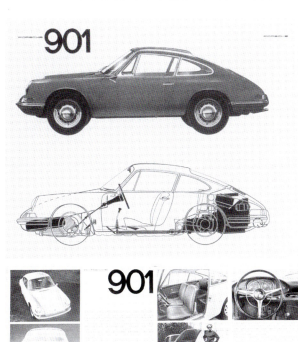

Die ersten Prospekte wiesen den neuen Porsche noch mit der Typenbezeichnung 901 aus.

Im Gegensatz zu der landläufigen Meinung der 356-Fahrer zur Form des neuen Porsche waren die Tester voll des Lobes: »Die Aufgabe … lässt sich kaum überzeugen-

Die Drehfenster sorgten für beste Frischluftzufuhr im Innenraum.

Filigrane Doppelstreben-Fensterkurbeln in den frühen Modellen von 1964.

Die äußeren Türgriffe mit rundem Öffnerdrücker der ersten Elfer.

Das Interieur eines Porsche 911, der im September 1964 ausgeliefert und kurz nach der Jahrtausendwende komplett restauriert wurde. Nicht immer ist es ganz einfach, die dem Original entsprechenden Accessoires, wie hier den Pepita-Stoffbezug der Sitze, zu finden.

Der 130 PS leistende Zweiliter-Boxermotor im Heck. *Die ersten Elfer wurden mit Stahlfelgen ausgeliefert.*

1963 – 1968
Das Maß aller Dinge

der lösen«, war da zu lesen. Auch die Anordnung der großzügigen Uhrensammlung vor dem Fahrer riss die Testfahrer zu wahren Begeisterungsstürmen hin. Besonders bemerkenswert fand man, dass »am Armaturenbrett lediglich Lichtschalter und Lüftungsregler angebracht sind«. Dies war zu jener Zeit keineswegs üblich. Konkurrenzprodukte, insbesondere die knorrigen Roadster aus England, waren noch mit einer Kippschalterleiste versehen, die nicht selten für Verwirrung bei der Bedienung sorgte. Nicht gelungen erschien den Testfahrern lediglich die Bedienung der Heizungs- und Belüftungsanlage. Dass dies seit dem VW Käfer ein Problem speziell luftgekühlter Fahrzeuge war, bestätigte sich auch beim neuen Porsche 901 und führte in den ersten Testberichten immer zu etwas argwöhnischen Bemerkungen. Zwar war die Heizungsanlage gegenüber dem Porsche 356 besser ausgefallen, doch optimal war sie noch immer nicht. Man hatte sich zum Serienanlauf für eine benzinelektrische Standheizung von Webasto entschieden, die ihre Arbeit zwar effektiv, aber nicht regelbar und sehr laut erledigte.

Waren viele Details in den Augen der Tester noch nicht optimal gelöst, so begeisterte sie der neue Sechszylindermotor mit seinen Solex-Dreifach-Vergasern umso mehr. Insbesondere das Anzugsvermögen und die Drehfreude wurden immer wieder positiv herausgestellt. Sie kamen zu dem Schluss: »Der neue Sportwagen … ist eines der interessantesten Autos der Welt.« Im Vergleich dazu benahm sich der Boulevard-Roadster Mercedes 230 SL sicherlich sehr harmlos. Auch die Exoten aus Italien oder England konnten dem Neuen in seiner kompromisslos sportlich-spartanischen Art nicht das Wasser reichen.

Im Jahre 1964 waren die deutschen Autobahnen noch völlig leer und animierten den Sportfahrer zur Ausnutzung der vorhandenen Leistung seines Sportwagens. Mit seinen 130 PS lief der neue Porsche 901 um die 210 km/h und beschleunigte in 9 Sekunden aus dem Stand auf Tempo 100. Dabei war er kein Kostverächter, denn schließlich wollte man mit ihm auch standesgemäß unterwegs sein. Wenn man die Leistung des Zweiliter-Sechszylinders richtig ausnutzte, gurgelten auch schon einmal bis zu 18 Liter Superbenzin durch die beiden Solex-Vergaser-Batterien. Kein Wunder also, dass manche Zeitgenossen den 62 Liter-Tank als viel zu klein empfanden. Bei extrem sportlicher Fahrweise musste man zudem mit einem erhöhten Ölverbrauch rechnen.

Wie schon die vielen Publikumsreaktionen während der Präsentation auf der Internationalen Automobilausstellung in Frankfurt zeigten, stand der hohe Preis von 23 900 Mark vielen Kaufinteressenten im Wege. Schließlich bekam man für knapp 16 500 Mark ein ausgereiftes

Typisch Porsche: Das Zündschloss war schon beim 356 links zu finden.

Die Warmluftausströmer im Fußraum stammen noch aus dem Porsche 356.

Im Kofferraumboden war das Ersatzrad in Fahrbereifung untergebracht.

Bei geschlossenen vorderen Dreiecksfenstern sorgte die Ausbuchtung am oberen Ende auf der Kofferraumhaube für ausreichende Frischluftzufuhr im Innenraum.

Hintere Ausstellfenster, Befestigungsösen für Gepäck auf den Rücksitzen und vom 356-C-Modell übernommene Warmluftausströmer für die Heckscheibenheizung in einem ganz frühen Porsche 911.

356 SC Coupé ohne Kinderkrankheiten und mit einem bewährten Motor, der immerhin 95 PS leistete. Diese Zurückhaltung der Käufer aus der angestammten Porsche-Kundschaft wurde auch im Werk registriert, und so war man bemüht, den Preis möglichst unter die 20 000-Mark-Grenze zu drücken. Das ist den Verantwortlichen jedoch nicht gelungen, und die ersten Kundenfahrzeuge verließen die Werkshallen zum Preis von 21 900 Mark.

Gewöhnen mussten sich die neuen Porsche-Kunden nicht nur an das geänderte Preisgefüge, sondern auch an das völlig neue Getriebe. Es war mit fünf Gängen ausgestattet und verfügte über ein merkwürdiges Schaltschema. Der erste Gang lag links unten und ließ sich nur mit fester Hand einlegen, indem man mit etwas Druck den leichten Widerstand überwand. Vom ersten in den zweiten Gang zu wechseln erforderte auch etwas Übung, denn der Schaltstock aus dem 356 C-Modell wollte mit sanftem Druck nach links und dann nach oben betätigt werden. Aber was zählten solche Kleinigkeiten gegenüber den handfesten Vorteilen, wie etwa dem für Sportwagenverhältnisse riesigen Kofferraum? Wer sich dazu durchringen konnte, seinen geliebten Porsche 356 abzugeben und trotz des höheren Preises auf den 901 umstieg, wurde nicht enttäuscht. Obwohl der Neue mit 4,13 Metern Außenlänge und 12 cm mehr Radstand zugelegt hatte, war er genauso handlich und einfach zu bewegen wie sein Vorgänger. Die großen Fenster und die niedrige Gürtellinie machten das neue Auto sehr übersichtlich.

Als problematisch erwies sich das Fahrverhalten der ersten Elfer. Insbesondere Seitenwind machte dem schnellen Sportwagen durch das Gewicht des Triebwerks auf der Hinterachse sehr zu schaffen. Hohe Geschwindigkeiten erforderten somit größte Aufmerksamkeit des Piloten, denn Fehler zu verzeihen, zählte nicht zu den Stärken des 901. So hatten die Konstrukteure im Fahrversuch auch nach Serienanlauf alle Hände voll zu tun, um dieses Problem in den Griff zu bekommen. Versuche an der Radaufhängung hatten eine extreme Untersteuerneigung zur Folge, was auch nicht im Sinne der Techniker war. Den Sportwagen mit Gürtelreifen der Dimension 165 HR 15 auszurüsten, brachte ebenfalls nicht den gewünschten Erfolg. Dabei galten diese gegenüber den herkömmlichen Diagonalreifen als besonders fortschrittlich und fahrstabilisierend.

Ein weiteres Problem stellte die Radlast dar, die wiederum von der Spannung der Drehstäbe an der Hinterachse abhängig war. Bei der Lösung des Problems gingen die Männer um Fahrwerksentwickler Helmuth Bott recht pragmatisch vor. In verschiedenen Experimenten beschwerte man den Vorderwagen mit Ballast, um dem 901 einen akzeptablen Geradeauslauf beizubringen. Schließlich füllte man die Stoßstangenecken mit Bleige-

1963 – 1968
Das Maß aller Dinge

wichten, um das Fahrverhalten erneut zu testen. Und siehe da, ein so aufbereiteter 901 war weniger windanfällig als ein Modell ohne Gewichte. Für die Serie hieß das, die Enden der Frontstoßstangen mit 22 Kilogramm Graugussmasse aufzufüllen, was die Herstellungskosten natürlich abermals in die Höhe trieb.

Parallel zu den Entwicklungsaktivitäten am Fahrzeug selbst drohte Ungemach durch den Einwand des französischen Automobilherstellers Peugeot in Sachen Typenbezeichnung. Dort erhob man für die eigenen Personenwagenmodelle den Anspruch auf alle dreistelligen Zahlen mit einer Null in der Mitte. Um einen Rechtsstreit, Negativschlagzeilen und ungleiche Typenbezeichnungen weltweit zu vermeiden, wurde kurzerhand aus dem 901 der 911.

Verfügten die ersten ausgelieferten Fahrzeuge noch über ein lästiges Dreischlüssel-System, so kam man dem gehobenen Komfortbewusstsein durch den Einbau einer Einschlüsselanlage nach. Auch die oft bemängelte Schwergängigkeit der Türen wurde schnell behoben, genauso wie das Problem der als beißend empfundenen warmen Luft, die die Heizungsanlage in den Innenraum beförderte. Für die waschechten Porsche-Fans waren all diese Kleinigkeiten natürlich kein Grund, ihrem Kultauto abtrünnig zu werden. Im Gegenteil, man fühlte sich dem Auto mehr und mehr verbunden und bescheinigte ihm sogar ein gewisses Eigenleben, mit dem man sich als wahrer Enthusiast abzufinden hatte. Tat man das nicht, lag man beim Porsche 911 falsch. So haben sich Rückleuchten, die nicht frei von Wassereinbrüchen waren, beschlagene Instrumente in den Übergangsjahreszeiten und noch viele andere liebgewonnene Mängelerscheinungen bis zum Ende der luftgekühlten Ära gehalten, was dem Elfer ernsthaft nie jemand wirklich übel nahm. Auch die Qualität der Karosserie machte den Zuffenhausenern Sorgen. Kunden der frühen Modelle klagten über Wassereinbruch an den unterschiedlichsten Stellen, schwergängige Ausstellfenster vorn und eindringende Abgase durch geöffnete Seitenfenster hinten. Andere Beschwerden wurden durch großzügige Kulanzregelungen beschwichtigt. So lag das ganze Augenmerk der Porsche-Entwicklungsabteilung auf den zu beseitigenden Qualitätsmängeln. Dazu besuchte man in den Jahren 1964 und 1965 verstärkt alle Zulieferer, um hier rasch effektive Lösungen zu schaffen.

Der Elfer wurde schneller von der Kundschaft angenommen, als zunächst erwartet worden war, deshalb folgten bald Lieferschwierigkeiten. Obwohl Porsche erst im Jahr 1963 das Karosseriewerk Reutter übernommen und damit seine Produktionskapazitäten erweitert hatte, sah man sich nach weiteren Partnern um. Um die neuen Stutt-

Abgedeckte Öffnungen für zusätzliche Nebelscheinwerfer in der Schürze.

Der abblendbare Innenspiegel aus dem Vorgängermodell 356.

Die Tankklappe war im linken vorderen Kotflügel untergebracht.

Der Porsche 912 kam serienmäßig mit nur drei großen Rundinstrumenten im Armaturenbrett daher. Wer wollte, konnte seinen 912 gegen Aufpreis aber dem Ausstattungsniveau des Elfers angleichen.

garter Qualitätsvorstellungen halten zu können, gab es nur einen Zulieferer, mit dem Porsche ins Geschäft kam. Die Osnabrücker Karmann-Werke, die schon Karosserien für den Porsche 356 hergestellt hatten, bekamen den Zuschlag.

Auch der technischen Probleme versuchte man Herr zu werden. Schwierigkeiten bereiteten immer wieder die eingesetzten Solex-Vergaser. Zwischen 2500 und 3000 U/min waren regelrechte Leistungslöcher vorhanden, die auch von den Porsche-Technikern nicht beseitigt werden konnten. Deshalb entschloss man sich, ab Februar 1966 alle Wagen mit Weber-Vergasern auszurüsten.

912 – Der Elfer mit Vierzylindermotor

Obwohl Porsche den Preis für den 911 nach dem Erscheinen auf der IAA 1963 erheblich gesenkt hatte, war für viele alte Porsche-Kunden der Elfer unerreichbar geblieben. Im August 1965 stand das Zweiliter-Sechszylin-

Rein äußerlich war der vierzylindrige Porsche 912 von seinem stärkeren Bruder 911 nicht zu unterscheiden, was ihn sehr beliebt machte.

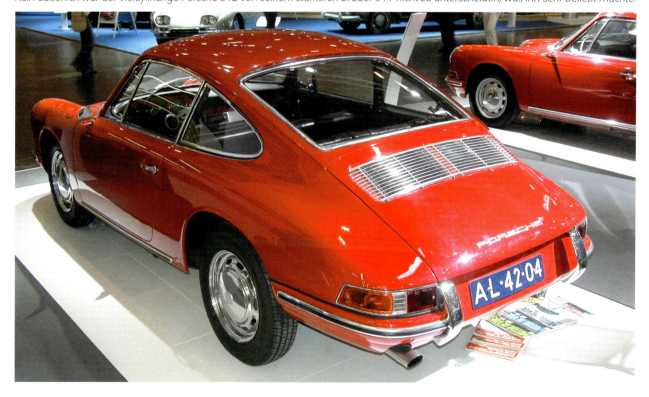

1963 – 1968
Das Maß aller Dinge

Der Vierzylindermotor wirkte etwas verloren im Motorraum.

Dieser Prospekt von September 1966 stellt den Porsche 911 und 912 in allen Details vor.

der-Coupé mit 22 900 Mark in der Preisliste. Da man kurz zuvor die Produktion des 356 aufgegeben hatte und die ehemalige Kundschaft nicht verlieren wollte, musste eine preiswertere 911-Variante her. Zuletzt kostete die Coupé-Version des 356 mit dem 95 PS starken 1,6-Liter-Motor 16 450 Mark, die leistungsschwächere C-Version mit dem 75 PS-Motor gar nur 14 950 Mark. Die Preisdifferenz war somit also eklatant groß. Die Idee, den 911 mit dem Vierzylindermotor aus dem alten Porsche 356 auszustatten und seine Ausstattung etwas abzumagern, war die einzig logische Konsequenz. So wurde für das Modelljahr 1966 denn auch der Porsche 912 erstmals zum Preis von 16 980 Mark für das Coupé angeboten. Den 95-PS-Motor hatten die Porsche-Techniker etwas modifiziert, sodass er nun 5 PS weniger leistete. Das tat den Fahrleistungen gegenüber dem 356 aber keinen Abbruch. Der 912 beschleunigte in 12,5 Sekunden von 0 auf 100 km/h, lief knappe 185 km/h Spitze und begnügte sich mit 13 Litern Super auf 100 km. Die Käufer konnten zwischen einem vollsynchronisierten Vier- oder

912-Hinweis am Armaturenbrett.

Kunstledersitze im Porsche 912.

Stoßstangenhörner ohne Gummibelag.

Dieses Fahrzeug ist ein Porsche 912 des Baujahres 1967 in Targa-Ausführung. Bei diesen frühen Modellen bestand die Heckscheibe noch aus Kunststoff und ließ sich öffnen, was ein cabrioähnliches Frischluftvergnügen garantierte.

Fünfganggetriebe wählen. Letzteres kostete keinen Aufpreis und war der Viergangschaltbox in jedem Fall vorzuziehen. Beide Getriebe ließen sich leicht und exakt schalten, insbesondere wenn man sich an das etwas merkwürdige Schaltschema des Fünfganggetriebes gewöhnt hatte. Schnell übertraf der neue 912 in den Produktionszahlen seinen großen Bruder 911. Daran änderte auch sein in Sportfahrerkreisen schlechteres Image nichts. 1966 wurden 2796 Elfer produziert, aber 9273 Modelle des Typs 912. Diese Produktionszahlen sprechen eine eindeutige Sprache und deuten an, dass man auch mit der betagten Motorkonstruktion des 912 angemessen unterwegs sein konnte. Die serienmäßig magere Grundausstattung der frühen Exemplare zeichnete sich unter an-

Die nur bis 200 km/h reichende Tachoskala weist diesen Porsche als 912 aus.

Der Targa-Bügel geriet zum Schrittmacher für eine neue Autospezies.

Die heruntergeklappte Heckscheibe für ein luftiges Vergnügen.

Mit geschlossenem Dach bot der Porsche Targa nahezu den Komfort eines Coupés. Bei höherem Tempo traten allerdings zunehmende Windgeräusche auf, die bei Höchstgeschwindigkeit jede Unterhaltung verstummen ließen.

derem durch die Einsparung eines Kombiinstruments und der Zeituhr aus. Ferner mussten 912-Fahrer auf den Teppichboden verzichten und sich mit einer einfachen Gummimatte im Fußraum begnügen, was natürlich für einen etwas kargen Eindruck sorgte.

Der neue Porsche Targa – das erste Sicherheitscabriolet der Welt

Die Sicherheitsdiskussionen Mitte der 1960er-Jahre wurden immer lauter, insbesondere in den USA, die für Porsche traditionsgemäß einen wichtigen Absatzmarkt darstellten. Hier waren wegen der gesetzlichen Auflagen Cabriolets bei nahezu allen Herstellern aus den Verkaufsprogrammen verschwunden. Porsche wagte 1965 einen Schritt in eine neue Richtung. Die Targa genannte Offenvariante des 911/912 sollte verloren gegangene und neue Kunden anlocken. Da man bereits bei der Entwicklung der 911-Karosserie ausdrücklichen Wert auf eine hohe Karosseriesteifigkeit gelegt hatte, war die Realisierung eines offenen Fahrzeuges kein Problem. Dem neuen Sicherheitsbewusstsein der Amerikaner kam der aus Edelstahl hergestellte Sicherheitsbügel, den die Porsche-Ingenieure quer über dem Fahrgastraum montiert hatten, gerade recht. Der neue Name Targa kam aus dem Italienischen und bedeutete »Schild«, hätte also nicht treffender gewählt werden können. Einerseits erinnert er an die legendären Erfolge von Porsche-Sportwagen bei der Targa Florio und andererseits assoziiert er für das neu geschaffene Sicherheits-Cabriolet solche Begriffe wie Schutzschild, der die Porsche-Insassen bei Überschlägen schützen sollte. Die neue Karosserievariante war sowohl für die starken 911-Sechszylinder- als auch für die neuen

Mit solchen Pressefotos stellte Porsche den neuen Porsche 911 Targa der Öffentlichkeit vor. Die Frischluft-Fanatiker waren begeistert, schließlich gab es den Elfer bis dahin nur in der geschlossenen Coupé-Version.

benrahmen konnte das Dach angehoben und nach vorn aus seinen Halterungen herausgenommen werden. Durch ein speziell konstruiertes Klappsystem ließ sich das Dach zusammenfalten und im vorderen Kofferraum oder auf den umgeklappten hinteren Sitzlehnen verstauen. Genauso schnell und einfach war es auch wieder montiert. Einziger Wermutstropfen war die laute Geräuschkulisse bei höheren Geschwindigkeiten, die das Targa-Dach im geschlossenen Zustand verursachte. Offen ließ es sich prächtig schnell fahren, ohne von orkanartigen Windorgien belästigt zu werden. Mit der Serienproduktion des Targa ließ sich Porsche gehörig Zeit, und die ersten Exemplare konnten erst Ende 1966 ausgeliefert werden.

Viele Targa-Kunden waren von der heraustrennbaren Kunststoffheckscheibe nicht begeistert. Deshalb kam man bei Porsche den Käuferwünschen nach einer festen, beheizbaren Glasheckscheibe, die alternativ geordert werden konnte, im Verlauf des Jahres 1967 nach. Schnell fand diese Variante die Zustimmung der meisten Targa-Käufer, sodass die Variante mit der Kunststoff-Heckscheibe bald aus der Preisliste verschwand. Die neue Variante

912-Modelle erhältlich. Der Targa erfreute sich nach der Einstellung des Porsche 356 Cabriolets schnell großer Beliebtheit. Insbesondere die große Variabilität des Sportwagens war bemerkenswert. Mit einem Reißverschluss entlang des Targa-Bügels ließ sich die Kunststoff-Heckscheibe öffnen, ohne dass das Targa-Dach herausgenommen werden musste. Wer es richtig luftig haben wollte, fuhr natürlich ganz offen. Die Handhabung des leichten Targa-Daches war ziemlich einfach. Nach dem Lösen von zwei Knebelverschlüssen am oberen Windschutzschei-

Die Kunststoffheckscheibe war bei den Porsche-Kunden nicht sehr beliebt, auch wenn sie den 911/912 nahezu zum Cabrio machte.

zeichnete sich nicht nur durch bessere Sichtverhältnisse nach hinten aus, sie machte die Karosserie auch wesentlich verwindungssteifer. Damit war ein Nachteil des Offen-Elfers beseitigt. Ein anderer war die Innenraumlüftung.

Beim Coupé erfolgte der Luftaustausch durch die Zwangsentlüftung über der Heckscheibe. An eine ähnliche Lösung hatte man beim Targa nicht gedacht. Erst zum Modelljahr 1969 integrierte man senkrechte Lüftungsschlitze seitlich in den Targa-Bügel und beseitigte dieses Problem. Anfangs lag der Fertigungsanteil der Targa-Modelle bei 40 Prozent der Produktion. Im Laufe der Jahre ließ er dann immer mehr nach.

Die Kunden verlangten einen Targa mit fester Heckscheibe. Das war eine besondere Herausforderung für Porsche, denn eine derartig gebogene Scheibe erforderte eine gehörige Portion Knowhow, wenn sie nach allen Richtungen gleich gute Durchsicht bieten sollte. Zur Einführung des Targas mit fester Heckscheibe legte Porsche 1967 diesen Prospekt auf.

Sonderausstattung: Halogen-Nebelscheinwerfer an einem Porsche 911 Coupé des Baujahres 1966.

Die klassischen schmalen Kotflügel eines 1966er Coupés. Der 911-Schriftzug war bereits mittig auf der Haube angebracht.

1963 – 1968
Das Maß aller Dinge

Mehr Dampf für den Elfer: der 911 S

Die automobile Konkurrenz schlief nicht, und so war die sonstige Überlegenheit eines Porsche irgendwann von anderen Automobilherstellern eingeholt worden. Der Mercedes 230 SL etwa galt zwar als edle Sänfte, sein Sechszylinder-Reihenmotor verfügte aber über 150 PS und verhalf ihm zu einer Höchstgeschwindigkeit von 200 km/h. Diese wurde auch von der neuen 300 SE Limousine aus demselben Hause erreicht. Auch aus Italien kamen in Gestalt des Alfa Romeo 2600 oder des Fiat 2300 S Coupé-Alternativen zum Sportwagen aus Zuffenhausen.

Die Porsche-Techniker machten sich somit an die Arbeit, um ihrem Sportwagen wieder den Leistungsvorsprung zu verschaffen, der ihn bis heute auszeichnet. In der Ausgabe 20/1966 präsentierte das Fachblatt *auto, motor und sport* dann euphorisch das Ergebnis dieser Leistungskur. Der neue 24 480 Mark teure 911S wurde als atemberaubend schnell bezeichnet. Sein nun auf 160 PS erstarkter Zweiliter-Sechszylinder-Boxermotor beschleunigte den Sportwagen in nur knapp sieben Sekunden auf 100 km/h und verhalf ihm zu einer Spitzengeschwindigkeit von 225 km/h! Damit spielte der »S« in einer Liga mit dem damaligen Sportwagen schlechthin, dem Jaguar »E«-Type. Dieser mit einem 4,2 Liter großen Sechszylinder

Dieser Porsche 911 S aus dem Baujahr 1968 befindet sich im Originalzustand.

versehene Supersportwagen benötigte allerdings für ähnlich gute Fahrleistungen 265 SAE-PS (ca. 210 DIN-PS). Mit dem neuen 911 S war man also gut dabei, wenn es um die Schnellsten im Lande ging. 1967 galt er noch als schnellster deutscher Serienwagen, bis Mercedes mit dem fast doppelt so teuren, massigen 300 SEL 6.3, der ebenfalls 225 km/h schnell war, gleichzog.

Im Vergleich zu seinen vielleicht aufregenderen Konkurrenten schnitt der Porsche 911 immer etwas hemdsärmelig ab. Der Jaguar galt als unzuverlässig und launisch, mit einem Ferrari oder Maserati verband man immer etwas anrüchiges Halbseidenes, was für den gut betuchten deutschen Sportfahrer ein Grund war, Abstand von solchen Autos zu nehmen. Und die absoluten Übersportwagen vom Schlage eines Lamborghini Miura oder Aston Martin DB 6 standen für die meisten sowieso außerhalb jeder Diskussion.

Die Porsche-Techniker hatten es mit der Leistungskur des Elfers leicht, stellte doch der 130 PS Sechszylinder-Boxermotor eine solide Basis dar. Wozu der Motor taugte, bewies man mit einem modifizierten Triebwerk des Porsche 911, das man in die leichte Karosserie des Rennsportwagens 904 Carrera GTS verpflanzte. Diesem Motor, der mit leichten Magnesiumteilen und Pleuelstangen aus Titan bestückt war, verpassten die Porsche-Techniker 210 PS. Für die Serienproduktion ging man dabei etwas behutsamer und kostenbewusster vor. Der S-Motor war mit höheren, geschmiedeten statt gegossenen Kolben bestückt, die die Verdichtung auf 9,8:1 anhoben. Auch die Nockenwellen und Pleuelstangen mussten eine Überarbeitung über sich ergehen lassen. Die neuen, weichnitrierten Nockenwellen ermöglichten optimierte Steuerzeiten. Auch die Gemischaufbereitung wurde durch den Einsatz von Weber-Vergasern des Typs 40 IDS statt

So sah Ende der 1960er-Jahre der Arbeitsplatz für echte Sportwagenfahrer aus. Der Porsche 911 war zum Inbegriff des wertstabilen, zuverlässigen Sportwagens gereift, der sowohl zum schnellen Reisen auf freien Autobahnen als auch zum Bummeln und sprichwörtlichen Brötchenholen taugte. Dabei verzichtete er gänzlich auf all die Allüren, die einen bei weit teureren Sportwagen erwarteten. Im Cockpit des Elfers dominierten von Anfang an die fünf klar gezeichneten Rundinstrumente. Die Zifferblätter waren jetzt klarer gestaltet als bei den früheren Modellen, wo man sie stilistisch mit ihren grünen Ziffern auf schwarzem Grund an die Instrumente des Vorgängermodells 356 angelehnt hatte.

Bei diesem S-Modell aus dem Jahre 1968 war bereits auf die Holzvertäfelung am Armaturenbrett verzichtet worden. Statt dessen kam schwarzes, genarbtes Kunstleder zum Einsatz, das mehr Sportlichkeit ausstrahlte. Das Lederlenkrad gehörte beim S-Modell zum Serienumfang. Die Ledersitze kosteten Aufpreis und haben auch nach über 30 Jahren nichts von ihrem Charme verloren. Feste Ablagekästen in den Türen gab es noch nicht, dafür aber per Druckknopf zu öffnende vordere Ausstellfenster zur Unterstützung der Innenraumbelüftung. Hatte man erst einmal im 911 Platz genommen, so bemerkte man schnell, dass alle Hebel und Bedienungsknöpfe dort waren, wo sie griffgünstig zu erreichen waren.

1963 – 1968
Das Maß aller Dinge

IDA und größeren Ventilen (Einlass 42 statt 39 und Auslass 38 statt 35 mm) den neuen Erfordernissen angepasst. Der geänderte Wärmetauscher verringerte den Auspuffgegendruck und sorgte allein damit für nahezu 10 PS mehr Leistung. Außerdem änderte man den vorgeschriebenen Reifendruck um + 0,4 bar, was ebenfalls dem Fahrverhalten zugute kam.

Der »S« verfügte über ein unwesentlich modifiziertes Fünfganggetriebe, wie man es auch im 130 PS-Modell fand. Seine Leistung von 160 PS gab der Motor bei 6600 U/min ab. Wer es hart angehen ließ, drehte ihn auch schon einmal bis zu 7200 U/min, was er klaglos verkraftete. Die neue Auspuffanlage mit Wärmetauscher wurde nach kurzer Zeit auch in das Standard-Modell eingebaut. Um den Leistungsvorsprung zum Top-Modell nicht schrumpfen zu lassen, änderten die Techniker kurzerhand die Steuerzeiten, damit es bei 130 PS blieb. Wie schon in der 356-Ära ließen sich auch beim 911 die beiden Motorversionen rein optisch unterscheiden. Sichere Kennzeichen waren die unterschiedlichen Vergaser sowie rote Gebläse-Abdeckungen beim 911 S und schwarze beim Standard-Elfer.

Ebenfalls wie beim Vorgänger 356 bot Porsche seinen Kunden speziell auf den Einsatzzweck abgestimmte

Links anliegende Scheibenwischer, runder Außenspiegel, ausstellbare vordere Dreiecksfenster beim Porsche 911, Baujahr 1968.

Versenkte Drücker an den äußeren Türgriffen sollten mehr passive Sicherheit beim Crash bieten.

Halogen-Nebelscheinwerfer, die werksseitig in den Lüftungsgittern zwischen Blinker und Kofferraumhaube montiert waren.

Der Kofferraum war mit leichtem Nadelfilzteppichboden ausgeschlagen. Versenkt im Boden fand das vollwertige Ersatzrad Platz.

Die 4 1/2 Zoll breiten Fuchs-Felgen waren serienmäßig dem 911 S vorbehalten. Ab 1968 waren sie ein Zoll breiter ausgeführt.

Klare Linien am Heck, leicht geändertes Lüftungsgitter und mittig darunter angeordnet das Typenschild.

1963 – 1968
Das Maß aller Dinge

Getriebe an. Natürlich waren die meisten Kunden mit dem Standard-Getriebe – Werkscode 901/03 – bestens zufrieden. Für den leistungsstärkeren S-Typ gab es ab Werk auf Sonderwunsch aber auch Abstimmungen für Bergrennen (901/51), für Flugplatzrennen (901/52), für ausgesprochen »schnelle Rennen« (901/53) und eine spezielle Nürburgring-Übersetzung (901/54). Für die ganz sportlichen Fahrer offerierte die Preisliste auch ein Sperrdifferenzial.

Aus dem Rennsport hielt ein weiteres Bauteil in der Serienfertigung des 911 S Einzug, das den Elfer über viele Jahre hin prägen sollte. Erstmals lieferte Porsche ein Fahrzeug serienmäßig mit Leichtmetallfelgen aus. Das von Butzi Porsche entworfene matt-silberne Rad mit den fünf Flügeln ging schnell als »Fuchs-Felge« in den allgemeinen Sprachgebrauch ein. Benannt wurde sie nach dem aus Meinerzhagen stammenden Herstellerbetrieb. Weitere Ausstattungsmerkmale des S-Modells waren das mit Leder bezogene Lenkrad, das mit genarbtem Kunstleder statt Teakholzimitat verkleidete Armaturenbrett, die mit Gummi belegten Stoßstangenhörner, eine Zierleiste mit Gummieinlage unterhalb der Türen und natürlich der nun mittig unter dem Lüftungsgitter auf der Motorhaube platzierte Schriftzug »911 S«. Einige Zubehörteile übernahm man später in die Aufpreisliste auch für die anderen 911- und 912-Modelle.

Der Motor des Porsche 911 S leistete 160 PS und sorgte für eine Höchstgeschwindigkeit von 225 km/h.

Die vorderen Dreiecksfenster wurden über einen Knebelknopf betätigt. Links der Verriegelungsstift für die Fahrertür.

Auch heute noch ein faszinierender Anblick: die Uhrensammlung im Porsche 911 S von 1968.

Weiße Ziffern auf schwarzem Grund gaben beim Ablesen der Instrumente keine Fragen auf.

Blinkstockschalter wie im Porsche 356 – Heizungs-/Lüftungsbetätigung über Drehschalter unterhalb der Zeituhr.

Die Rücksitze reichten allenfalls zum Transport von Kindern aus. Am Boden das Lüftungsgitter für die Frischluftzufuhr im Fondraum.

Das originale, serienmäßige Bordwerkzeug erlaubte es, kleinere Wartungsarbeiten selbst durchzuführen.

Programmabrundung nach unten – der 911 T mit 110 PS erscheint

Wie schon zu den Zeiten des seligen Porsche 356 versuchte man bei Porsche die Modellpalette durch verschiedene Leistungsstufen zu erweitern. Grund dafür war, dass der 912 zwar billiger als der 911 mit dem Basis-Sechszylinder war, aber die modernen Leistungsansprüche, die man an einen Porsche stellte, nicht erfüllen konnte. So entstand im Sommer 1967 der 911 T mit einem abgespeckten Zweiliter-Motor, der nun 110 PS bei zivilen 5800 U/min leistete und den Preis für einen Sechszylinder erstmals unter die 20 000 Mark-Grenze drückte. Der »T« kam damit genau zur richtigen Zeit, denn Deutschland erfuhr zu diesem Zeitpunkt seine erste spürbare Rezession. Zwar wurde Porsche wegen des starken Exportanteils davon nicht ganz so hart getroffen wie andere deutsche Automobilhersteller, dennoch war das Modell ein deutlicher Schritt in die richtige Richtung. Die Leistung des »T« sicherte den Kunden immerhin einen Platz in der automobilen Oberliga. Von Null auf 100 km/h sprintete der Neue in exakt zehn Sekunden, und die Höchstgeschwindigkeit durchbrach so gerade die 200-Kilometer-Schallmauer, was sich an den Sportfahrer-Stammtischen jener Zeit besonders gut machte.

Die Heizungsbetätigung im Porsche 911/912 war immer etwas für Eingeweihte. Einige Elfer-Fahrer behaupteten, man könne einstellen, wie man wolle, die Heizungsanlage mache immer, was sie wolle. Das entsprechende Kapitel im Bedienungshandbuch beschäftigte sich ausgiebig mit diesem Thema.

Beim neuen Porsche 911 T wies nur die Typenbezeichnung auf dem Motordeckel auf die schwächste Motorisierungsstufe hin.

Der Blick auf den Sechszylinder-Boxermotor im Motorraum des 911 T war den 911-Fahrern vertraut.

1963 – 1968
Das Maß aller Dinge

Mit der Einführung des neuen Renners wurde die Palette für das Modelljahr 1968 neu geordnet. Als Einsteigermodell diente nach wie vor der 90 PS starke 912. Es folgte der neue 911 T sowie der nun als 911 L bezeichnete Elfer mit dem früheren Basis-Motor und 130 PS Leistung. Das Spitzenmodell stellte der 911 S dar. Alle Motorisierungen gab es sowohl mit der Coupé-, als auch mit der Targa-Karosserie. Optisch versuchten viele Kunden, ihren leistungsschwächeren Porsche den schnellen »S«-Modellen durch die besonders begehrten Fuchs-Felgen und andere optionale Ausstattungsdetails anzugleichen, die vom Fünfganggetriebe bis zum Lederlenkrad reichten.

Neben der Neuordnung der Modellpalette gab es eine Reihe von Detailverbesserungen, die allen 911-Modellen des ab August 1967 gebauten »A«-Programmms zugute kamen und dem Kunden mehr Sicherheit bieten sollten. Schon äußerlich erkennbar waren die neuen Türgriffe mit versenktem Druckknopf, die ein versehentliches Öffnen, etwa bei einer Kollision, verhindern sollten. Die Scheibenwischerarme lagen nun links im Sichtfeld des Fahrers an, um das Hochwirbeln von Wasser auf der Frontscheibe zu verhindern. Damit sie den Fahrer nicht blenden konnten, hatte man sie jetzt mattschwarz statt silber lackiert. Der Griff des Aschenbechers hatte nun eine gummierte Auflage. Auch im Fond befanden sich jetzt

Befestigungspunkte für Sicherheitsgurte. Der nunmehr schwarze Innenspiegel wurde an etwas tieferer Position an die Frontscheibe geklebt und nicht mehr am Dachhimmel angeschraubt. Um die Sicht nach hinten weiter zu verbessern, wurde der Außenrückspiegel etwas vergrößert, behielt aber seine runde Form. Die Festigkeit der Verbundglasfrontscheibe hatte man erhöht. Weitere Sicherheitsaspekte bildeten die gegen Aufpreis orderbaren, verstellbaren Kopfstützen sowie das nun serienmäßig in alle Modelle eingebaute Zweikreis-Bremssystem. Für ein verbessertes Fahrverhalten sorgen die auf 5 1/2 Zoll verbreiterten Felgen, auf die nach wie vor Pneus in der Dimension 165 HR 15 aufgezogen wurden.

SPORTOMATIC

Was vielen Sportfahrern Mitte der 1960er-Jahre als unmöglich erschien, wurde mit dem neuen Sportomatic genannten halbautomatischen Getriebe wahr: Porsche bot seinen Kunden eine Automatik an! Dabei hatte man weniger die gut betuchten deutschen Hausfrauen, die sich einen Elfer leisten konnten, im Visier als den amerikanischen Markt. Hier gehörte es zum guten Ton, automatisch schalten zu lassen. Außerdem fehlte den meisten Amerikanern die Übung mit dem manuellen Schaltgetriebe, da nahezu alle Fahrzeuge in den USA längst serienmäßig über ein Automatikgetriebe verfügten. Die von Porsche angebotene Sportomatik war von einer vollwertigen Automatik weit entfernt. Sie ermöglichte dem Fahrer lediglich, ohne zu kuppeln den Gang zu wechseln. Dabei betätigte nach der Berührung des Schalthebels in Sekundenschnelle ein durch einen Sensor gesteuerter Elektromotor die Kupplung. Für mit der Sportomatic ungeübte Fahrer, die gern während des Fahrens ihre Hand lässig auf dem Schalthebel ablegten, endete diese Übung

Zur Einführung der Sportomatic gab Porsche im Juli 1967 diesen Sonderprospekt heraus.

bisweilen mit einem Schreck, denn die Sensoren reagierten prompt und kuppelten aus, was mit einem Aufheulen des Motors quittiert wurde. Nicht allzu oft wurde denn auch das 990 Mark teure Sonderzubehör für den neuen Elfer mitbestellt. Porsche versuchte den Spöttern und Zweiflern des Sportomatic-Gedankens entgegen zu treten, indem man das Getriebe in Rennversionen des 911 einbaute und dies entsprechend werblich ausschlachtete. So gewann im August 1968 ein 911 R mit Hans Herrmann, Jochen Neerpasch und Vic Elford am Steuer den Marathon de la Route.

Dieser originale Porsche 911 L des Baujahres 1968 verfügt noch über den kurzen Radstand von 2211 mm.

Die technischen Daten 1963 bis 1968

Modell	901/911	911 S	
Bauzeit	1964 – 1966	1966 – 1968	1966 –
Karosserieform	Coupé ab 1966 Targa	Coupé Targa	C
Zylinder	6	6	
Hubraum	1991 cm^3	1991 cm^3	1582
Motorleistung	96/130 kW/PS	118/160 kW/PS	66/90 k
bei Drehzahl	6100 U/min	6600 U/min	5800 U
Drehmoment	174 Nm	179 Nm	12(
bei Drehzahl	4200 U/min	5200 U/min	3500 U
Verdichtung	9,0:1	9,8:1	
Verbrauch	13,5 Ltr. Super	15,5 Ltr. Super	12,5 Ltr.
Serienbereifung			
vorn	165 HR 15	165 HR 15	6,95
auf Felge	4 1/2 J x 15	4 1/2 J x 15	4 1/2 J
hinten	165 HR 15	165 HR 15	6,95
auf Felge	4 1/2 J x 15	4 1/2 J x 15	4 1/2 J
Länge	4163 mm	4163 mm	4163
Breite	1610 mm	1610 mm	161(
Radstand	2211 mm	2211 mm	2211
Leergewicht	1080 kg	1030 kg	9
Höchstgeschwindigkeit	210 km/h	225 km/h	183
Beschleunigung	9,0 sec	8,0 sec	14,
Preise			
Coupé	1964: 22 900,– DM	1967: 24 480,– DM	1967: 16 980,–
Targa	1966: 24 400,– DM	1967: 25 880,– DM	1967: 18 380,–

911 T	911 L	911 E	911 S
1967 – 1969	1967 – 1968	1968	1968
Coupé	Coupé	Coupé	Coupé
Targa	Targa	Targa	Targa
6	6	6	6
1991 cm^3	1991 cm^3	1991 cm^3	1991 cm^3
81/110 kW/PS	96/130 kW/PS	103/140 kW/PS	125/170 kW/PS
5800 U/min	6100 U/min	6500 U/min	6800 U/min
157 Nm	174 Nm	175 Nm	182 Nm
4200 U/min	4600 U/min	4500 U/min	5500 U/min
8,6:1	9,0:1	9,1:1	9,9:1
14,5 Ltr. Super	15,0 Ltr. Super	15,0 Ltr. Super	15,5 Ltr. Super
165 HR 15	165 VR 15	185/70 VR 15	185/70 VR 15
5 1/2 J x 15	5 1/2 J x 15	6 J x 15	6 J x 15
165 HR 15	165 VR 15	185/70 VR 15	185/70 VR 15
5 1/2 J x 15	5 1/2 J x 15	6 J x 15	6 J x 15
4163 mm	4163 mm	4163 mm	4163 mm
1610 mm	1610 mm	1610 mm	1610 mm
2211 / 2268 mm	2211 / 2268 mm	2268 mm	2268 mm
1080 kg	1080 kg	1080 kg	1030 kg
205 km/h	215 km/h	215 km/h	225 km/h
10,0 sec	9,0 sec	9,0 sec	8,0 sec
1968: 19 969,– DM	1967: 20 980,– DM	1968: 24 700,– DM	1969: 27 140,– DM
1968: 21 745,– DM	1967: 22 750,– DM	1968: 26 480,– DM	1969: 29 090,– DM

Porsche 911 S Coupé, Baujahr 1968.

Formatänderung

1968 – 1973:   Der Elfer wird erwachsener

Mit Einführung des »B«-Programms begann bei Porsche ein neues Zeitalter. Nachdem die Techniker unermüdlich darum bemüht gewesen waren, dem Elfer seine Mucken abzugewöhnen, hatte sich in der Produktion eine Qualität ausgebreitet, die ihresgleichen suchte. Das schlug sich auch in den Auftragsbüchern nieder. Wer Ende der 1960er-Jahre einen Porsche kaufen wollte, der hatte zunächst einmal viel Geduld aufzubringen, um die langen Lieferzeiten ertragen zu können. Die Produktionszahlen waren dabei hoch wie nie zuvor. Erstmals verkündete die Presseabteilung die stolze Zahl von 62 produzierten Fahrzeugen täglich.

Insbesondere der Exportmarkt, der bei Porsche schon damals immerhin 75 Prozent ausmachte, war für das Unternehmen in dieser Zeit eine große wirtschaftliche Stütze. Dabei stellten die strengen neuen Abgasvorschriften in den USA alle Automobilhersteller vor große Herausforderungen. Porsche indessen hatte damit kaum Probleme. Mit dem neuen 911, der in den Spitzenmotorisierungen nun auf Kraftstoffeinspritzung umgestellt wurde, meisterte man diese als erster deutscher Automobilhersteller bravourös. Das Zeitalter der großen Vergaseranlagen war damit zu Ende. Mit den strenger gewordenen Abgasvorschriften in den USA kamen die klassischen Vergaser-Motoren nicht mehr mit.

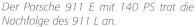

Betriebsanleitung für den Porsche 911 S von August 1968.

Um die neue Einspritztechnik reif für die Großserie zu machen, konnte sich Porsche seiner Kenntnisse aus dem Rennsport bedienen. Diesen Vorteil hatten andere Hersteller nicht. Die Vorzüge der neuen mechanischen Benzineinspritzung lagen eindeutig in der genaueren Dosierbarkeit der Mengen von Kraftstoff und Luft. Hierzu bediente man sich des Zulieferers Bosch, der gleichzeitig eine neue Thyristor-Zündung für den Elfer entwickelt hatte. Aber die neuen Motoren sorgten nicht nur für eine bessere Umweltverträglichkeit, auch die leistungsbewusste Kundschaft konnte sich freuen. Mit der Entgiftung wurden die neuen Triebwerke auch stärker. Der 911 L wurde in 911 E umgetauft, und sein Sechszylinder-Triebwerk verfügte jetzt über 140 PS Leistung statt wie vorher über

Der Porsche 911 E mit 140 PS trat die Nachfolge des 911 L an.

An der Heizungsanlage und ihrer Bedienung wurde ständig experimentiert.

Die Rückstrahler waren ab 1969 separat auf der Heckstoßstange montiert.

51

Der überarbeitete Porsche 911 S mit jetzt 170 PS leistendem Sechszylinder-Motor, wie er 1969 der Presse vorgestellt wurde.

130 PS. Auf die Fahrleistungen hatte dies kaum Auswirkungen, allerdings war der Elfer im unteren Drehzahlbereich nun etwas fülliger geworden und nahm besser Gas an. Der »S« war ebenfalls um 10 PS erstarkt und sein Zweiliter-Boxermotor leistete nun 170 PS. Auch im Top-Modell sorgte dieser Leistungsschub nicht für spürbar bessere Fahrleistungen, sondern eben auch für ein besser nutzbares unteres Drehzahlband.

Die beiden Modelle 912 und 911 T wurden weiterhin mit Vergasermotoren bestückt. Ihre Leistung blieb mit 90 und 110 PS unverändert. Trotzdem genossen auch diese beiden Einstiegsmodelle einige Verbesserungen für das neue Modelljahr. Um das Gewicht, insbesondere durch den Motor auf der Hinterachse, zu senken, wurde das Kurbelgehäuse nun aus Magnesium statt aus Aluminium gefertigt, was satte zehn Kilogramm einsparte. Das verbilligte auch die Herstellung, denn die neuen Magnesiumteile ließen sich viel präziser fertigen, was eine weniger zeitintensive Nacharbeit mit sich brachte und somit Kosten einsparte.

Neben all den technischen Feinheiten, mit denen man versucht hatte, den Elfer in seinem fünften Produktionsjahr zu verbessern, war die Verlängerung des Radstandes um 57 mm auf 2268 mm die wohl wichtigste. Damit wollte man dem sensiblen Heckmotorsportwagen endgültig bessere Geradeauslaufeigenschaften sowie ein neutraleres Kurvenverhalten beibringen. Hinzu kam ein Plus an Komfort, da der Elfer mit kurzen Bodenwellen nun besser zurecht kam. Durch die Verlängerung des Radstandes und die Bemühungen, das Gewicht auf der Hinterachse zu reduzieren, erreichte man eine günstigere Gewichtsverteilung, die sich insgesamt positiv auswirk-

Porsche 912 mit US-Scheinwerfern aus dem Baujahr 1969.

Der 912 ist von seinen stärkeren Brüdern kaum zu unterscheiden.

1968 – 1973
Der Elfer wird erwachsener

te. Waren es bisher 41,5 zu 58,5 Prozent, so lag die Relation nun bei 43 zu 57 Prozent. Ein entscheidender Beitrag dazu war auch, dass man nun zwei einzelne 35-Ah-Batterien jeweils links und rechts in die vorderen Radkästen installierte. Der 912 verfügte weiterhin über eine einzelne Batterie.

Auch für damalige Verhältnisse stand der Elfer mit seinen 165er Reifen auf sehr schmalem Fuß. Um aber breitere Reifen montieren zu können, die eine weitere Verbesserung des Fahrverhaltens versprachen, mussten die vorderen und hinteren Kotflügel geringfügig verbreitert werden. Das kam dem vormals eher schmalbrüstigen Elfer auch optisch sehr zugute. So fuhren der Porsche 911 E und 911 S ab dem »B«-Programm im Modelljahr 1969 serienmäßig mit Reifen der Dimension 185/70 VR 15 auf 6-Zoll-Felgen vom Hof der Zuffenhausener Produktionsstätte. Die begehrten Fuchs-Felgen erhielt nun auch der »E« ohne Aufpreis. Für Kunden, denen mehr am Komfort als an der Sportlichkeit ihres Elfers lag, wurde der 911 E auch mit 14-Zoll-Rädern ausgeliefert. Obwohl die Trauer über das Ableben des Porsche 356 anlässlich der Einführung des neuen Porsche 911 groß war, hatte sich das neue Modell in kürzester Zeit bei den Kunden fest etabliert. Insbesondere das preiswerte T-Modell erfreute sich Ende der 1960er-Jahre großer Beliebtheit. Dabei verstand Porsche es blendend, durch eine immer länger werdende Aufpreisliste Kasse zu machen. Kaum einer der kärglich ausgestatteten Einstiegs-Sechszylinder, der in dieser Hinsicht am 912 angelehnt war, verließ im Serienzustand das Werk. Jeder, der etwas auf sich hielt, orderte fleißig aus der attraktiven Aufpreisliste. Wer wollte, konnte seinen T mit dem Komfortpaket auf E- oder S-Niveau hochrüsten. Dazu zählten die einzig beim E-Modell serienmäßigen hydropneumatischen Federbeine, eine Fanfare, die wohnlicher wirkenden Veloursteppiche, ein griffiges Lederlenkrad aus dem S-Modell, verstärkte Gummileisten, Stoßstangenhörner mit Gummieinlagen und Chromblenden unter den Türschwellern.

Da der Durst nach Luxus immer größer geworden war, spielte der vierzylindrige 912 eine immer geringere Rolle im Porsche-Programm. Hinzu kam, dass er sich durch eine eingeschränkte Zubehörliste nicht so gut ausstatten

Gegen Aufpreis war das 912-Cockpit dem des 911 anzupassen.

Der Vierzylinder-Boxermotor im Heck des 912 leistete 90 PS.

Das Cockpit dieses 911 E des Baujahres 1969 hält alles parat, was sich das Sportfahrerherz wünscht.

Die hinteren Notsitze konnten umgeklappt werden und erweiterten so den Stauraum für längere Urlaubsreisen.

Ab dem Baujahr 1969 verfügte der Porsche 911/912 über neu gestaltete Türtafeln mit festen Ablagekästen und neuen Öffnern.

Die Chromleisten am Schweller und am Radlauf gab es ab Werk gegen Aufpreis.

Die auf der Haube montierten Cibié-Fernscheinwerfer sind heute ein gesuchtes Zubehör.

Der 2,0-Liter-Sechszylinder im Heck dieses frühen 911 E-Modells des Baujahres 1969 leistet 140 PS.

1968 – 1973
Der Elfer wird erwachsener

ließ wie die Sechszylinder-Modelle. Hier gehörten Veloursteppiche, Lederlenkrad und seit neuestem auch elektrische Fensterheber zum erweiterten Angebot. Halogen-H1-Hauptscheinwerfer, eine elektrisch beheizbare Heckscheibe, ein beleuchtetes Handschuhfach und eine noch nicht vom Gesetzgeber vorgeschriebene Warnblinkanlage zählten allerdings zur Serienausstattung. Die Halogen-Nebelscheinwerfer fehlten beim S-Modell bei der Serienausstattung. Ebenfalls nur noch gegen Aufpreis war die Webasto-Zusatzheizung erhältlich, die sowieso immer nur eine Notlösung für das Klimaniveau bei diesem luftgekühlten Sechszylinder dargestellt hatte. So verkündeten die Werbeprospekte des Porsche 911 im Jahr 1968 stolz den Einbau einer neuen dreistufigen Heizungs- und Lüftungsanlage, mit der sich sogar Warmluft und Frischluft unabhängig voneinander regeln lassen sollten. Wer allerdings selbst schon einmal in den Genuss dieser Heizungsanlage gekommen ist, kann von ihrem verwirrenden Bedienungsschema und der nicht überzeugenden Funktionsweise viel erzählen. Porsche hielt diese allerdings für so gut, dass man bei den Coupé-Versionen auf die ausstellbaren Dreiecksfenster in den Türen zur Entlüftung verzichtete.

Weitere Neuerungen fanden sich in den neu gestalteten Türverkleidungen mit größeren Ablagemöglichkeiten und in den Armlehnen integrierten Zugöffnern für die Türen, die eine einfachere Bedienung gewährleisteten. Das Lenkrad erhielt neue Huptasten und war für alle Modelle im Durchmesser etwas kleiner geworden. Eine 770 Watt leistende Lichtmaschine ersetzte die 490 Watt-Variante der früheren 911-Modelle. Für eine bessere Sicht nach hinten sorgte eine neue Platzierung der Außenspiegel. Ebenfalls für mehr Sicherheit standen die »vergrößerten Bremssegmente«, die im S-Modell zusätzlich von Leichtmetall-Bremszangen gehalten wurden. Ferner änderte sich für alle Modelle der Durchmesser der Bremsscheiben. Das S-Modell stattete man serienmäßig mit einer verstärkten Kupplung und einem Ölkühler aus, der im rechten vorderen Kotflügel untergebracht war. Alle Elfer erhielten einen Handgashebel, den es auch schon zu 356-Zeiten gab und der zwischen die beiden Vordersitze installiert wurde. Auch der Basis-Sechszylinder 911 T wurde nun serienmäßig mit einem Fünfganggetriebe ausgestattet. Zum äußeren Erkennungsmerkmal des 1969er Modells gerieten die neu gestalteten Rückleuchten. Die vormals in die Heckleuchten integrierten Rückstrahler-Reflektoren wanderten auf die Stoßstange, integriert in die Zierleiste unterhalb der Rücklichter.

Alle Neuerungsmaßnahmen machten den Elfer nicht nur besser und reifer, sondern auch begehrenswerter. Aus der unberechenbaren Heckschleuder war ein kultivierter

Der Porsche 911 E mit den sportlich anmutenden Fuchs-Felgen bot insbesondere von hinten eine elegante Erscheinung.

Porsche 911 E, Baujahr 1969, mit 2,0-Liter Sechszylinder und 140 PS.

Hochleistungssportwagen geworden, der sich vom einstigen Vierzylinder-Segment endgültig entfernt hatte. Das dokumentierten auch die selbst für Porsche-Verhältnisse enorm hohen Preise. Nach der gerade vollzogenen Preiserhöhung hatte man für einen 911 S fast 27 000 Mark auf den Tisch zu legen, was einen Zuschlag von knapp 10 Prozent gegenüber dem letzten Modelljahr entsprach. Auch der Mehrpreis für den Targa kletterte saftig: Statt der ehemals 1400 Mark kostete er nun 1780 Mark mehr als die vergleichbare Coupé-Variante. Am preiswertesten war der 912 mit 17 540 Mark. Den Einstieg in die Sechszylinder-Riege wollte Porsche beim 911 T mit 19 970 Mark entlohnt wissen. Den größten Preissprung verzeichnete man allerdings beim 911 E, der nun mit 3700 Mark mehr und damit für 24 700 Mark in der Preisliste stand!

1969 bringt der 2,2 Liter mehr Hubraum

Die Porsche-Kundschaft konnte die schnellen Schritte bei der Produktentwicklung kaum verdauen. Nach den zahlreichen Modifikationen des Modelljahres 1969 erfuhr die neue Porsche-Generation im »C«-Programm im September 1969 wiederum etliche Verbesserungen. Man strebte in Zuffenhausen eindeutig nach Höherem, und so war auch das Aus für das vierzylindrige 912-Modell keine wirklich große Überraschung. Seine eher schwache Motorisierung passte einfach nicht mehr zu dem gehobenen Image eines Porsche. Ferner drohten die Wächter über die Abgasgesetze in den USA mit dem erhobenen Zeigefinger. Auch im immer schneller werdenden Stra-

Porsche 911 T, Baujahr 1970, mit 2,2-Liter-Motor und 125 PS.

ßenverkehr hatte man mit dem Vergaser-Triebwerk aus dem alten Porsche 356 SC keine Chance mehr. Ein Biedermann vom Schlage eines Opel Commodore GS/E fuhr dem 912-Piloten, wenn es sein musste, auf und davon. Die Porsche-Kundschaft verlangte mehr denn je nach höherer Leistung. Wer sich mit weniger zufrieden geben, auf den Namen Porsche aber nicht verzichten wollte, der konnte ab sofort auf den VW-Porsche 914 zurückgreifen. Als Magerversion hatte man ihm den 1,7 Liter-Motor aus dem VW 411 eingebaut. Wem der 911 zu teuer war, und wer trotzdem auf einen Sechszylinder aus dem Hause Porsche nicht verzichten wollte, der hatte immer noch die Möglichkeit, einen solchen Volks-Porsche als 914-6 zu erstehen. Sein abgespeckter Porsche-Sechszylinder leistete 110 PS und verhalf dem agilen Sportwagen zu ansehnlichen Fahrleistungen, ohne an die Leistungsfähigkeit und das Image eines 911 heranzukommen.

Bereits nach nur einem Produktionsjahr war die Zeit der Zweiliter-Einspritz-Motoren vorbei. Schon ab September 1969 (Modelljahr 1970) bezogen die Elfer ihre Leistung aus mehr Hubraum, was die Konstrukteure um Ferdinand Piëch, bedingt durch die großzüge Motorkonstruktion, vor keinerlei Probleme stellte. Das Plus an Hubraum erreichten die Porsche-Techniker durch eine Vergrößerung der Bohrung von 80 auf 84 mm bei gleich gebliebenem Hub und durch etwas vergrößerte Ventile. Ein kleiner Aufkleber, mittig auf der Heckscheibe aller Elfer angebracht, deutete unmissverständlich auf die Hubraumaufstockung auf 2,2 Liter hin. Nicht nur leistungsstärker war der Hecktriebler geworden, auch an Komfort hatte er gewonnen.

Die Stoßstangenhörner waren beim 911 T ohne schützenden Gummibelag. Optionale Fuchs-Felgen werteten den 911 T auf.

Recaro-Sportsitze mit dem zeittypischen Pepita-Bezug gab es für den Porsche 911 T als Sonderausstattung gegen Aufpreis.

Auch im Porsche 911 T war das Zündschloss links von der Lenksäule montiert, wie man es schon aus dem 356 kannte.

Die Modellbezeichnung fand sich auch auf dem Handschuhkastendeckel wieder.

Die modifizierten Türgriffe ab dem Baujahr 1970 wurden über einen innenliegenden Drücker betätigt.

125 PS hielt der 2,2-Liter Boxermotor im Heck des Porsche 911 T bereit und sorgte damit für ausreichende Fahrleistungen.

1968 – 1973
Der Elfer wird erwachsener

Die neuen Motoren verhalfen den Elfer-Fahrern zu mehr Gelassenheit durch größere Elastizität, größere Laufruhe und mehr Kraft, und das ohne größeren Verbrauch an Kraftstoff. Obendrein gab es auch mehr Leistung. Der 911 T verfügte jetzt über 125 PS, und seine teuren Weber-Vergaser wurden durch Zenith-Vergaser ersetzt. Der 911 E leistete 155 PS und das Spitzenmodell 911 S entwickelte aus dem 2,2 Liter Boxermotor nun satte 180 PS. Dem Leistungszuwachs passte man auch die Kupplung an und montierte ein leichtgängigeres Exemplar von Fichtel & Sachs, das einen Durchmesser von 255 mm aufwies.

Bei der Ausstattung gab es nur wenige Änderungen. Alle 2,2-Liter-Modelle waren jetzt mit einem Zweikreis-Bremssystem mit innen belüfteten Bremsscheiben vorn und hinten ausgerüstet. Um die E-Version aufzuwerten, stattete Porsche diese ab Werk so aus wie die stärkere S-Variante. Außerdem waren bei E- und S-Modell serienmäßig der Motordeckel sowie die Mittelteile der hinteren Stoßstangen aus Aluminium. Die Targa-Modelle erhielten ein leichteres Faltdach. Der 911 E und 911 S waren weiterhin serienmäßig mit einem Fünfganggetriebe vom Typ 911/01 ausgestattet. 911 T-Kunden mussten sich serienmäßig mit dem Vierganggetriebe 911/00 begnügen, konnten die Fünfgangbox aber gegen Aufpreis bestellen.

Das Sportomatic-Getriebe war weiterhin nur für den T und den E lieferbar. Ganz sportliche Fahrer konnten ihren Porsche mit einem ZF-Sperrdifferenzial ausstatten, das eine Sperrwirkung von 40 oder 80 Prozent hatte. Der Aschenbecher erhielt ab dem »C«-Programm eine Beleuchtung, und das Zündschloss war nun in vier Stellungen zu betätigen.

Zwecks besserer Haltbarkeit hatte man die gesamte Bodengruppe mit Bodenplatte, Längslenkern und Radlaufwänden aus verzinktem Blech hergestellt. Auch über die Rostvorsorge machte man sich in Zuffenhausen zunehmend Gedanken, deshalb wurden alle neuen Modelle mit einem PVC-Unterbodenschutz beschichtet. Aus Sicherheitsgründen hatte man neue Außentürgriffe entwickelt, die jetzt über einen an der Innenseite liegenden Drücker zu betätigen waren. Ansonsten waren die teuren Sportwagen ziemlich dürftig ausgestattet. Selbst solche Sicherheitsaccessoires wie Kopfstützen oder automatische Sicherheitsgurte gab es 1969 nur gegen Aufpreis! Aber die Kundschaft war auch bereit, sich ihren Porsche etwas kosten zu lassen. Viele rüsteten ihren Elfer bereits ab Werk mit Recaro-Schalensitzen, einem Autoradio von Blaupunkt, einem elektrischen Schiebedach oder maßgeschneiderten Koffersätzen aus, die den Stauraum bei umgelegten Rückenlehnen optimal ausnutzten.

Drehzahlmesser bis 6400 U/min. im »T«.

Typenbezeichnung am Heck.

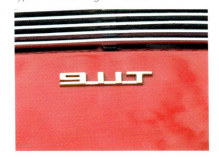

Hupengitter und Blinkerrahmen in Chrom.

Porsche 911 E in der Targa-Version, Baujahr 1972.

Porsche schloss sein Geschäftsjahr 1970 außerordentlich gut ab. Die Tagesproduktion lag bei durchschnittlich 73 Fahrzeugen, was einen Rekordumsatz von 420 Millionen Mark bedeutete. Dabei blieben 29 Prozent der Fahrzeuge auf dem deutschen Markt und jeder dritte 911 wurde als Targa ausgeliefert. Gute Aussichten für das Jahr 1971, in dem der Elfer fast unverändert gebaut wurde. Die wenigen Neuerungen sind schnell aufgezählt: Die Scheibenwischer erhielten eine dritte Geschwindigkeit und die Kraftstoffeinspritzung wurde abermals optimiert. Auf das Fahren hatte dies allerdings kaum Auswirkungen.

Ab dem Modelljahr 1972 fuhr der Elfer mit Normalbenzin

Anfang der 1970er-Jahre begann die Zeit, als die echten Porsche-Puristen dem 911 unterstellten, er sei bereits zu komfortabel. Jetzt, zum neuen Modelljahr 1972, sollte er auch noch mit Normalbezin zu fahren sein, was ihnen schier unmöglich erschien. Aber alles der Reihe nach. Amerika zählte nach wie vor zu den wichtigsten Absatzmärkten für Porsche. Und gerade hier wurden die gesetzlichen Abgasbestimmungen immer drastischer. Man erwog gar, den Einsatz hochoktaniger Kraftstoffe gänzlich zu verbieten. Bei Porsche läuteten die Alarmglocken und die Techniker arbeiteten auf Hochtouren an Motoren, die sich mit geringeren Verdichtungen zufrieden gaben. Was heraus kam, war ein Elfer, der abermals zahmer geworden war, aber trotzdem nichts von seinem Reiz verloren hatte.

Die neuen Motoren wiesen nun 2341 ccm Hubraum auf und waren in ihrer Verdichtung erheblich reduziert. Der 911 T für den amerikanischen Markt verfügte jetzt über eine mechanische Kraftstoff-Einspritzanlage mit einem Verdichtungsverhältnis von nur noch 7,5:1 (vormals 8,6:1), beim 911 E 8,0:1 (bisher 9,1:1) und beim sportlichen 911 S 8,5:1 (bisher 9,8:1). Das bedeutete

Porsche 911 E in der Targa-Version, Baujahr 1972.

für alle Motoren, dass sie mit niedrigoktanigem Normalbenzin zurecht kamen, aber trotzdem über mehr Leistung verfügten. So hatte der schnelle 911 S jetzt 190 PS und seine schwächeren Brüder 165 PS (911 E) und 130 PS (911 T). An den Zapfsäulen sorgten die neuen Porsche 911 des Modelljahres 1972 mit den 2,4 Liter-Motoren für erhebliche Verwirrung. »Nur Normalbenzin?«, war die oft gehörte Frage des Tankwarts an den 911-Fahrer jener Zeit. Und wenn er sich dann davon hatte überzeugen lassen, stellte sich für ihn die Frage: Wohin damit? Denn der neue Elfer hatte vermeintlich zwei Tankeinfüllöffnungen. Das zumindest suggerierte die zweite Klappe auf dem hinteren rechten Kotflügel, in dem die Konstrukteure jetzt den Öleinfüllstutzen untergebracht hatten. Da eine Verwechselung relativ häufig vorkam, verschwand der Öleinfüllstutzen nach einem Jahr wieder unter dem hinteren Motordeckel. An die Zapfsäule musste der Elfer-Fahrer der frühen Siebziger häufig, denn Normalbenzin hin oder her, der Porsche war kein Kostverächter. Ein zügig bewegter 911 verbrauchte gut und gerne seine 15 bis 20 Liter. Auch seine schwächeren Brüder begnügten sich mit kaum weniger Benzin, wenn man es richtig gehen ließ. Da tröstete es den Fahrer wenig, dass er nur Normalbenzin tanken musste. Was ihm aber sicher gefiel, war das neue Getriebe, das endlich ein praktikableres Schaltschema aufwies. Der erste und der zweite Gang lagen jetzt in einer Schaltebene. War man mit den neuen Elfern erst einmal unterwegs, hatte man den Verbrauch schnell vergessen, und die positiven Eigenschaften des Sportlers überwogen. Dem Fahrer bot sich ein enormes Beschleunigungsvermögen. Selbst der schwache 911 T benötigte nur 9,5 Sekunden bis Tempo 100 km/h. Das konnte der E (7,9 Sekunden) und erst recht der S (7,0 Sekunden) noch viel besser. Genauso beeindruckend waren die Werte für die Höchstgeschwindigkeit. Ein S-Modell jener Zeit lief immerhin über 230 km/h! Dabei durfte der Fahrer allerdings nicht unaufmerksam werden. Der Hecktriebler erforderte festes Zupacken und Fahren mit Voraussicht, denn er war an der Hinterhand immer noch sehr sensibel. Richtungswechsel und Seitenwind waren nach wie vor die Schreckauslöser bei hohen Geschwindigkeiten. Da half auch die geschickte, besonders ausgewogene Anordnung verschiedener Aggregate, die zu einer besseren Gewichtsverteilung beitrugen, wenig. Diese wies jetzt immerhin ein Verhältnis von 42 zu 58 Prozent von Hinter- zu Vorderachse auf. Etliche Fahrversuche, die dem Elfer ein verbessertes Fahrverhalten oberhalb von 150 km/h bescheinigten, verhalfen dem 911 S zum ersten Spoiler unterhalb der vorderen Stoßstange. Dass dieses Extra nicht nur aus Sicherheitsgründen auch bei Besitzern der schwächeren Modelle auf der Wunschliste stand, versteht sich fast von selbst. Porsche hatte die neuen Modelle weicher abgestimmt. Dabei kamen Boge-Stoßdämpfer zum Einsatz, auf Sonderwunsch baute man auch Dämpfer von Koni oder Bilstein ein. Die Modelle 911 T und 911 E mussten auf die beim 911 S seriemäßigen Stabilisatoren mit 15 mm Durchmesser an Vorder- und Hinterachse verzichten. Auch der 911 E erhielt wieder die klassischen Stoßdämpfer. Seine hydropneumatischen Federbeine fanden Interessenten in der langen Sonderausstattungsliste wieder. Offenbar hatte der Wunsch der Kundschaft nach Sportlichkeit, statt nach Komfort, gesiegt. Beim E-Modell kamen vorne, wie beim T-Modell, nun wieder Gusszangen zum Einsatz.

Die neuen Modelle waren von ihren Vorgängern auch noch durch andere Dinge gut zu unterscheiden. Der Grill auf der Motorhaube war jetzt in mattem Schwarz ausgeführt und an seiner rechten Seite prangte unmissver-

Prospekt aus dem Jahr 1972 zur Einführung der 2,4-Liter-Modelle.

ständlich der Hinweis auf den vergrößerten Hubraum in silbernen Ziffern: 2.4. Auch die Modellbezeichnung unterhalb des Grills und der Porsche-Schriftzug an der Unterkante der Motorhaube waren nun mattschwarz statt wie vormals goldfarben oder verchromt. Die T- und E-Modelle mussten ohne die bisherigen vorderen Stoßstangenhörner auskommen. Der Außenrückspiegel wurde größer und hatte jetzt eine rechteckige Form. Im Kofferraum wurde eine Beleuchtung installiert, und die als Sonderausstattung erhältlichen Nebelscheinwerfer wanderten auf

Die neuen Modelle hatten am Heck ein Typenschild angebracht, das auf den Hubraum von 2,4 Litern hinwies.

Die Klappe am hinteren rechten Kotflügel sorgte für Verwirrung, denn sie verbarg den Öleinfüllstutzen.

die Schallaustrittsgitter zwischen Kofferraumhaube und Blinker. Im Innenraum entfiel am Armaturenbrett die Modellbezeichnung und die Applikationen im Mittelteil sowie in den Türtafeln entsprachen der sonstigen Innenausstattung. Die Aluminiumblende am Schweller war beim S-Modell serienmäßig.

Wer sich einen neuen Porsche gönnen wollte, musste ohnehin gut betucht sein. Selbst das schwache T-Modell ließen sich die Zuffenhausener mit 22 980 Mark bezahlen. Der S durchbrach nun schon mit seinem Preis von 30 680 Mark locker die 30 000 Mark-Schallmauer. Lediglich die E-Version stand im Modelljahr 1972 um 1000 Mark günstiger in den Preislisten. Was natürlich nicht bedeutete, dass Porsche das Auto günstiger angeboten hätte. E-Käufer mussten jetzt die vorher serienmäßigen Fuchs-Felgen und die Luxus-Ausstattung des S-Pakets mit entsprechendem Aufpreis bezahlen. So war auch der E letzten Endes teurer geworden. Und welcher 911 E-Fahrer wollte sich schon mit einfachen, lackierten Stahlfelgen der Dimension 6 J x 15 Zoll mit Reifen 185/70 VR

Betriebsanleitung aus dem Jahr 1972 für den Porsche 911 T.

15 zufrieden geben? Der T verfügte weiterhin über 5,5 J x 15-Felgen.

Kurios war die Entscheidung für das neue Getriebe mit der Typenbezeichnung 915 für alle 911-Modelle, weil es nur noch über vier Gänge verfügte. Porsche argumentierte mit dem gestiegenen Drehmoment der neuen 2,4-Liter-Motoren für dessen Einbau. Auf Sonderwunsch gab es für 470 Mark natürlich auch eine Fünfgang-Variante. Durch die veränderte Bauform des neuen Getriebes musste auch die Rücksitzmulde angepasst werden. Dazu

Durch verschiedene Aufkleber machte Porsche auf die Siege im Motorsport aufmerksam.

Zur Einführung der 2,4-Liter-Ausführung gab es diesen Aufkleber im Heckfenster der 911-Modelle.

Dominanter Arbeitsplatz – hinter dem bei diesem 911 S Targa serienmäßigen Lederlenkrad mit Sicherheitspralltopf sind die seit Jahren bekannten fünf Rundinstrumente platziert. Ein Armaturenbrett, wie man es sich nicht besser vorstellen kann.

Der Targa-Bügel war 1972 noch immer aus Edelstahl und hatte zur besseren Entlüftung des Fahrzeuginnenraumes drei seitlich angebrachte Lüftungsschlitze.

Nur der Targa verfügte noch über vordere Ausstellfenster. Das Coupé musste bereits seit dem Modelljahr 1969 auf dieses nützliche Ausstattungsdetail verzichten.

1968 – 1973
Der Elfer wird erwachsener

Ein 911 E Targa des Baujahres 1972 der 2,2-Liter-Ära. Gut zu erkennen am Chrom-Heckgrill und den goldfarbenen Modellbezeichnungen. Dahinter ein 2,4-Liter-Coupé, an dem Heckgrill und Typenbezeichnungen bereits mattschwarz ausgeführt sind.

Den Frontspoiler der »S«-Modelle fand man als Zubehör auch an den schwächeren T- und E-Modellen.

positionierte man die Rückenlehnen anders, wodurch das Rückwandoberteil nun für Coupé und Targa identisch ausfiel.

Als Sonderzubehör offerierte man einen 85-Liter-Tank aus Kunststoff. Damit dadurch der Kofferraum nicht mehr als nötig eingeschränkt wurde, lieferte Porsche erst-

Ab dem Modelljahr 1973 trug der Elfer mattschwarz statt Chrom.

mals einen faltbaren Ersatzreifen mit, der durch eine beigefügte Pressluftflasche aufgepumpt werden konnte.

Porsche entpuppte sich wieder einmal als automobiler Trendsetter. Benötigte man in vielen Dingen in Zuffenhausen mehr Zeit als andere Automobilhersteller, um bestimmte Dinge in die Serie zu übernehmen, so betätigte sich das Unternehmen manchmal als Vorreiter. So beim Verzicht auf die Anfang der 1970er-Jahre nostalgisch wirkenden Chromteile. Nicht nur die Typenschilder und der Lüftungsgrill in der Motorhaube dokumentierten durch ihre mattschwarze Oberfläche eine gewisse Sportlichkeit, auch im Innenraum setzte Porsche diesen Trend fort. Sitzbeschläge und Griffe für Handgas und Heizung waren fortan ebenfalls in diesem, dem neuen Zeitgeist entsprechenden Mattschwarz ausgeführt. Kurze Zeit später fand man diesen sportlich wirkenden Effekt an vielen anderen alltäglichen Automobilen für die ganze Familie wieder.

Dazu zählen auch die neuen Lackierungen, die heute eine eindeutige Zuordnung zu den 1970er-Jahren möglich machen. Die als Signalfarben bezeichneten Farbtöne wie Signalorange, Hellgelb oder Vipergrün galten damals als unglaublich chic. Ein Beitrag zur Werterhaltung des Porsche 911 war hingegen die ab dem Modelljahr 1972 verzinkt ausgeführte Bodengruppe des schnellen Sportwagens.

Zusatzscheinwerfer waren beliebt.

2,4-Liter-Modell mit schwarzem Heckgitter.

Eckige Außenspiegel ab Modelljahr 1972.

Für Puristen ist der Carrera RS 2.7 der einzig wahre Elfer!

1972: letzte Runde des klassischen Elfers

Mit dem »F«-Programm wurde im September 1972 die letzte Runde für den klassischen Porsche 911 eingeläutet. Bereits Anfang des Jahres hatte »Butzi« Ferdinand Alexander Porsche seinen Arbeitsplatz im Zuffenhausener Werk aufgegeben, um seinem Nachfolger Anatole Lapine Platz zu machen und neuen Aufgaben in seiner eigenen Firma Porsche-Design nachzugehen. Die Energiekrise stand kurz bevor, als man mit den F-Modellen einen weiteren Schritt in Richtung Komfort unternahm. Die wirklichen Veränderungen waren nur marginal. Nach nur einem Produktionsjahr verschwand der Öleinfüllstutzen im rechten hinteren Kotflügel wieder. Der bisher optional angebotene Tank mit 85 Litern Fassungsvermögen wurde im F-Modell nun serienmäßig installiert, ebenso

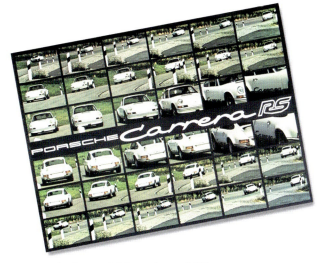

Der Porsche Carrera RS-Prospekt von 1972.

wie das faltbare Reserverad, das jetzt mit einem elektrischen Kompressor über das Bordnetz mit dem vorgeschriebenen Druck befüllt werden konnte. Das E-Modell

Derartige Pressefotos reichten aus, um der Elfer-Gemeinde Kaufanreize für den spartanischen 911 Carrera RS zu bieten.

erhielt den S-Frontspoiler jetzt auch serienmäßig und wurde damit optisch aufgewertet. Die vormals verchromten vorderen Schallaustrittsgitter neben den Blinkern wurden nun, ebenso wie die Kunststoffeinfassungen der Heckleuchten, in sportlicher wirkendem schwarzem Kunststoff ausgeführt.

Auch technisch tat sich eher wenig. Den Frontölkühler bildete man als Schlange aus und die Motoren wurden mit einer geänderten, im Bereich des Ölkühlers geteilten Luftführung versehen. Der Vergaser-Motor des 911 T bekam eine regelbare Vorwärmung. Für einen besseren Ölhaushalt des Motors sorgte die Vergrößerung des Ölbehälters. Den Schaltbock stellte man nun aus Druckguss her, welcher zu einer leichteren Schaltführung beim Fünfganggetriebe in den Rückwärtsgang führte. Neben all diesen Kleinigkeiten nahm sich der neue Porsche 911, der dann am 5. Oktober 1972 auf dem Pariser Salon stand, revolutionär aus. Der neue Sportwagen machte allein schon wegen seines Namens Eindruck: Carrera stand da grell und auffallend groß auf den Flanken und ließ damit die ruhmreiche Vergangenheit wieder aufleben. Die Bezeichnung »Carrera« trugen in den 1950er- und 1960er-Jahren schon einmal Porsche-Fahrzeuge. Dabei handelte es sich stets um die absoluten Top-Modelle, die nicht nur Enthusiasten der Marke Porsche in Verzückung versetzten. Carrera, das bedeutete ausgesprochene Sportlichkeit, die für die Straße an ein Serienfahrzeug adaptiert wurde und ungeheuren Fahrspaß versprach. In der Fachpresse war gar von einem neuen Porsche-Modell die Rede, das in vielen Details nichts mit den zivileren 911-Modellen gemeinsam haben sollte.

Aber wie kam es zu dem neuen Modell? Im abgelaufenen Jahr hatte Porsche mit dem 911 S auf den Rennpisten gegen die Konkurrenz wenig ausrichten können. Das lag daran, weil man es versäumt hatte, gegen die immer stärker werdenden BMW 3.0 CSL, Ford Capri und Alfa Romeo aufzurüsten. Die Konkurrenz aus München, Köln und Italien hatte kräftig aufgeholt, und die vielen Porsche-Privatfahrer fuhren immer öfter hinterher. Um der treuen Rennsport-Kundschaft wieder ein Fahrzeug an die

Der als Entenbürzel bezeichnete markante Spoiler am Heck des Carrera RS.

Bei den Sportversionen verbarg sich im Frontspoiler der Ölkühler.

Farbige Carrera-Schriftzüge an den Flanken vermittelten Rennflair.

Hand zu geben, mit dem man ganz vorne mitfahren konnte, besann man sich bei Porsche auf die Spezial GT-Klasse (Gruppe 4). Für die Teilnahme schrieb das Reglement eine Homologationsserie von mindestens 500 Fahrzeugen vor. Diese bei der Kundschaft abzusetzen, stellten sich die Porsche-Vertriebsleute äußerst schwierig vor. Dass das eine absolute Fehleinschätzung war, ist heute hinlänglich bekannt. Kaum waren erste Fotos des Vorserien-RS durch die Presse gegangen, war die komplette Serie restlos ausverkauft! Dabei wollten die wenigsten Kunden diesen Sportwagen auf der Piste bewegen. Ihnen reichte der Fahrspaß auf öffentlichen Straßen völlig aus, den der

Zusätzlich zu der normalen Betriebsanleitung des Porsche 911 gab es zum Carrera RS einen Anhang, in dem die Besonderheiten des Fahrzeuges erklärt wurden.

Das Fünfgang-Getriebe hielt bei jeder Geschwindigkeit den passenden Anschluss parat.

Die Warmluftzufuhr regelte man mit einem Hebel auf dem Mitteltunnel. Recaro-Sportsitze erlaubten im Touring bequemes Reisen.

Dieser RS wurde in der komfortablen Touring-Ausstattung ausgeliefert, die dem 911 S entsprach.

Aus 2,7 Liter Hubraum schöpfte der Carrera RS 210 PS. Er war damit der schnellste Serienwagen Deutschlands.

Statt spartanischer Öffnerschlaufen gab es im Touring richtige Türtafeln mit den bekannten Ablagefächern.

Die Tachometerskala reichte bis 300 km/h und der rote Drehzahlmesserbereich warnte bei 7300 U/min.

Supersportler vermitteln sollte. Das war nicht misszuverstehen. Fahrspaß hieß, sich auf schlechten Straßen ordenlich durchschütteln zu lassen, denn der Carrera RS war ja eigentlich für tellerebene Rennpisten gedacht. Anscheinend hatten sich die Stuttgarter Marketingleute völlig geirrt. Trotz eines Preises von immerhin 34 000 Mark erhielten die Käufer weniger Auto. Das schien die Porsche-Enthusiasten wenig zu beeindrucken, auch ein noch weit höherer Preis hätte sie vom Kauf des RS nicht abschrecken können, wie die jüngere Geschichte noch mehrfach zeigen sollte.

Natürlich verhallten die bettelnden Rufe der Puristen unter den Porsche-Jüngern in Zuffenhausen nicht unerwidert, und es wurde eine nicht geplante zweite Serie von 500 Fahrzeugen aufgelegt. Wem die spartanische Sportlichkeit des Neulings etwas zu weit ging, hatte die Möglichkeit, für ca. 700 Mark ein Sportpaket oder für ca. 2500 Mark ein so genanntes Touring-Paket zu ordern, das den RS komfortabler machte und ihn auch optisch wieder in die Nähe des 911 S rückte. Doch von diesem, wie auch von seinen kleineren Schwestermodellen, unterschied sich der Carrera RS erheblich. Besonders auffällig war der Heckspoiler auf der Motorhaube, der im Volksmund schnell als Entenbürzel bezeichnet wurde. Dieser war auch dafür verantwortlich, dass sich die Porsche-Marketingleute zu dem Spruch hinreißen ließen »Wir haben jetzt ein Auto, das geradeaus fährt!« Und es war tatsächlich so, das Kunststoffteil am Heck verhalf »Deutschlands schnellstem Serienportwagen«, wie er von Porsche auf Plakaten beworben wurde, zu mehr Richtungsstabilität und einem viel ausgewogeneren Fahrverhalten. Die Testfahrer bescheinigten dem RS mit Spoiler einhellig weniger nervöse Reaktionen und Seitenwindempfindlichkeit. Die Fachmagazine jener Zeit sahen sich aufgefordert, dem Geheimnis des neuen Leitwerks auf den Grund zu gehen. Also demontierte man zu Versuchszwecken an einem Testwagen die Motorhaube und ersetzte sie durch eine Serienhaube ohne Spoiler. Das Ergebnis sprach eine eindeutige Sprache. Nicht nur das Fahrverhalten veränderte sich nachhaltig ohne den stabilisierenden Heckspoiler, auch die Höchstgeschwindigkeit des Carrera RS sank von 241 auf 234 km/h.

Das Fahrwerk des Sportlers war ganz auf den Renneinsatz zugeschnitten und nur bedingt für den normalen Einsatz im Straßenverkehr geeignet. Dämpfer mit knallharter Kennung ließen bei Ottonormalverbrauchern schon dann und wann den Wunsch nach mehr Komfort aufkommen. Insbesondere bei niedrigen Geschwindigkeiten konnte man den Eindruck gewinnen, dass man beim RS auf den Einbau einer Federung verzichtete hatte. Zu diesem Gefühl trugen auch die neuen, für damalige Verhältnisse dicken Niederquerschnittsreifen bei, die erstmals in unterschiedlichen Dimensionen montiert waren. An der Vorderachse kamen Reifen der Dimension 185/70 VR 15 auf geschmiedeten 6J x 15-Alu-Felgen zum Einsatz, hinten waren es Reifen der Dimension 215/60 VR 15-Reifen, die auf 7J x 15-Felgen montiert waren. So gerüstet lag der neue Porsche 911 Carrera RS wie das sprich-

Auch der Carrera RS gab seinem Fahrer keine Rätsel auf, das klassische Cockpit hatte er von seinen Serien-Brüdern übernommen.

wörtliche Brett auf der Straße. Der Kurvengrenzbereich war weit nach oben gewandert und es bedurfte schon einer gehörigen Portion Übung, die Reserven des Carrera RS voll auszuschöpfen. Wollte man in Kurven schnell unterwegs sein, gehörte der beherzte Einsatz der üppig vorhanden Leistung in jedem Fall dazu. Unter Zuhilfenahme des Gaspedals waren beeindruckende Kurvendrifts möglich, die den Reiz eines puren Elfers bis heute ausmachen. Um mit dem Supersportler jederzeit wieder rechtzeitig zum Stillstand zu gelangen, hatte man ihm rundum die bewährten belüfteten Scheibenbremsen spendiert, die ohne Druckverstärkung auskommen mussten. Das Herz des Carrera RS war allerdings sein Motor. Er wurde von ehemals 2,4 Liter auf nun exakt 2687 ccm vergrößert und wies statt der 84 mm-Bohrung jetzt 90 mm auf. Heraus kam eine Leistung von beeindruckenden 210 PS, die der Motor bei 6300 U/min abgab. Für besseren Lauf sorgten in diesem 2,7-Liter-Triebwerk erstmals mit Nikasil-Laufschichten versehene Zylinder. Weiterhin erhielt das neue Triebwerk neue, geschmiedete Kolben mit flacherem Kolbenboden. Die übrigen Motorteile entstammten dem serienmäßigen Porsche 911 S-Motor. Das Getriebe des Typs 915 war serienmäßig mit einer Ölpumpe im vorderen Gehäusedeckel versehen. Weiterhin benötigte der neue Motor so wie seine schwächeren Brüder nur Normalbenzin. Sportlich bewegt, verbrauchte ein Carrera RS zwischen 16 und 20 Liter auf 100 Kilometer.

1968 – 1973
Der Elfer wird erwachsener

Carrera RS-Piloten hatten serienmäßig auf alles zu verzichten, was das Autofahrerleben angenehm und bequem macht. Nur so war das extrem niedrige Gewicht eines vollgetankten Fahrzeugs auf circa 1000 kg zu drücken. Das waren gut 100 kg weniger als ein 911 S auf die Waage brachte. Wer über die entsprechenden finanziellen Mittel verfügte, hatte sogar die Wahl zwischen drei Carrera RS-Varianten: Touring, Sport und Rennen, letztere wurde RSR genannt. Die Innenausstattung des meistverkauften Touring-Modells, das als M472-Paket in der Ausstattungsliste stand, entsprach dabei dem vom 911 S bekannten Standard. Betont sportlich kamen natürlich die beiden anderen Varianten daher. Sie verfügten nur über eine 12-Volt-Batterie und statt der zwei Fanfaren hatte man nur ein Tieftonhorn eingebaut. Im Gegensatz zu den Stahlblechstoßstangen beim Touring verfügten die Sport- und Renn-Versionen über solche aus Kunststoff. Viel Gewicht sparte man in den Sport-Versionen durch den Verzicht auf Zeituhr, Dämmmaterial, Teppichboden und die komplette Rücksitzanlage. Festverglaste hintere Seitenfenster ersetzten die beiden Ausstellfenster. Für die Verglasung wählte man Scheiben aus dünnerem Material und die Sitze für Fahrer und Beifahrer bestanden aus sportlichen Schalen, deren Rückenlehnen nur geringfügig über Rändelschrauben verstellt werden konnten. Armlehnen suchte man vergebens. Die Türtafeln hatte man auf das Nötigste reduziert. Eine Riemenschlaufe ersetzte den Türöffner, und zum Zuziehen diente ein kleiner Klappgriff aus dem alten Fiat 600. Auch die Blechhülle des Autos hatte man nicht unangetastet gelassen. Der Heckdeckel nebst Bürzel war aus Kunststoff, die Kofferraumhaube aus dünnerem Blech. Beschriftungen und sonstigen Zierrat hatte man durch leichte Aufkleber ersetzt. Auf den meisten Werksfotos war der Carrera RS in Weiß zu sehen. Dabei waren die Folienschriftzüge und Felgensterne in poppigen Kontrastfarben Rot, Blau oder Grün abgesetzt. Aber auch viele andere Farben wie Hellgelb, Blutorange oder Vipergrün mit dann schwarzen Carrera-Schriftzügen lagen bei den Kunden hoch im Kurs. Metallic-Farben gab es für den RS wegen der damals noch problematisch zu lackierenden Kunststoffteile nicht.

Aus den zunächst geplanten 500 Fahrzeugen wurden nach der ersten und zweiten Serie im Juli 1973, als die letzten RS-Modelle ausgeliefert wurden, schließlich 1590 Stück. Davon verließen 200 Sport-Ausführungen und nur 49 RSR-Modelle die Produktionshallen in Zuffenhausen. Die Marketing-Experten hatten sich also kräftig getäuscht. Aus dem anfänglichen Zögern, ein solch abgespecktes Auto auf den Markt zu bringen, ist heute eine höchst lukrative Methode geworden. Denn offensichtlich ist den eingefleischten Porsche-Fans ein exklusives Sondermodell sehr viel Geld wert.

Der Porsche 911 Carrera RS machte mit seinen hinten weit ausgestellten Kotflügeln einen besonders bulligen Eindruck. Um jedes überflüssige Gramm Gewicht einzusparen, mussten sich Carrera-RS-Piloten bei den Sportversionen gar mit einem Aufkleber des Porsche-Wappens auf der Kofferraumhaube begnügen.

Die technischen Daten 1968 bis 1973

Modell	911 T 2.2	911 E 2.2	911
Bauzeit	1969 – 1971	1969 – 1971	1969 –
Karosserieform	Coupé	Coupé	Co
	Targa	Targa	
Zylinder	6	6	
Hubraum	2195 cm³	2195 cm³	2195
Motorleistung	92/125 kW/PS	114/155 kW/PS	132/180 kV
bei Drehzahl	5800 U/min	6200 U/min	6500 U/
Drehmoment	176 Nm	191 Nm	199
bei Drehzahl	4200 U/min	4500 U/min	5200 U/
Verdichtung	8,6:1	9,1:1	9
Verbrauch	14,5 Ltr. Super	15,5 Ltr. Super	16,0 Ltr. S
Serienbereifung			
vorne	165 HR 15	185/70 VR 15	185/70 VF
auf Felge	5 ½ J x 15	6 J x 15	6 J
hinten	165 HR 15	185/70 VR 15	185/70 VF
auf Felge	5 ½ J x 15	6 J x 15	6 J
Länge	4163 mm	4163 mm	4163
Breite	1610 mm	1610 mm	1610
Radstand	2268 mm	2268 mm	2268
Leergewicht	1110 kg	1110 kg	111
Höchstgeschwindigkeit	205 km/h	215 km/h	225 k
Beschleunigung	10,0 sec	9,0 sec	8,0
Preise			
Coupé	1970: 21 980,– DM	1970: 26 980,– DM	1970: 29 980,–
Targa	1970: 24 200,– DM	1970: 29 200,– DM	1970: 32 200,–

	911 T 2.4	911 E 2.4	911 S 2.4	911 Carrera RS 2.7
	1971 – 1973	1971 – 1973	1971 – 1973	1972 – 1973
	Coupé	Coupé	Coupé	Coupé
	Targa	Targa	Targa	–
	6	6	6	6
	2341 cm³	2341 cm³	2341 cm³	2687 cm³
	96/130 kW/PS	121/165 kW/PS	140/190 kW/PS	154/210 kW/PS
	5600 U/min	6200 U/min	6500 U/min	6300 U/min
	196 Nm	206 Nm	216 Nm	255 Nm
	4000 U/min	4500 U/min	5200 U/min	5100 U/min
	7,5:1	8,0:1	8,5:1	8,5:1
	15,0 Ltr. Normal	16,0 Ltr. Normal	17,0 Ltr. Normal	18,0 Ltr. Normal
	165 HR 15	185/70 VR 15	185/70 VR 15	185/70 VR 15
	5 ½ J x 15	6 J x 15	6 J x 15	6 J x 15
	165 HR 15	185/70 VR 15	185/70 VR 15	215/60 VR 15
	5 ½ J x 15	6 J x 15	6 J x 15	6 J x 15
	4163 mm	4163 mm	4163 mm	4163 mm
	1610 mm	1610 mm	1610 mm	1652 mm
	2271 mm	2271 mm	2271 mm	2271 mm
	1050 kg	1075 kg	1075 kg	960 kg
	205 km/h	220 km/h	230 km/h	245 km/h
	10,0 sec	8,5 sec	7,5 sec	5,8 sec
	1973: 24 480,– DM	1973: 28 780,– DM	1973: 32 480,– DM	1972: 34 000,– DM
	1973: 26 700,– DM	1973: 31 000,– DM	1973: 34 700,– DM	–

Porsche 911 E Coupé des Baujahres 1969

Verjüngungskur

1973 – 1977: Mehr Sicherheit und Komfort

Das »G-Modell« spaltete damals wie heute die treue Elfer-Gemeinde in zwei völlig unterschiedliche Lager. Auf der einen Seite die Traditionalisten, die heute gern als die »Gusseisernen« unter den Elfer-Fahrern bezeichnet werden, und auf der anderen Seite diejenigen, denen jedes neue Porsche-Modell recht ist, solange es ein 911 ist. Was war geschehen, als Porsche diesen völlig anders aussehenden 911 im Herbst 1973 auf den Markt brachte? Vorausgegangen war ein Buch des anerkannten amerikanischen Anwalts und Erfolgsautors Ralph Nader mit dem übersetzten Titel »Unsicher bei jedem Tempo«. Vielleicht war dies der Auslöser für ein ziemlich einmaliges US-Gesetz, welches forderte, dass bei Aufprallgeschwindigkeiten bis 5 km/h keine Schäden und damit keine Reparaturkosten an Fahrzeugen entstehen durften. Diesem Streben nach einem gehobenen Sicherheitsbewusstsein mussten alle Automobilhersteller, wollten sie weiterhin im Land der unbegrenzten Möglichkeiten Geschäfte machen, zügig nachkommen. So ist es zu erklären, dass die ehemals zierlichen Stoßstangen des Porsche 911 eckigen, Eisenbahnschwellen ähnlich aussehenden Sicherheitselementen weichen mussten. Dabei hatte Porsche den Spagat zwischen gesetzlicher Forderung und einer optisch gelungenen Lösung noch hervorragend gelöst. Andere Autohersteller vergraulten während dessen mit ihren Kreationen treue Kunden. Bei MG mutierte der kleine, offene B-Roadster durch die überproportional dicken Stoßelemente zum Gummiboot, bei Alfa verabschiedete man sich beim Spider vom guten italienischen Gefühl für Automobildesign, nur Volvo begründete mit seiner Eisenbahnschwellen-Generation ein neues Verständnis für sicherheitsbewusste Automobilisten.

Der Prospekt für das Modelljahr 1974 im Kofferraum dieses Carrera 2.7 zeigt von links einen 911 Targa und ein 911 S Coupé mit den schmalen hinteren Kotflügeln. Am rechts abgebildeten 911 Carrera 2.7 Coupé sind die breiteren hinteren Radhäuser gut zu erkennen.

In den Werbeprospekten für das »G«-Modell wurden die vielen Sicherheitsmerkmale besonders positiv herausgestellt.

Die neuen, eckigen Aluminium-Stoßstangen hatten dabei durchaus etwas Positives. Nicht nur, dass sie im Falle eines Aufpralls laut Porsche mit bis zu 8 km/h energieabsorbierend wirkten und keine Schäden am Fahrzeug verursachten, sie streckten auch die optische Silhouette des Elfers in die Länge, was das ganze Fahrzeug noch sportlicher und kraftvoller erscheinen ließ. Für den amerikanischen Markt war der Elfer gar serienmäßig mit in die Stoßstange integrierten Aufpralldämpfern versehen, die es in Deutschland immer nur gegen Aufpreis gab. Bei kleinen Remplern sorgten diese und die am Übergang zur Karosserie montierten Faltenbälge dafür, dass sie sich wieder zurück verformten. Serienmäßige Fahrzeuge für den deutschen Markt hatten statt der Aufpralldämpfer nur ganz normale Prallrohre, die nach einem Crash preiswert ausgetauscht werden konnten.

Aber die neuen Stoßstangen waren nicht die einzige Veränderungen, die man dem Porsche 911 für das Modelljahr 1974 angedeihen ließ. Porsche sortierte sein Modell-Programm neu, was bei alten Kunden für leichte Verwirrung sorgte, denn die bisherigen Typenbezeichnungen wurden neu festgelegt. Das Einstiegsmodell 911 T hieß jetzt ganz einfach 911. Der ehemalige 911 E wurde jetzt als 911 S bezeichnet, und das Homologations-Modell Carrera RS gab es in seiner bisherigen Form nicht mehr. Das Top-Modell hieß einfach nur noch Carrera und kam dem ehemaligen S näher als dem sportlicheren RS. Alle drei Modelle verfügten über mehr Leistung und eine Hubraumaufstockung auf 2687 ccm, wie ehemals beim Carrera RS. Das Mehr an Hubraum von 2,4 auf jetzt 2,7 Liter Hubraum erreichte man durch ein Aufbohren um 90 mm. Vom Carrera RS übernommen hatte man die Leichtmetallzylinder und die Nikasil-Beschichtung der Laufflächen. In die beiden kleineren Typen baute man gegossene Kastenkolben ein, im Carrera waren es geschmiedete. Die Ventile, Kipphebel und der Nockenwellenantrieb blieben unverändert. Nichts Neues also für Porsche-Insider. Die neue Karosserieform bedingte bei allen drei Modellen einen modifizierten Auspufftopf, mit geänderter Position des Endrohres. Alle Modelle wurden serienmäßig mit dem Vierganggetriebe des Typs 915 aus-

Am Ziel aller Sportfahrerwünsche: der Schlüssel zum Porsche 911.

Die Ziehharmonika-Stoßstangen machten den Porsche 911 noch sicherer.

Neue Bedienungsknöpfe und seitliche Frischluftdüsen im Armaturenbrett.

gestattet. Auf Sonderwunsch war aber weiterhin ein Fünfganggetriebe oder für die beiden leistungsschwächeren Varianten die Sportomatic verfügbar.

Bekannt war hingegen der Frontspoiler unterhalb der Stoßstange, über den jetzt alle 911 serienmäßig verfügten. Gerade bei höheren Geschwindigkeiten wirkte er sich stabilisierend auf das Fahrverhalten aus. Sein Design war allerdings optisch gelungener, weil weniger aufdringlich als bei den Vorgängern 911 S oder gar Carrera RS. Ebenfalls bekannt waren die breiten hinteren Kotflügel, über die vormals nur der RS verfügte. Insgesamt hatte man die neuen Porsche 911-Modelle dem Komfortbewusstsein der Kundschaft stark angepasst. Das dokumentierte beispielsweise auch der Carrera in der Targa-Version, die kurze Zeit zuvor noch als undenkbar gegolten hatte. Wer wollte, konnte seinen Komfort-Elfer nun auch mit dem sportlich wirkenden, im Design der neuen Karosserie angepassten Heckspoiler aus dem offiziellen M-Programm des Hauses ausstatten. Dieser signalisierte nach außen hin den Sportgedanken seines Fahrers, wobei die-

Die Türinnenverkleidungen waren schlichter geworden.

Neu: das Dreispeichenlenkrad und Details am Armaturenbrett.

ser sich an, im Carrera serienmäßigen, elektrischen Fensterhebern erfreute. Trotzdem, sportlich waren sie allemal, die neuen Elfer. Dafür sorgte die Bosch-K-Jetronic im 911 und 911 S, deren Motoren jetzt 150 PS bzw. 175 PS bei zivilen 5700 U/min bzw. 5800 U/min leisteten. Der Carrera verfügte über 210 PS und lag damit auf dem Niveau des ehemaligen RS. Immer noch reichte den Sportwagen Normalbenzin aus und davon konsumierten sie in Anbetracht der Fahrleistungen eher wenig. Die 150 PS des 911 forderten nur 11 bis 13 Liter auf 100 Kilometern. Der S gab sich mit 13 bis 15 Litern zufrieden und der fast 240 km/h schnelle Carrera benötigte nicht mehr als 17 Liter Normalbenzin, was ausgezeichnete Werte darstellte. Ausgezeichnet war auch das Spurtvermögen. Von 0 auf 100 km/h benötigte der 210 PS starke Carrera nur 6,1 Sekunden. Dabei war der Komfort aller Elfer bemerkenswert. Zwar übertrug die Lenkung noch immer Fahrbahnmängel auf das Lenkrad, aber längst nicht mehr so wie früher. Über allen Zweifeln erhaben war die Bremsanlage der neuen Modelle. Auch wer es sportlich angehen ließ, konnte sich über nachlassende Wirkung nicht beklagen. Überhaupt hatte der Porsche 911 einen weit überdurchschnittlichen Qualitätsstandard mit hoher Zuverlässigkeit erreicht. Die ständigen Bemühungen, den Elfer noch besser zu machen, zahlten sich also aus.

Prospekt für den Porsche 911 des Modelljahres 1974.

Dazu sollten auch wieder die vielen kleinen Verbesserungen beitragen, die das G-Modell auszeichnen. Um längere Reiseetappen zu ermöglichen, baute man den großen, 80 Liter fassenden Tank aus Stahl nun serienmäßig in alle Modelle ein. Das im Kofferraum untergebrachte Falt-Reserverad der Dimension 165 x 15 wird im Falle eines Falles im Basis-911 mittels Pressluft und im 911 S und 911 Carrera mittels serienmäßigem elektrischem Kompressor über den Zigarettenanzünder aufgepumpt. Alle Modelle waren mit einer 66 Ah leistenden Batterie ausgestattet, die vorne links vor dem Radkasten untergebracht war. Damit gehörte die Lösung der ehemals zwei 36 Ah-Batterien endgültig der Vergangenheit an. 911 S und Carrera erhielten einen Rohrölkühler im rechten vorderen Radhaus, der für eine gesunde Öltemperatur selbst bei sportlicher Gangart sorgte. Eine Hilfsfeder des Kupp-

Stoßstangen mit dicken Gummipuffern gegen kleinere Parkrempler.

Beim G-Modell kamen neue Lenkstockhebel zum Einsatz.

Ein Gedicht von einem Motor: der 210 PS leistende Boxer im 911 Carrera.

Im Prospekt für das Modelljahr 1975 waren der Carrera 2.7 und der sportlichere Carrera RS 3.0 nebeneinander abgebildet.

lungspedals reduzierte die Pedalkräfte um ein Drittel, was insbesondere von den Damen begrüßt wurde. An der Vorderachse hatten die Techniker für alle Modelle einen Stabilisator vorgesehen, der sich positiv auf das Fahrverhalten auswirkte. Die Hydropneumatik wurde aus der Aufpreisliste gestrichen, dafür gab es gegen Aufpreis eine Scheinwerfer-Reinigungsanlage. Der Einfüllstutzen für die 8,5 Liter fassende Scheibenwaschanlage wanderte in die Öffnung der Tankklappe neben den Tankeinfüllstutzen. Bei den Modellen 911 und 911 S baute man stärkere Drehstromgeneratoren mit 980 Watt Leistung ein. Der Carrera verfügte über den leichteren, aber schwächeren 770-Watt-Generator. Im Innenraum fand der Fahrer jetzt von 232 auf 250 mm verlängerte Pedale zur leichteren Betätigung vor und einstellbare Defrosterdüsen für die Seitenscheiben. Die Türtafeln wurden neu gestaltet und mit festen Ablagefächern mit klappbarem Deckel, Taschen und Türöffnern versehen. Der Blinker-Lenkstockhebel wurde neu geformt, und das Lenkrad mit dem Durchmesser 400 mm für 911 und 911 S bzw. 380 mm für den Carrera erhielt eine große Prallplatte zum besseren Fahrerschutz. Ebenfalls unter dem Aspekt der Sicherheit wurden die Schalter und Knöpfe anders angeordnet und mit einem dicken Gummiwulst neu gestaltet. Das Targa-Dach der beiden schwächeren Versionen war nicht mehr faltbar. Allerdings konnte gegen den saftigen Aufpreis von knapp 1500 Mark das im Carrera serienmäßig eingebaute faltbare Dach als Sonderzubehör aus dem Mehrausstattungs-Programm geordert werden. Die Fahrzeuge für den schwedischen Markt erhielten serienmäßig eine Scheinwerfer-Reinigungsanlage, in allen übrigen Ländern konnte diese als Sonderzubehör bestellt werden. In alle Modelle wurden Dreipunkt-Sicherheitsgurte serienmäßig eingebaut.

Mit der Einführung des G-Modells hatte Porsche die Preise für den 911 wieder angehoben. Damit drohte der Sportler endgültig in Sphären abzuheben, die für den normalen Geldbeutel unerreichbar waren. Das schwächste Modell, der 911 kostete als Coupé exakt 27 000 Mark

Auch eine Beleuchtung des Kofferraums zählte zum gehobenen Komfortanspruch.

Sicherheitsgurte an den Vordersitzen gehörten zur Serienausstattung.

Das Stahlschiebedach zählte zu den beliebtesten Sonderausstattungen.

1973 – 1977

Der Carrera RS 3.0 war mit seinen mächtigen Kotflügelverbreiterungen eine imposante Erscheinung.

Die ausladende Karosserie und der große Heckspoiler mit umlaufender Gummilippe wurden später das Markenzeichen des Turbos.

und stellte damit den Einstieg in die Porsche-Sechszylinder-Riege dar. Der 911 S wollte mit 31 000 Mark und der Carrera mit stolzen 38 000 Mark bezahlt werden.

Supersportler: Carrera RS 3.0

In Deutschland wurde zu jener Zeit die Luft für die Autohersteller dünn. Der Schock der Konsumenten durch die erste Energiekrise und Tempolimits steckte zu tief, um an einen neuen Porsche denken zu lassen. Vielleicht war auch das ein Grund, warum sich der nächste Supersportler aus Zuffenhausen nicht so verkaufte wie sein Vorgänger. Wieder war es ein Homologationsprojekt, wieder war es das magische Kürzel RS, das den Neuen schmückte. Der 911 Carrera RS 3.0 nahm bereits die dicken Backen des späteren Turbos vorweg, als er in einer Auflage von 108 Exemplaren die sportliche Bühne betrat, um mit seinem Dreilitermotor und 230 PS Leistung weitere Siege für Porsche einzufahren. Denn der Carrera 2.7 RS war zwar aus wirtschaftlicher Sicht für Porsche durchaus ein Erfolg gewesen, auf der Rennstrecke konnte er aber nicht ganz mithalten. Gegen die übermächtigen Ford Capri und BMW-Coupés war er ein Außenseiter. Sein Fahrwerk mit den schmalen Reifen galt als Schwachpunkt. Deshalb machte man sich bei Porsche Gedanken, wie man dieses Problem angehen konnte. Ein Anhang im Sportgesetz jener Zeit ermöglichte es, durch eine Kleinstserie von 100 Fahrzeugen bestimmte Modifikationen nachhomologieren zu lassen. So erhielt der neue Renner breitere Kotflügel, die im Rennsport nochmals um fünf Zentimeter pro Seite verbreitert werden durften, um ähnlich breite Reifen wie die Konkurrenz montieren zu können. Bei der Einzelabnahme des gegenüber dem 2.7 RS modifizierten Heckspoilers meldete der TÜV Bedenken an, die man mit einer umlaufenden weichen, dicken Gummilippe beiseite räumte. Der Spoiler selbst war viel flacher und größer ausgebildet als am Vorgängermodell. Unterhalb der vorderen Stoßstange hatte man eine große Luftöffnung für den Ölkühler geschaffen. Links und rechts daneben waren Löcher angebracht, die die Bremsen aus dem Rennwagen Porsche 917 mit ausreichend Kühlluft versorgten. Der Bremsdruck ließ sich für Vorder- und Hinterachse per Hebel regulieren.

Prospekt des Modelljahres 1975, auf dem die neuen ATS-Druckgussfelgen hervorstechen.

Theoretisch konnte auch dieser Bolide auf normalen, öffentlichen Straßen bewegt werden, dazu hatte man allerdings äußerst tief in die Tasche zu greifen: 64 980 Mark waren für den Carrera RS 3.0 auf den Tisch des Porsche-Händlers zu blättern. Dafür bekam man ein Sportgerät, wie es reiner nicht sein konnte. Hauben aus Kunststoff, Türen, die allen Dämmmaterials beraubt waren und mangels Masse energisch zugeschlagen werden wollten. Allein das Armaturenbrett blieb in seiner Grundform erhalten. Man nahm Platz in spartanischen Sitzschalen, die nur einen minimalen Verstellbereich aufwiesen. Selbstverständlich hatte der Fahrer auf eine hintere Sitzanlage und Teppichboden zu verzichten. Zwecks optimaler Ausnutzung der Hubraumklasse hatte man den Sechszylinder-Boxermotor abermals vergrößert. Sein Hubraum betrug 2992,55 ccm, was durch Aufbohren erreicht wurde. Erwartungsgemäß stieg dadurch die Leistung auf nun 230 PS bei 6200 U/min. Die Verdichtung erhöhte man auf 9,8:1, was bedeutete, dass man diesen Porsche erstmals seit Jahren wieder mit höheroktanigem Superbenzin zu betreiben hatte.

Das Leistungsvermögen dieses verkappten, nur 900 kg schweren Rennwagens für die Straße war enorm. Unter infernalischem Lärm und einem Gefühl von urgewaltigem Schub benötigte dieser Bolide für den Sprint von 0 auf 100 km/h lediglich 5,5 Sekunden. 200 km/h standen nach nur 21,5 Sekunden an und die Höchstgeschwindigkeit betrug 250 km/h. Der RS 3.0 rollte auf großem Fuß. Vorne war er mit Pirelli-Pneus der Dimension 215/60 VR 15 auf 8-Zoll-Felgen bestückt, hinten war es gar die Dimension 235/60 VR 15 auf 9-Zoll-Felgen. So ausgestattet, war das Auto auf schnell gefahrenen, kurvigen Landstraßen mit äußerster Vorsicht zu genießen. Bodenwellen und Nässe machten ihm schwer zu schaffen und forderten den ganzen Mann am klassischen Dreispeichen-Lederlenkrad, das sich später unverändert im Turbo wiederfinden sollte. Den Carrera RS 3.0 mit normalen Maßstäben zu messen, wäre unfair, schließlich wurde er nur zu einem Zweck gebaut: Er sollte die Basis bilden, um Rennen zu gewinnen.

Porsche 911 Sondermodell – 25 Jahre Fahren in seiner schönsten Form

Anlässlich des 25-jährigen Jubiläums der Porsche-Produktion in Stuttgart legte das Unternehmen eine Sonderserie der Modelle 911, 911 S und Carrera auf. Besonderes Erkennungsmerkmal dieser Serie war die auf dem Handschuhkasten angebrachte Plakette mit dem neu kreierten Porsche-Werbeslogan »25 Jahre Fahren in seiner schönsten Form«, der Signatur von Ferry Porsche, der laufenden Nummer des Fahrzeuges dieser Sonderserie sowie dem Namen des Käufers. Alle Fahrzeuge waren einheitlich in der Sonderfarbe Silbermetallic lackiert und mit einer umfangreichen Extraausstattung versehen. Für die Modelle 911 und 911 S zählten dazu eine getönte, zweistufig beheizbare Heckscheibe, mattschwarze Chrom- und Eloxalteile – beim Targa auch der Überrollbügel –, eine Scheinwerfer-Reinigungsanlage, 6 Zoll-Druckgussfelgen

Ein Porsche 911 Carrera Targa aus dem Baujahr 1974 mit 2,7 Liter-Motor. Der Carrera-Schriftzug an der Flanke war genauso zeittypisch wie der große Heckspoiler, der eigentlich gar nicht so recht zum offenen Targa-Modell passen wollte.

vom Hersteller ATS, Stabilisatoren vorn und hinten sowie ein Fünfganggetriebe. Beim Carrera gehörten zu diesem Sondermodell lediglich die Heckscheibenheizung und das sonst optionale Fünfganggetriebe dazu. Im Innenraum dominierte die blauschwarze Kunstleder-Innenausstattung mit Sitzmittelbahnen, Türtafeln und Rücksitzanlage in »Tweed« sowie das aus dem Carrera bekannte Sicherheitslenkrad mit 380 mm Durchmesser. Der modische blauschwarze Hochflorteppich sorgte für ein angenehmes Ambiente und das serienmäßige Blaupunkt-Stereo-Radio Bamberg für Hörgenuss. Das 911 Coupé in Jubiläumsausführung kostete 33 350 Mark, für einen 911 Carrera Targa musste man 45 350 Mark bezahlen.

In das nächste Modelljahr ging der gerade renovierte 911 mit seinen drei Leistungsstufen und beiden Karosserievarianten scheinbar unverändert. Die kleinen Verbesserungen des H-Programms schlummerten im Verborgenen. So wurde die K-Jetronic des 911 und 911 S etwas optimiert. Das immer noch leidige Problem der Heizung versuchte man in den beiden kleineren Modellen durch den Einsatz neuer Wärmetauscher zu mildern. Im 911 S kamen neue Getriebeübersetzungen zum Einsatz, die eine entspanntere Fahrweise ermöglichten. Ebenfalls dem Komfort dienlich war eine verbesserte Geräuschdämmung für alle drei Modelle. Schon der Basis-911 erhielt für das Modelljahr 1975 serienmäßige Leichtmetall-Felgen, die vormals dem S-Modell vorbehalten waren. Optisches Unterscheidungsmerkmal für den Carrera waren seine in Wagenfarbe lackierten Außenspiegel und Scheinwerferringe. Beim Targa war der Überrollbügel nun nicht mehr in Silber, sondern schwarz ausgeführt.

In den 1970er-Jahren machte Porsche mit extremen Farben auf sich aufmerksam, die selbst heute noch umstritten sind.

1973 – 1977
Mehr Sicherheit und Komfort

Oktober 1974 – der Turbo wird vorgestellt

Am 2. Oktober 1974 war es so weit. Porsche präsentierte trotz Ölkrise und Kleinwagenwelle einer handverlesenen Auswahl von Journalisten auf dem Pariser Salon den absoluten Über-Porsche: den neuen Turbo.

Mit diesem Sportwagen wollte man beweisen, dass sich Höchstleistungen und Alltagstauglichkeit nicht ausschließen. Dabei war das Ziel, aufbauend auf dem bekannten Porsche 911, einen neuen Sportwagen zu schaffen, der Anschluss an die exotische Konkurrenz aus Italien schaffen, aber über eine bessere Alltagstauglichkeit und Zuverlässigkeit als diese verfügen sollte. Der Turbo war also als Top-Modell der Porsche 911-Baureihe gedacht. Die Vorzeichen waren angesichts der Energie-Problematik Anfang der 1970er-Jahre nicht die besten und ein solches Auto schien ganz und gar nicht in diese Zeit zu passen. Auf der Messe beherrschten nämlich nicht die Autos, sondern die wirtschaftliche und absatzpolitische Lage die Diskussionen der Aussteller, Journalisten und Besucher.

Sein Ziel hat der Turbo in jedem Fall erreicht, das ist heute sonnenklar. Mehr noch, er steht mehr als jeder andere Sportwagen für absolute Zuverlässigkeit, in seiner Basis für »biedere« Technik bei gleichzeitiger Spitzenleistung ohne die Mucken und Starallüren, die man von vielen anderen Über-Sportwagen jener Zeit kannte. In seinen Grundzügen war er eben ein klassischer 911 geblieben. Das bedeutete auch, dass er in entsprechenden Kreisen nie so abgehoben und anrüchig wirkte wie etwa italienische Sportwagen, denen immer etwas Halbseidenes anhaftete.

Das erste Serienautomobil mit Abgasturbolader kam dabei bewusst sportlich-schlicht daher. Seine Designer hatten auf jeglichen Chrom verzichtet, statt dessen waren die Scheibenrahmen rundum mattschwarz eloxiert und die Lampenringe und Außenspiegel in Wagenfarbe lackiert. Viel beeindruckender waren allerdings die walzenähnlichen Reifen, die in extrem breiten Kotflügeln untergebracht waren. Am Heck thronte ein riesiger Spoiler, der aus Sicherheitsgründen von einer dicken Gummilippe umschlossen war. Im Zusammenwirken mit der unterhalb des Frontspoilers angebrachten zusätzlichen Gummilippe reduzierte der große Heckspoiler die Auftriebskräfte auf ein Minimum. Diese Spoiler zeichneten auch dafür verantwortlich, dass das Auto ein besseres Seitenwind-, Kurven- und Bremsverhalten an den Tag legte. Das optische Erscheinungsbild des Turbo machte klar, hier ging es um schiere Kraft. Beim Lesen der technischen Daten

Serienmäßig verfügte der Turbo über eine Scheinwerfer-Reinigungsanlage.

»Der Turbo« war in der Sportwagenszene schnell zu einem festen Begriff geworden.

Die Ladedruckanzeige im Drehzahlmesser gab es erst nach der ersten Überarbeitung.

Der Turbo Jahrgang 1977 zu Besuch bei seinem Urgroßvater, dem Porsche 356 aus dem Jahr 1956. Obwohl fast 20 Jahre zwischen den beiden Modellen liegen, ist die Familienähnlichkeit der Karosserien unverkennbar.

fiel dem Kenner zunächst die extrem niedrige Verdichtung des Dreiliter-Boxermotors von 6,5:1 auf. Damit war auch der Turbo normalbenzintauglich. Hinzu kam, dass er nur über ein Vierganggetriebe verfügte, da man bei Porsche lange Zeit die Meinung vertrat, dass dieses für den immerhin 260 PS starken Sportwagen völlig ausreichend war.

Bei solchen Zahlen war bei echten Sportwagenfans kaum Glitzern in den Augen auszumachen. Das änderte sich schlagartig, wenn man erst einmal in dem Boliden Platz genommen und ihn angelassen hatte. Da erwachte der Sechszylinder-Boxer zum Leben! Schon ein kleiner Tritt aufs Gaspedal erzeugte jenes Fauchen und Bellen, das bei den Elfern mit Saugmotor in den letzten Jahren immer mehr auf der Strecke geblieben war. Hier war es aber wieder, das Kribbeln im Magen und die unstillbare Lust, die Fuhre endlich in Bewegung zu setzen. Das Interieur gab da keine Rätsel auf. Alles war, wie man es seit Jahren vom Elfer gewohnt war. Lediglich die Ladedruckanzeige in der unteren Hälfte des Drehzahlmessers ließ darauf schließen, dass man es hier mit einem besonderen Porsche zu tun hatte. Und das war wirklich wörtlich zu nehmen. Auch ein normaler Porsche 911 mit seinen eher bescheiden wirkenden 150 PS war zu jener Zeit kein lahmes Automobil. Da beeindruckte schon das Mehr an Biss, Sportlichkeit und Leistungsfähigkeit beim Carrera, der immerhin über 210 PS verfügte. Aber dieser Unterschied war nichts gegen das Erlebnis, wenn man anschließend in den neuen Turbo stieg. War man erst einmal losgefahren, konnte man mit lockeren 2000 U/min dahinbummeln, und das Auto war lammfromm. War die Straße frei und man konnte das Gaspedal durchdrücken,

Elektrische Fensterheber gab es im Turbo bereits serienmäßig.

Auf die Lehnen der Rücksitze war der Turbo-Schriftzug eingestickt.

Der Heckspoiler mit umlaufender Gummilippe war das Markenzeichen des Turbos.

1973 – 1977
Mehr Sicherheit und Komfort

sah man sich in einen reinrassigen Rennwagen versetzt. Nach einer Gedenksekunde, die der Fahrer stets einzukalkulieren hatte, war im Heck die Hölle los, und man konnte sich des Eindrucks nicht erwehren, dass hier Heinzelmännchen am Werk waren, die aus einer anderen Galaxis kamen, so stürmte der Turbo los. 80 km/h standen bereits nach 3,6 Sekunden auf dem Tacho und mit dem Schalten kam man kaum hinterher. Nach 11,8 Sekunden waren 160 km/h erreicht und die magische 200 km/h-Grenze durcheilte der Turbo schon nach 20 Sekunden! Dabei war ein Abnehmen der Leistung praktisch nicht spürbar. Erst wenn man 250 km/h erreicht hatte und die Drehzahlmessernadel bei zivilen 6000 U/min verharrte, ging dem neuen Supersportler die Luft aus. Besonders beeindruckend war, dass alles ganz ruhig, gelassen und sehr kultiviert vonstatten ging. Einfach so ganz anders, als man es von anderen Super-Sportwagen gewohnt war. Mit dem Turbo hatte Porsche zweifellos neue Maßstäbe in der Sportwagenwelt gesetzt.

Wer in den Genuss dieses Sportwagens kommen wollte, musste allerdings über das entsprechende Kleingeld verfügen. 65 800 Mark verlangte Porsche für den ausschließlich als Coupé lieferbaren Turbo, für den die Marketingexperten erst einmal eine Kleinserie von 500

Dieser Porsche 930 Turbo stammt aus dem Jahr 1977 und hat seitdem nichts von seinem Reiz verloren.

Der Turbo auf dem Prospekttitel des Modelljahres 1977.

Dieser 930 Turbo des Jahrgangs 1977 war ab Werk auf Sonderwunsch seines Erstbesitzers mit einem Autotelefon der ersten Generation ausgestattet. Das Interieur des neuen Turbos wirkte sehr gediegen und sollte noch viele Jahre lang die Elfer-Enthusiasten begeistern. Das Dreispeichenlenkrad wurde zunächst nur im Turbo eingebaut. Die Nadelstreifen-Bezüge der Sitze gerieten zum Klassiker und gehörten irgendwann zum Elfer wie die Fuchs-Felgen. Zweifellos war der leistungsstärkste Porsche 911 zum Luxusathleten aufgestiegen. Elektrisch betätigte Fenster und Außenspiegel waren genauso selbstverständlich wie eine Klimaanlage und der Heckscheibenwischer. Wer noch mehr wünschte, bediente sich aus der Zubehörliste.

1973 – 1977
Mehr Sicherheit und Komfort

Fahrzeugen geplant hatten. Das war Mitte der Siebziger sehr viel Geld. Zum Vergleich: Ein Ferrari 308 GT 4 war damals schon für rund 17 000 Mark weniger zu haben. Dafür war der Porsche allerdings auch ziemlich komplett ausgestattet. Neben den bekannten Lackierungen hielt die Ausstattungsliste eine besondere Farbpalette für dieses Modell bereit, was ihn schon von seinen Markengefährten abhob. Allerdings war auch jede andere Farbe, einschließlich der Sonderlackierungen, ohne Aufpreis wählbar. Zudem konnten seine Passagiere sich über Komfortmangel nicht beklagen. Serienmäßig sorgte eine getönte Verglasung für angenehmere Temperaturen im Sommer. Hatte sich die beheizbare Heckscheibe in der gehobenen Fahrzeugklasse gerade etabliert, so verfügte der Turbo gar über eine beheizbare Frontscheibe. Darüber hinaus sorgten ein Intervallscheibenwischer, ein Heckscheibenwischer, eine Scheinwerfer-Reinigungsanlage und Nebelscheinwerfer auch bei Nieselregen an dunklen Herbst- und Wintertagen stets für eine klare Sicht. Dass den Porsche-Technikern das Wohl ihrer Kundschaft am

Der Turbo hatte Kraft satt, deshalb langte 1977 noch ein Viergang-Getriebe aus.

Die Türverriegelung von innen wurde jetzt über ein Rändelrad in der Tür betätigt.

Der Turbo verfügte über einen Heckscheibenwischer ohne Wascher.

Die Kotflügelverbreiterung wirkte aus jedem Blickwinkel imposant und brachte dem Turbo Überholprestige.

Beim Turbo serienmäßig: Nebelscheinwerfer unter der Stoßstange und eine Scheinwerfer-Reinigungsanlage.

Der Porsche Turbo des Jahrgangs 1976 verfügte noch über die praktischen hinteren Ausstellfenster.

Die Heizungsbetätigung war ständigen Verbesserungen ausgesetzt. Ihre richtige Bedienung blieb vielen 911-Fahrern verborgen.

Eigentlich spielte die Musik im Heck des Turbos, trotzdem verzichteten die wenigsten Kunden auf ein Kassetten-Radio.

Seit Einführung des »G«-Modells hatten die Bedienungsknöpfe aus Sicherheitsgründen einen gummierten Rand.

1973 – 1977
Mehr Sicherheit und Komfort

Herzen lag, dokumentierten beim Turbo auch die serienmäßigen elektrischen Fensterheber und die neue, halbautomatisch geregelte Heizungsanlage. Im Innenraum dominierte die kombinierte Leder-Schottenstoff-Ausstattung, und die umgeklappten Rücksitzlehnen zierte ein aufgestickter Turbo-Schriftzug. Damit der Fahrer auch bei Dunkelheit problemlos das Schlüsselloch finden konnte, hatte man in den Zündschlüssel eine kleine Lampe integriert. Drückte man auf den Schlüssel, leuchtete diese auf. Neben dem betörenden Motor-Sound sorgte ein Stereo-Radio mit Sendersuchlauf über vier Lautsprecher für beste Unterhaltung. Wer noch etwas für den Fahrspaß tun wollte, wählte aus der Sonderausstattungsliste statt der serienmäßigen Bereifung 185/70 VR 15 vorne auf 7J x 15 und hinten 215/60 VR 15 auf 8J X 15 die neuen Niederquerschnittsreifen der Marke Pirelli in den Dimensionen 205/50 VR 15 vorne und 225/50 VR 15 hinten, die den Turbo noch eindrucksvoller erscheinen ließen.

Intern wurde der Über-Elfer aufgrund seiner zahlreichen Veränderungen gegenüber den Schwestermodellen mit Saugmotor als Typ 930 bezeichnet. Hauptverantwortlich dafür war natürlich das Herzstück des Turbos,

Der 260 PS starke Sechszylinder-Boxermotor im Heck ließ den Turbo in die automobile Oberliga aufsteigen.

Zwei Targa-Modelle aus dem Baujahr 1976: oben in der schwächsten Version als 911, dessen 2,7 Liter-Motor 165 PS leistete. Unten die Carrera-Version mit 200-PS-Motor und ausgestellten hinteren Kotflügeln. Statt der ATS-Druckgussfelgen gab es beim Carrera die begehrten Fuchs-Felgen ebenso serienmäßig wie die Scheinwerfer-Reinigungsanlage.

1973 – 1977
Mehr Sicherheit und Komfort

sein mittels eines Turboladers der Firma Kühnle, Kopp und Kausch vom Typ KKK 3 LDZ aufgeladener Dreiliter-Boxermotor. Der aus einem Turbinen- und einem Verdichterrad bestehende Lader arbeitete mit einem maximalen Ladedruck von 0,8 atü und brachte es dabei auf 90 000 U/min. Die Porsche-Techniker hatten ihn auf der linken Motorseite am Auspuff angeflanscht, wodurch er im Motorraum auf den ersten Blick kaum sichtbar war. Die heißen unter Druck stehenden Auspuffgase durchströmten eine kleine Turbine und trieben diese an. Auf einer Welle mit dieser rotierte eine Ladepumpe, von der die Verbrennungsluft angesaugt und vorverdichtet wurde. Gegenüber den Saugmotoren hatte man den Turbo mit einer vergrößerten K-Jetronic von Bosch ausgestattet, die effektiver arbeitete. Eine nun kontaktlose Zündanlage aus dem Motorsport übernahm man in die Serie und machte sich von lästigen und kostenintensiven Wartungsarbeiten unabhängig. Anders als beim normalen 911 sorgten eine vergrößerte Öldruckpumpe und zwei statt einer Benzinpumpe jederzeit für ausreichenden Druck.

1976 – Werterhaltung durch Rostvorsorge

Die wirtschaftliche Lage verbesserte sich langsam, und auch die Autoindustrie sprach von Erholung. Bei Porsche stand das Geschäftsjahr 1975/76 nach einer wirtschaftlichen Talsohle sogar für besonders gute Abschlüsse. Erstmals in der Firmengeschichte wurden mehr als 20 000 Fahrzeuge abgesetzt. Den Löwenanteil von über

Nur die Targa-Version des Porsche 911 verfügte noch über die vorderen Ausstellfenster.

Im offenen Targa konnte der Fahrtwind den Passagieren selbst bis zur Höchstgeschwindigkeit von über 200 km/h wenig anhaben.

1976 zählte der Porsche 911 Carrera 3.0 zu den Traumwagen vieler Autoenthusiasten.

8000 Fahrzeugen stellte der neue Porsche 924, der den Typ 914 ersetzte, von der eingefleischten Porsche-Heckmotor-Klientel aber nie als »richtiger« Porsche ernst genommen wurde. Für den amerikanischen Markt ließ Porsche in der Übergangszeit vom 914 auf den 924 sogar den 911 mit Vierzylinder-Motor wieder aufleben. Als 912 E, ausgestattet mit dem Vierzylinder-Einspritzmotor aus dem gerade verblichenen 914/4, ging er dort auf Kundenfang. Mit seinen 90 PS und einer Höchstgeschwindigkeit von knapp 180 km/h war er erheblich preiswerter als ein 911. Damit konnte er mehr als 2000 Käufer für sich begeistern. In der deutschen Porsche-Szene ist der nur ein Jahr lang produzierte 912 E nahezu unbekannt.

Porsche befand sich im Umbruch. Mehr Autos und unterschiedliche Fahrzeugtypen denn je wurden gebaut. Mit einer Studie »Forschungsprojekt Langzeit-Auto« dokumentierte Porsche auf der IAA 1973, dass man sich Gedanken in viele Richtungen machte. So ist es auch zu

Der Schalthebel des Fünfgang-Getriebes eines Carrera 3.0.

Eine Zahl, die weltweit Freunde des klassischen Sportwagens eint.

Im Motorraum dieses 1976er Carrera 3.0 rotiert ein fünfflügeliges Lüfterrad.

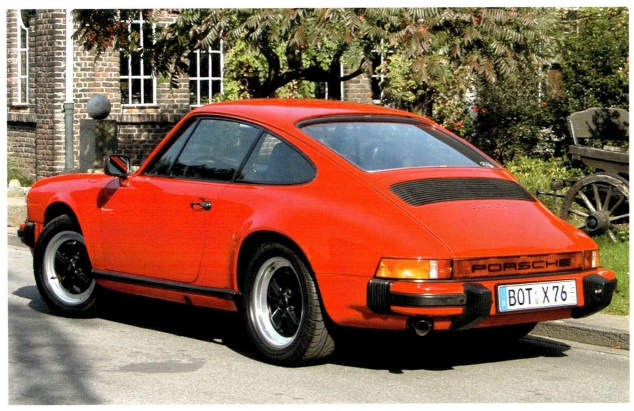

Gegenüber dem normalen Porsche 911 machte die Carrera-Version mit den breiten hinteren Kotflügeln einen gewaltigen Eindruck.

verstehen, dass mit dem J-Programm in Sachen Rostvorsorge andere Zeiten angebrochen waren. Porsche stellte seine 911-Karosserien aus feuerverzinktem, beidseitig beschichtetem Thyssen-Stahlblech her, was für die damalige Automobilindustrie ziemlich einmalig war. Damit leitete Porsche einen Trend ein, der einem Autoleben viel mehr als die durchschnittlichen acht Jahre Lebensdauer verleihen sollte. Die Weissacher Techniker waren bei ihrem Forschungsprojekt von 300 000 Kilometern und einer Lebensdauer von 20 Jahren ausgegangen. Man befand sich also auf dem besten Wege, dieses Forschungsprojekt in die Praxis umzusetzen. Für den Kunden sprang damit eine sechsjährige Garantie auf Durchrostung der gesamten Bodengruppe und tragender Karosserieteile heraus. Zusätzlich betrug die normale Garantie nun ein Jahr ohne Kilometerbegrenzung. All das brachte Porsche natürlich beste Kritiken ein und man sonnte sich in etlichen positiven Presseberichten.

Über den zweiten Lenkstockhebel wurde der Tempomat betätigt.

Mit dem Carrera 3.0 gehörte man 1976 zu den Schnellsten im Lande.

Der Tachometer des Carreras hatte eine Skala, die bis 300 km/h reichte.

1973 – 1977
Mehr Sicherheit und Komfort

Für den mittlerweile zum Klassiker gereiften Neuwagen 911 bedeutete das neue Modell des Jahres 1976 wenig an Veränderungen. Lediglich der als 911 bezeichnete Basis-Elfer verfügte noch über den bekannten 2,7-Liter-Motor, der jetzt allerdings 165 PS bei 5800 U/min leistete und mit 8,5:1 etwas höher verdichtet war. Der Carrera-Motor wurde in seiner Leistung um 10 PS zurückgenommen. Er leistete jetzt 200 PS, verfügte nun allerdings über 3 Liter Hubraum, was ihm mehr Durchzugsvermögen, insbesondere im unteren Drehzahlbereich, bescherte. Das Kurbelgehäuse des Carrera-Motors wurde wegen der besseren Festigkeit wieder aus Aluminium statt aus dem leichteren Magnesium-Druckguss gefertigt. Alle Elfer erhielten ein neues Lüfterrad, das jetzt nur noch über fünf anstatt elf Flügel verfügte. Beim gerade erst eingeführten Turbo blieb alles beim Alten.

Deutlich war zu spüren, dass die ehemals spartanische Fahrmaschine 911 an Komfort gewonnen hatte. Veränderte Dreiecksfenster-Verriegelungen erleichterten die Bedienung beim Targa. Die in Wagenfarbe lackierten Außenspiegel waren jetzt von innen elektrisch einstellbar und sogar beheizt. Im Innenraum wurde es wohnlicher. Die Rückwandverkleidung war stärker aufgepolstert und der Hochflorteppich für alle Modelle serienmäßig. Die

Komfortabler Arbeitsplatz: das Cockpit eines Porsche 911 Carrera 3.0 des Baujahres 1976.

Typische 1970er-Jahre-Farben sind heute gewöhnungsbedürftig.

Das Carrera 3.0 Coupé macht immer eine gute Figur.

aufgepolsterten Türtafeln erhielten schräg gesteppte Doppelnähte und die Ablagekästen an den Türen waren nun mit Teppich besetzt. Die beiden Modelle Carrera und Turbo verfügten über eine mit einem elektrischen Steuergerät betriebene neue automatische Heizungsanlage, die beim 911 als Sonderzubehör zu erwerben war. Sie wurde griffgünstig zwischen den beiden Vordersitzen hinter dem Handbremshebel montiert und über einen Drehschalter bedient. Ein zwischen den beiden Sonnenblenden befindlicher Thermofühler gab die Temperatur an das Steuergerät weiter, welches eine automatische Regelung übernahm. Zur Serienausstattung zählte ab dem Modelljahr 1976 auch eine getönte und beheizbare Heckscheibe. Diese war beim Targa sogar zweistufig ausgelegt. Für alle Fahrzeuge konnte auf Sonderwunsch eine als Tempostat bezeichnete Geschwindigkeitsregelanlage geordert werden.

Über einen zusätzlichen Lenkstockschalter, der hinter dem Scheibenwischer-Schalter montiert war, konnten erstmals vorgewählte Geschwindigkeiten elektronisch auch bei Berg- oder Talfahrten kontrolliert werden. Für das Basis-Modell 911 wurde statt der serienmäßigen Viergangschaltbox ein Fünfganggetriebe des Typs 915/44, das 690 Mark Aufpreis kostete, und auch ein neues Sportomatic-Getriebe mit der Bezeichnung 925/09/12/13 angeboten. Dieses verfügte jetzt nur noch über drei Gänge und löste die alte Viergang-Sportomatic ab. Auch der Carrera wurde serienmäßig mit einem Vierganggetriebe ausgestattet, ohne Mehrpreis konnte auch ein Fünfganggetriebe geordert werden.

Die Fachpresse ermittelte für den neuen um 2000 Mark teurer gewordenen Basis-911 die beachtliche Höchstgeschwindigkeit von 222 km/h. Damit war er 8 km/h schneller als sein Vorgänger mit 150 PS. Zugunsten der höheren Leistung und des verbesserten Drehvermögens opferten die Porsche-Techniker allerdings etwas an Elastizität. Wollte man zügig voran kommen, so galt es, fleißig den Schalthebel zu betätigen oder den Aufpreis für das Fünfganggetriebe nicht zu scheuen. Der Carrera orientierte sich optisch am Turbo und wurde wie dieser mit lackierten statt verchromten Scheinwerferringen und mattschwarzen Scheibenrahmen ausgeliefert. Auch die hinten geringfügig verbreiterten Kotflügel stellten den gehörigen Abstand zum Standard-Elfer her und

Werksprospekt mit einem Ausblick von oben auf das nächste Modelljahr der 911-Baureihe.

1976 legte Porsche eine Kleinserie von Carrera-Modellen auf, die statt des bereits gebräuchlichen 3,0 Liter-Boxermotors den 2,7-Liter des Carrera RS aus dem Jahr 1973 eingebaut bekamen. Der große Heckspoiler des gerade eingeführten Turbos und der Carrera-Schriftzug an den Flanken konnten als Sonderausstattung geordert werden.

1973 – 1977

schufen gleichzeitig Platz für die auf Sonderwunsch gegen 800 Mark erhältlichen Serie-50-Reifen, wie sie vom Turbo her bekannt waren. Die Carrera-Ausführung gab es als Coupé wie auch als Targa. Bei Letzterem hatte man sich zum Modelljahr 1976 wieder für das faltbare Dach entschieden. Alle 911-Modelle waren nun mit einem elektronischen Tachometer ausgestattet. Um die bei früheren Modellen öfter aufgetretene Dampfblasenbildung zu vermeiden, verlegte man die Benzinpumpe aus dem Motorraum nach vorn.

Der Zwitter: Porsche 911 Carrera 2,7

Eher wegen Lieferschwierigkeiten des 3-Liter-Carrera-Motors als aus Verbeugung an die gusseisernen Porsche-Fahrer verließen 1976 nochmals Fahrzeuge des Typs Carrera mit dem 2,7 Liter-Motor und 210 PS das Werk. 123 Coupés und 32 Targas waren es, die mit dem vorher schriftlich eingeholten Einverständnis der Kunden so ausgeliefert wurden. Dabei kamen diese Porsche-Fahrer noch-

Auch wenn der Motor des alten Carrera RS 2.7 einen besonderen Hauch von Sportlichkeit versprach, die Fahrer der Kleinserienmodelle des Jahrgangs 1976 brauchten auf Luxus wie elektrische Fensterheber nicht zu verzichten. Der schwarze Dachhimmel, der in den schwächeren Modellen gegen Aufpreis angeboten wurde, gehörte im Carrera zur Serienausstattung.

1973 – 1977
Mehr Sicherheit und Komfort

einmal in den ungefilterten Genuss des urwüchsigen, röhrenden Sechszylinders, der ihnen ordentlich Fahrspaß vermittelte. Dafür, dass dieser lange anhalten konnte, sorgte die mittlerweile feuerverzinkte Karosserie.

Im Herbst 1977 verkündete der damalige Porsche-Vorstandsvorsitzende Dr. Ernst Fuhrmann, der einst den Begriff der »Gusseisernen« geprägt hatte, »dass es wohl noch zwei bis drei Jahre dauern werde, bis die Fertigung des 911 eingestellt werden kann«. Damit versetzte er die Porsche-Gemeinde nicht in Verzückung. Ganz im Gegenteil. Im April 1977 debütierte das völlig neue Achtzylinder-Modell 928, das nach Fuhrmanns Willen den 911 ablösen sollte. Dass der Porsche-Mann dabei die Rechnung ohne seine Kunden gemacht hatte, ist heute bekannt. Der 55 000 Mark teure, rundlich-prägnante und viel zu gewichtige 928 tat sich schwer, am Sockel des

Im Interieur unterscheidet sich der Carrera 2.7 bis auf die glatten statt gesteppten Türtafeln nicht.

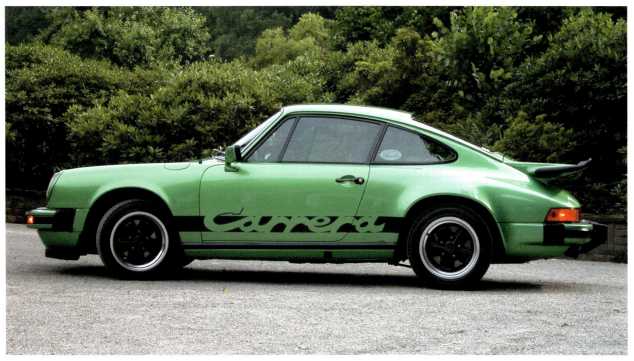

Für Sportfahrer in den siebziger Jahren gab es kein besseres Sportgerät als den Porsche Carrera – wenn er dann auch noch über den spontan hochdrehenden 2,7-Liter-Motor des Carrera RS verfügte, umso besser.

geliebten Elfers zu kratzen. Dieser war mit einem Preis von um die 36 000 Mark nicht nur viel günstiger als das neue Modell, er war einfach auch viel sportlicher, und das war es, was die Porsche-Kunden wollten. So wie der 924 führte auch der 928 im Kreise der Gusseisernen immer nur ein Schattendasein. Da wundert es auch nicht, dass im Geschäftsjahr 1976/77 vom 911 mit fast 14 000 Einheiten gut 1800 Exemplare mehr abgesetzt wurden als ein Jahr zuvor. Porsche ging es zu jener Zeit blendend. Dazu trug insbesondere der amerikanische Markt bei, auf dem Dreiviertel der Elfer-Produktion verkauft wurde.

Wie schon so oft, ging der Porsche 911 für den Laien fast unverändert ins neue Modelljahr. Tatsächlich war es auch nichts Weltbewegendes, was für das Modelljahr 1977 geändert wurde. Neue Serienfarben, Polsterstoffe und geänderte Kunststoffoberflächenstrukturen sollten Kaufanreize bieten. Zu den weiteren Verbesserungen zählten die in Armaturenbrettmitte eingelassenen Frischluftdüsen für ein verbessertes Innenraumklima, eine Handbrems- und Gurtwarnerkontrolleuchte sowie die jetzt schon im Basis-911 serienmäßige Öldruck- und Ölstandsanzeige. Als Extra konnte eine Mittelkonsole mit integriertem Ablagefach bestellt werden, die die Stellknöpfe für die Klimaanlage aufnahm. Auch die Heizungs- und Frischluftanlage wurde wieder einmal verfeinert. Die Regelung von warmer Luft und Frischluft konnte jetzt mit zwei Hebeln getrennt vorgenommen werden. Auch für mehr Sicherheit gegen Diebstahl hatte man sich bei Porsche etwas einfallen lassen. Die Verriegelungsstifte auf der Fensterschachtleiste waren jetzt bei verschlossenem Wagen komplett versenkt und wurden über ein ebenfalls versenktes Handrad in der Türtafel betätigt. Auch beim Targa-Modell wurde nun auf die vorderen Ausstellfenster verzichtet. Als Sonderzubehör wurde für 1400 Mark ein »Komfort-Paket« angeboten, das neben Bremskraftverstärker, Kupplungshilfe, Komfort-Stoßdämpfern und Stabilisatoren auch 14-Zoll-Schmiedefelgen beinhaltete. Auf diesen kleineren Felgen waren Reifen der Dimension 185/70 HR 14 montiert. Wer sich für dieses Paket entschied, musste sich allerdings mit einer bescheideneren Höchstgeschwindigkeit zufrieden geben. Durch Eingriffe am Motor begrenzten die Techniker diese auf 210 km/h.

Die technischen Daten 1973 bis 1977

Modell	911	911 S	Carrera 2.7
Bauzeit	1973 – 1975	1973 – 1975	1973 – 1975
Karosserieform	Coupé	Coupé	Coupé
	Targa	Targa	Targa
Zylinder	6	6	6
Hubraum	2687 cm^3	2687 cm^3	2687 cm^3
Motorleistung	110/150 kW/PS	129/175 kW/PS	154/210 kW/PS
bei Drehzahl	5700 U/min	5800 U/min	6300 U/min
Drehmoment	235 Nm	235 Nm	255 Nm
bei Drehzahl	3800 U/min	4000 U/min	5100 U/min
Verdichtung	8,0:1	8,5:1	8,5:1
Verbrauch	14,0 Ltr. Super	15,0 Ltr. Super	17,0 Ltr. Super
Serienbereifung			
vorne	165 HR 15	185/70 VR 15	185/70 VR 15
	ab 9/'74: 185/70 VR 15		
auf Felge	5 1/2 J x 15	6 J x 15	6 J x 15
hinten	165 HR 15	185/70 VR 15	215/60 VR 15
auf Felge	5 1/2 J x 15	6 J x 15	7 J x 15
Länge	4291 mm	4291 mm	4291 mm
Breite	1610 mm	1610 mm	1652 mm
Radstand	2271 mm	2271 mm	2271 mm
Leergewicht	1075 kg	1075 kg	1075 kg
Höchstgeschwindigkeit	210 km/h	225 km/h	240 km/h
Beschleunigung	8,5 sec	7,6 sec	6,3 sec
Preise			
Coupé	1974: 29 250,– DM	1974: 32 950,– DM	1974: 38 950,– DM
Targa	1974: 31 250,– DM	1974: 34 950,– DM	1974: 40 950,– DM

Carrera RS 3.0	912 E	911	Carrera 3.0	Turbo
1973 – 1975	1975 – 1976	1975 – 1978	1975 – 1978	1975 – 1978
Coupé	Coupé	Coupé	Coupé	Coupé
–		Targa	Targa	–
6	4	6	6	6
2993 cm³	1971 cm³	2687 cm³	2993 cm³	2993 cm³
9/230 kW/PS	64/90 kW/PS	121/165 kW/PS	147/200 kW/PS	191/260 kW/PS
6200 U/min	4900 U/min	5800 U/min	6000 U/min	5500 U/min
274 Nm	127 Nm	235 Nm	255 Nm	343 Nm
5000 U/min	4900 U/min	4000 U/min	4200 U/min	4000 U/min
9,8:1	7,6:1	8,5:1	8,5:1	6,5:1
19,5 Ltr. Super	13,0 Ltr. Normal	15,0 Ltr. Normal	17,0 Ltr. Normal	19,0 Ltr. Super
215/60 VR 15	165 HR 15	185/70 VR 15	185/70 VR 15	205/50 VR 15
8 J x 15	5 ½ J x 15	6 J x 15	6 J x 15	7 J x 15
235/60 VR 15	165 HR 15	185/70 VR 15	215/ VR VR 15	225/50 VR 15
9 J x 15	5 ½ J x 15	6 J x 15	7 J x 15	8 J x 15
4235 mm	4291 mm	4291 mm	4291 mm	4291 mm
1778 mm	1610 mm	1610 mm	1652 mm	1775 mm
2271 mm	2272 mm	2272 mm	2272 mm	2272 mm
1060 kg	1050 kg	1120 kg	1120 kg	1195 kg
240 km/h	177 km/h	215 km/h	235 km/h	250 km/h
5,2 sec	13,5 sec	7,8 sec	6,5 sec	5,5 sec
64 980,– DM	nur für USA	1977: 37 300,– DM	1977: 47 700,– DM	1977: 70 000,– DM
–	nur für USA	1977: 39 800,– DM	1977: 50 200,– DM	–

Porsche 930 Turbo Coupé, Jahrgang 1977.

Kastration

1977 – 1983:   Tribut an den großen Bruder

Mit ihrer Ausgabe 19/1977 schockte die Fachzeitschrift *auto, motor und sport* die Elfer-Freunde: »Der Letzte« war der Testbericht über den neuen Porsche 911 SC überschrieben, der jetzt deutlich in den Schatten seines großen, behäbig wirkenden Bruders 928 gestellt wurde. Die Elfer-Fans waren von diesem bärenstarken, übergewichtigen Sportwagen, der von der Porsche-Marketingabteilung langsam, aber sicher zum Konkurrenten des 911 aufgebaut wurde, wenig begeistert. So ging es wohl auch dem Tester von *auto, motor und sport,* denn der Testbericht begann wie folgt:

»Auf die Zusatzbezeichnung SC hörte schon einmal ein Porsche. Es war der letzte der berühmten 356-Baureihe, und er verschied, 95 PS stark, Mitte 1965. Nicht mangelnde Kauflust seiner Interessenten war der Grund für das damalige Ableben, sondern ein moderner Konkurrent, der 911 aus gleichem Hause. Er war der – zunächst parallel laufende – Nachfolger.

Nun heißt wieder ein Porsche-Modell SC. Diesmal ist es der 911, aber die Szenerie ähnelt den geschichtlichen Ereignissen. Denn ein Nachfolge-Modell ist ebenfalls schon vorhanden, nämlich in Gestalt des 928. Kein Zweifel: Der berühmte ›Elfer‹ wird schon in absehbarer Zeit sterben und damit dasselbe Schicksal erleiden wie sein Vorgänger mit der Typenbezeichnung 356.« Im Kreise der Puristen unter den Elfer-Fahrern brach so etwas wie Panik aus. Porsche hatte genau das Gegenteil von dem erreicht, was man eigentlich wollte. Je lauter die Beteuerungen für den neuen Porsche 928 wurden, umso kräftiger lobten die Gusseisernen die vermeintlichen Vorteile ihres rustikalen 911.

Der auf der Internationalen Automobilausstellung in Frankfurt im Herbst 1977 dem Publikum vorgestellte SC glich optisch dem Vorgängermodell Carrera wie aus dem Gesicht geschnitten. Die Typenbezeichnung SC hatten die Porsche-Mannen von den beiden Vorläufermodellen S und Carrera abgeleitet, die das neue Modell mit-

Der Prospekt für das Modelljahr 1978.

Der Targa-Bügel des SC-Modells war immer noch silbern.

Die magische Typenbezeichnung SC am Heck des 911.

Der Faltersatzreifen schuf Platz im Kofferraum unter der vorderen Haube.

1977 – 1983
Tribut an den großen Bruder

einander vereinen sollte. Neben dem Turbo war der SC das einzig verbliebene 911-Saugmotor-Modell für das Modelljahr 1978. Abermals hatten die Porsche-Entwickler zugeschlagen und den Charakter des etwas rüpelhaft wirkenden 911 geglättet. Sein Motor verfügte zwar immer noch über 2994 ccm Hubraum, seine Leistung hatte man aber auf fast bescheiden anmutende 180 PS bei 5500 U/min zurückgenommen. Der Carrera benötigte dafür 500 U/min mehr. Das bedeutete auch Einbußen bei der Höchstgeschwindigkeit. Der neue SC brachte es nur noch auf knapp 225 km/h und war damit über 10 km/h langsamer geworden als sein Vorgänger. Auch sein Beschleunigungsvermögen hatte mit knapp 6,7 Sekunden um mehr als eine halbe Sekunde nachgelassen. Dafür hatte sich der SC das Saufen angewöhnt. Im Vergleich zum stärkeren Carrera-Vorgänger, der sich mit unter

Innen präsentierte sich der 911 SC wie eh und je: das klassische Cockpit mit den obligatorischen fünf Rundinstrumenten.

17 Litern Normalbenzin begnügte, und zum 911 mit 165 PS, der unter 15 Liter zu bewegen war, brauchte der SC jetzt mehr als 18 Liter.

Auf der Ausstattungsseite hatte der SC wenig Neues zu bieten. Das Fünfganggetriebe gehörte endgültig zum Serienumfang. Wer mochte, orderte für 1200 Mark Aufpreis die Dreigang-Sportomatic. Von seinem Vorgänger wurden die Kupplungshilfe und der Bremskraftverstärker

Dieser aufgeklappte Prospekt für das Modelljahr 1978 zeigt die komplette Modellpalette des Hauses Porsche zu jener Zeit.

Die 911-Freunde waren entsetzt: ihr Spaßgerät mit dem jetzt nur noch 180 PS leistenden Dreiliter-Sechszylinder-Motor.

1977 – 1983
Tribut an den großen Bruder

übernommen, die beide zum höheren Bedienungskomfort beitrugen. Die sternförmigen Druckgussfelgen in sechs und sieben Zoll X 15 gehörten ebenfalls zur Serienausführung. Gegen knapp 2000 Mark Aufpreis statteten die richtigen Elfer-Freaks ihr Auto allerdings mit den vom Turbo bekannten Pirelli P7-Serie 50-Breitreifen auf 16-Zoll Fuchs-Felgen aus. Was es nicht mehr gab, waren die hinteren seitlichen Ausstellfenster. Porsche begründete diesen Entschluss damit, Diebstahl keinen Vorschub leisten zu wollen.

Hätte der SC nicht den Anschein des zu Grabe Tragens gehabt, hätten die Freunde des klassischen Porsche 911 Luftsprünge vor Begeisterung vollführen können. War ein Carrera noch mit knapp 47 700 Mark zu bezahlen gewesen, verlangte Porsche für den SC nur noch 39 900 Mark. Der Targa kostete noch einmal 2800 Mark mehr.

Der Turbo hatte sich bis zum Juni 1977 bereits über 2800-mal verkauft. Damit hatte er die Erwartungen weit übertroffen. Mehr als ein Drittel davon setzte Porsche in Nordamerika ab. Auch der Turbo kam in den Genuss der diversen Verbesserungen, die bereits von den Saugmotor-Elfern bekannt waren. Als Top-Modell der 911-Baureihe verfügte er serienmäßig über einiges Zubehör, das beim SC gegen Aufpreis geordert werden musste. Die Räder maßen jetzt 16 statt bisher 15 Zoll im Durchmesser. An der Vorderachse kamen jetzt Reifen der Dimensi-

Original Zubehör

Sicherheits-bemalung

Typ 911:

Turbo-Schriftzug

Schriftzüge Martini Seitenstreifen
Typ 911 und Turbo

Carrera-Schriftzug

Heckspoiler

Typ 911 und Turbo

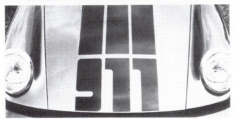

Bugspoiler

Typ 911 und Turbo

Leichtmetall-Felgen

Typ 911:

Typ Carrera:

Typ Turbo:

Anhänge-vorrichtung

Typ 924, 911, 928

Reifendruck-prüfer

Koffersatz

Ein Prospekt mit der Porsche-Modellpalette aus dem Jahr 1977. Prominent ist der Porsche 928 in der Mitte abgebildet. Der Porsche 911 SC trug noch Chromfensterrahmen und Lampenringe. Den rechten Außenspiegel gab es nur gegen Aufpreis. Der Turbo verfügte schon über den neuen, größeren Heckspoiler, der mehr Platz für den Ladeluftkühler bot. Die »Telefonscheiben«-Räder des 928 sollten einige Zeit später auch beim 911 eingesetzt werden. Sie lösten die ungeliebten ATS-Felgen als Standard ab.

on 205/55 VR 16 auf 7J x 16-Felgen zum Einsatz. An der Hinterachse waren es 225/50 VR 16-Reifen der Marke Pirelli P7 auf 8J x 16-Felgen. Zur Ladedrucküberwachung montierte man im Druckrohrstutzen einen elektrischen Geber, der seine Information an die Ladedruckanzeige, die jetzt unten in den Drehzahlmesser integriert war, weiter gab.

Von Anfang an war die Leistung des Turbos untadelig und kaum einer stellte sich vor, dass eine Leistungssteigerung der vorhandenen 260 PS nötig erscheinen könnte. Schließlich stellte der Turbo mit seinen Beschleunigungswerten von weniger als 5,5 Sekunden von null auf 100 km/h weit stärke Sportwagen in den Schatten. Trotzdem ließen auch ihm die Porsche-Techniker einige technische Neuerungen angedeihen, die diesen Super-Sportler für das Modelljahr 1978 noch stärker machten. War der Leistungseinsatz durch den Turboladereinsatz stets sehr abrupt und bei Rennwagen durchaus wünschenswert, so führte er in der Praxis des Straßenverkehrs manchmal zu brenzligen Situationen. Etwa beim Durchfahren von Kurven führte der schlagartige Leistungseinsatz nicht

Der erste 911 SC verfügte serienmäßig noch über Kurbelfenster.

Die »Hackmesser«-Felgen waren nicht sonderlich beliebt.

1977 – 1983

selten zu schweißnassen Händen des Fahrers, wenn die Hinterachse mehr Schub als eigentlich erwünscht erhielt. Bei Porsche arbeitete man engagiert daran, dem aggressiven Hecktriebler etwas von seiner Bissigkeit zu nehmen, ohne Leistungseinbußen in Kauf nehmen zu müssen. Dieser Spagat gelang, indem man den Hubraum von 3,0 auf 3,3 Liter vergrößerte. Im Zusammenwirken mit einer neuen Kurbelwelle, neuen Pleuel, Kolben und Zylindern ergab das eine satte Leistung von 300 PS. Das waren 40 PS mehr, die den Turbo endgültig in die Spitzenliga der damaligen Sportwagen hievten. Für den amerikanischen und japanischen Markt wurde der 930 Turbo in der Leistung auf 265 PS zurückgenommen, um die dortigen Bestimmungen einhalten zu können. Das Vergnügen, einen solchen Boliden zu bewegen, war allerdings nicht ganz billig zu haben. 78 500 Mark wies die Preisliste für das schnelle Coupé aus, das damit nochmals deutlich teurer war als der Porsche 928. Dafür bekam man abso-

Wie im richtigen Leben: ein Porsche 911 SC Coupé in der Farbe »Cockneybraun« im Schatten seines großen Bruders 928 vor einem Porsche-Zentrum, das es damals noch lange nicht gab.

lute Spitzentechnik, die teilweise sogar im Rennsport erprobt war. Die neue Bremsanlage hatte man aus dem Rennwagen Porsche 917 abgeleitet und im Turbo zusätzlich mit einem Bremskraftverstärker ausgestattet. Die Bremssättel waren für einen besseren Kühlluftshaushalt mit Rippen versehen. Die Bremsscheiben selbst hatte man dicker als bisher ausgeführt, um die Innenbelüftung durch ihre Lochung zu verbessern. Für den Motor kam erstmals im Serien-PKW-Bau ein Ladeluftkühler zum Einsatz. Er sorgte dafür, dass die Ladeluft durch den vergrößerten Verdichter des KKK-Abgasturboladers kühler in die Zylinder gelangte. Dies hatte eine niedrigere Temperatur aller Bauteile zur Folge, was eine höhere Motor-Verdichtung von jetzt 7,0:1 erlaubte. Bedingt durch den zusätzlichen Ladeluftkühler musste die Motorhaube des Turbos mit seinem markanten Spoiler abermals verändert werden.

Modelljahr 1979 – eine Runde weiter

Der Elfer hatte ein Reifestadium erreicht, wie es kaum ein anderes Automobil aufweisen konnte. Dabei war er äußerst wertstabil, was den hohen Neupreis irgendwie wieder relativierte. Für das Modelljahr 1979 sah man bei Porsche deshalb auch kaum die Notwendigkeit,

Viele Neuwagenkunden holten ihren Porsche im Werk ab. Zur Information hatte Porsche eigens eine Broschüre aufgelegt.

etwas am Erfolgsmodell 911 zu ändern. Die Schritte, die dennoch unternommen wurden, bestanden in einer automatischen Heizungsregulierung beim SC, einer getönten Rundumverglasung beim Turbo sowie einer Tachometereinteilung in 20 km/h-Einheiten. Die schwarzen Fenstereinfassungen gehörten nun ebenfalls zur Serienausstattung wie das im Durchmesser 380 mm breite Dreispeichenlenkrad, das vormals dem Turbo vorbehalten war. Für das darauf folgende Modelljahr gab es einen kleinen Hoffnungsschimmer. Bei Porsche hatte man gerade den 924 Turbo eingeführt, der den weiteren Ausbau der Pro-

Mutige Farbkombination in einem 911 SC Coupé: Cockneybraun und Beige.

Die breiten Kotflügel und der Heckspoiler machten den Turbo unverwechselbar.

Die magische Zahl 911 auf der Motorhaube eines 911 SC Coupé.

Prospekt mit Farb- und Polsterkarte des Modelljahres 1979.

duktpalette sicherstellen sollte. Der Elfer erhielt zu dieser Zeit eine kleine Leistungsspritze, die dem SC zu 188 PS bei gleichzeitig niedrigerem Verbrauch verhalf. Auf die Fahrleistungen hatte das keine Auswirkungen. Erreicht hatte man dieses Leistungsplus durch eine um 0,1 auf 8,6:1 erhöhte Verdichtung sowie durch Modifikationen am Zündsystem. Die Elfer-Enthusiasten bemerkten diesen Schritt allerdings wohlwollend und beobachteten die zunehmenderen Streitigkeiten zwischen dem Vorstandsvorsitzenden Dr. Ernst Fuhrmann, der den Elfer immer mehr ins Abseits gedrängt hatte, und der Familie Porsche mit Sorge. Die Konsequenz war, dass Fuhrmann im Sommer 1979 seine Koffer packen musste und das Unternehmen verließ. Das Unternehmen wurde zwischenzeitlich von Finanzvorstand Heinz Branitzki geführt, bis am 1. Januar 1981 der in Berlin geborene Amerikaner Peter W. Schutz das Ruder übernahm.

Der Heckspoiler des SC-Modells hatte einen flacheren Kragen als die Variante, die beim Turbo eingesetzt wurde.

1977 – 1983

Der Turbo 3.3 erhielt eine Zweirohr-Auspuffanlage, die seine Geräuschemission um 25 Prozent auf 79 dBA herabsetzte, ohne dabei Leistungseinbußen zu provozieren. Der Turbo gilt seit seiner Präsentation 1974/75 als schnellster deutscher Serien-Sportwagen. Nach seiner Hubraumaufstockung hielten sich die Veränderungen in Grenzen und fanden oft nur marginal statt.

Mit dem Ausscheiden von Ernst Fuhrmann trat der Elfer wieder mehr ins Rampenlicht. 1980 bekam der SC dann abermals einen Leistungsschub. Auf einen Schlag bescherte man ihm zusätzliche 16 PS, die dem Dreiliter-Triebwerk zu 204 PS bei 5900 U/min verhalfen. Damit stieg auch erstmals wieder die Höchstgeschwindigkeit auf mehr als 235 km/h. Die Vorgabe an die Techniker um Motorenentwickler Hans Mezger, bei gehobener Leistung dem Boxertriebwerk gleichzeitig die Trinksitten abzugewöhnen, wurde eingehalten. Selbst im Stadtverkehr benötigte der Sechszylinder im DIN-Verbrauch kaum mehr als 13 Liter, die jetzt allerdings wieder von besserer Super-Qualität sein sollten. Die Techniker hatten die Verdichtung drastisch auf 9,8:1 erhöht, Änderungen an den Steuerzeiten, der Zünd- und Einspritzanlage vorgenommen und andere Nockenwellen eingebaut. Zwar wurden neue Kolben verwendet, die für eine bessere Verbrennung sorgten, die Zylinderköpfe beließ man aber so, wie sie waren. Diese Maßnahmen garantierten die Einhaltung der drastisch verschärften Abgasvorschriften und hoben den 911 SC trotzdem auf das Niveau des ehemaligen Carreras. Besser als dieser drehte er sogar ruckfrei aus dem Drehzahlkeller hoch und war wesentlich elastischer geworden. Er ließ extrem schaltfaules Fahren zu, und wer den Biss im Elfer spüren wollte, brauchte nur herunter zu schalten. Ab 4500 U/min konnte die Post so richtig abgehen. Das war es, was die Gusseisernen wünschten. Hier war er wieder, der Porsche für die leistungshungrigen Puristen, die den alten Sportversionen nun schon einige Jahre hinterher trauerten. Der SC, den es Anfang 1981 als Coupé und Targa gab, galt als der sparsamste Dreiliter-Wagen der Welt. Das neue Modelljahr hatte ihm wieder einmal eine neue Farbpalette beschert. Äußeres Er-

Originale Betriebsanleitung und Bordbuchmappe des Jahres 1980.

Der Targa-Bügel war beim 1981er-Modell jetzt schwarz eloxiert.

Ab dem Modelljahr 1981 gab es kleine seitliche Blinkleuchten an den Kotflügeln.

Das Cockpitt des 911-SC-Modells 1981 mit Innenausstattung »Uni-Stoff« in Schwarz.

Die unter der Stoßstange montierten Nebelscheinwerfer gab es auf Wunsch gegen Aufpreis.

Stabile Ablagekästen mit Deckel in den Türen gehörten zur Serienausstattung des 911 SC.

Die hinteren Sitzmulden boten nur Kindern ausreichend Platz. Starre Sicherheitsgurte gehörten zur Serienausstattung.

Die Sicherheitsgurte an der Umlenkung im Targa-Bügel. Darüber der integrierte Lautsprecher der Radioanlage.

Im Modell des Baujahres 1981 leistete der Sechszylinder-Boxermotor 204 PS bei 5900 U/min.

Auf der Internationalen Automobil-Ausstellung 1981 in Frankfurt präsentierte Porsche seine Modellpalette in Anthrazitgrau-Metallic. Der 930 Turbo als stärkster Elfer zog wie immer die Porsche-Puristen in seinen Bann.

kennungsmerkmal waren die neuen, seitlich am vorderen Kotflügel angebrachten zusätzlichen Blinkleuchten und die rechts neben dem Auspuffrohr montierte serienmäßige Nebelschlussleuchte. Die Druckguss-Felgen wurden nun mit einem pulverbeschichteten schwarzen Stern mit blankem Felgenhorn ausgeliefert. Für den SC wurde mit M 473 ein 2500 Mark teures Spoiler-Paket angeboten, dass den vom Turbo bekannten Heckspoiler in abgewandelter Form ohne aufgestellten Gummikragen sowie einen Frontspoiler beinhaltete.

Anlässlich des 50-jährigen Jubiläums der Gründung des eigenen Konstruktionsbüros 1931 legte Porsche verschiedene Sonderserien der Modelle 924, 928 S und 911 SC auf. Dabei war die Außenfarbe Meteormetallic und das Interieur in einer dunkelroten Leder-/Stoffkombination gehalten, die die Türtafeln mit einschloss. Auch das Lenkrad, der Dachhimmel und der Teppichboden waren dunkelrot und prägten damit das Erscheinungsbild dieses Sondermodells. In die Kopfstützen der Fahrersitzrückenlehne war der signierte Ferry-Porsche-Schriftzug eingestickt. Die Ausstattung dieser Sondermodelle war besonders reichhaltig. Neben einem elektrisch verstellbaren rechten Außenspiegel, Heckscheibenwischer, motorisch betriebener Radioantenne, automatischen Sicherheitsgurten auf den hinteren Notsitzen und einer grünen Wärmeschutzverglasung gehörten auch die Fuchs-Felgen in der Dimension 7J bzw. 8J x 15 mit der Ballon-Räder-Bereifung 185/70 bzw. 215/70 VR 15 zur Serienausstattung des in 200 Exemplaren ausgelieferten Sondermodells. Der Preis für das Coupé lag bei 57 500 Mark, für den Targa mussten 60 500 Mark bezahlt werden. Das Serienmodell wurde mit der Scheinwerfer-Reinigungsan-

Völlig überraschend stellte Porsche zur Internationalen Automobilausstellung im September 1981 in Frankfurt die Studie eines 911 Cabriolets mit Allradantrieb und Turbo-Look-Karosserie vor, die von der 911-Gemeinde begeistert aufgenommen wurde.

lage aufgewertet, die vormals mit 185 Mark extra bezahlt werden musste. Für eine verbesserte Sicht an kalten Tagen sollten die neuen, verstellbaren Belüftungsdüsen seitlich im Armaturenbrett sorgen. Die Skala der Öltemperaturanzeige wurde verändert. Der Turbo ging unverändert in das neue Modelljahr.

Bemerkenswert war die erstmals von Porsche auf der Internationalen Automobilausstellung in Frankfurt im September 1981 präsentierte Cabrio-Studie des 911 SC. Der offene Elfer kam in auffälligem Perlmuttmetallic, mit der breiten Karosserie und Technik des Turbos sowie Allradantrieb daher. Die ebenfalls weißen Ledersitze zierte an ihren Kopfstützen die gleiche Ferry-Porsche-Signierung, wie sie vom Jubiläumsmodell bekannt war. Für die Besu-

cher galt dieser Prototyp als reine Machbarkeitsstudie und weit ab jeder Realität. Er nährte jedoch den Verdacht, dass es in absehbarer Zeit wieder einen völlig offenen Porsche in der Modellpalette geben sollte. Die Reaktionen der vielen Besucher war denn auch eindeutig. Für sie war es das Beste, was Porsche in den letzten Jahren seinen treuen Freunden angeboten hatte: ein völlig offener, bügelfreier 911.

Porsche hatte das Geschäftsjahr 1981/82 mit einem neuen Rekord-Umsatz von 1,49 Mrd. Mark abgeschlossen. Dieses Ergebnis kommentierte der erst kurz im Amt befindliche Vorstandsvorsitzende Peter W. Schutz mit den Worten: »Das wertvollste Gut von Porsche sind unsere treuen Kunden.« Zurück zu alten Tugenden, könnte man denn auch die Präsentation des Porsche 911 SC Cabriolets im März 1982 auf dem Pariser Salon umschreiben. 17 Jahre lang hatten die Frischluftfans nach der Einstellung des Porsche 356 C Cabriolets auf eine völlig offene Porsche 911-Variante warten müssen. Die Porsche-Techniker hatten sich bei der Konstruktion größte Mühe gegeben. So geriet der offene Elfer verwindungssteif wie kaum ein anderes Cabriolet. Seine neuartige Dachkonstruktion mit einer ausgeklügelten Dreispriegeltechnik und teilweise massivem Festdach unter dem Stoffverdeck erwies sich als außergewöhnlich stabil. Dem 911 SC Cabrio ist im geschlossenen Zustand ein aufgeblähtes Verdeck völlig fremd. Durch den Einsatz von leichten Blechprofilen und Gussteilen aus Leichtmetall konnte man das Gewicht des Cabrios gegenüber dem Targa sogar um 15 Kilogramm senken. Im Gegensatz zum 356 Cabriolet war das neue 911 SC Cabrio selbst bei hohen Geschwindigkeiten völlig dicht. Die Porsche-Techniker hatten sich bei der Entwicklung des Daches, das nur in Schwarz lieferbar

Das erste Vollcabriolet der Porsche 911-Baureihe, Baujahr 1983.

Macht auch geschlossen eine gute Figur: 911 SC Cabriolet.

1977 – 1983
Tribut an den großen Bruder

war, große Mühe gegeben, die sich in der Praxis auszahlte. Selbstnachstellende Verspannungen mittels federbelasteter Stahlseile waren Garanten für einen formstabilen Sitz des Verdecks. Auch die manuelle Handhabung nach dem Lösen der beiden am vorderen Scheibenrahmen einzuführenden Knebel war kinderleicht. Die Konstruktion sah vor, dass auch die große Kunststoff-Heckscheibe des Daches mittels eines oberhalb der Scheibe angebrachten Reißverschlusses geöffnet werden konnte. Das sorgte für viel Frischluft auch bei geschlossenem Verdeck. Ein weiterer Aspekt war, dass dadurch eine verkratzte Heckscheibe kostengünstig ausgewechselt werden konnte.

Optisch machte das neue Cabriolet eine gute Figur. Die Dachlinie hatte man an die typische Elfer-Linie ange-

Damals wie heute ist das Porsche 911 SC Cabriolet eine der schönsten Cabrio-Erscheinungen.

Im Porsche 911 SC Cabriolet machte das Offenfahren geschützt vorm Fahrtwind mit 204 PS im Rücken richtig Spaß.

glichen. Dazu waren auch die Fahrleistungen des Cabrios mit denen des Coupés identisch. Auch der Innenraum bot nahezu die gleichen Platzverhältnisse wie das Coupé. Selbst bei geöffnetem Dach blieben die beiden hinteren Notsitze voll nutzbar. Das zusammenfaltbare Dach verschwand beim Öffnen unter einer aufknöpfbaren Persenning, die zur Serienausstattung des Cabriolets zählte. Als Sonderzubehör bot Porsche eine große Persenning an, die das geöffnete Fahrzeug vor Staub und Regen schützen sollte. Der Einstieg war durch eine Reißverschlussöffnung möglich. Im Gegensatz zum Coupé stattete Porsche das Cabrio serienmäßig mit einem rechten Außenspiegel aus. Die Heizungsanlage musste manuell betätigt werden. Stoffpolster waren für das Cabrio nicht lieferbar.

Für die Elfer-Modelle gab es im Modelljahr 1983 wenig Neues. Auffällig waren eine neue Farbpalette und neue Sonderlederausstattungen. Im Fond waren jetzt auch manuelle Sicherheitsgurte installiert. Um den Sitzkomfort individuell anzupassen, erhielt das Dreispeichenlederlenkrad eine um 30 mm verlängerte Nabe. Auf Sonderwunsch

1977 – 1983
Tribut an den großen Bruder

gab es das Radio Köln mit Verkehrsfunkdecoder und je zwei Lautsprechern in den Türen und hinten auf der Hutablage.

Wer Anfang der 1980er-Jahre mit einem 3,3 Liter-Turbo zügig unterwegs war und das Leistungspotenzial des exklusivsten deutschen Sportwagens ausnutzte, der hatte Mühe, den Verbrauch im Stadtverkehr unterhalb von 20 Litern zu halten. Das war den Porsche-Technikern ein Dorn im Auge. Nach der Überarbeitung für das Modelljahr war es ihnen gelungen, den innerstädtischen Verbrauch auf 15,5 Liter zu senken, ohne dabei die Leistung des turbogeladenen Sechszylinders zurücknehmen zu müssen. Die Optimierung der Gemischaufbereitung und ein geänderter Hauptschalldämpfer mit Bypass-Austritt waren dafür verantwortlich, dass auch beim Landstraßentempo von 120 km/h nicht mehr als 12 Liter auf 100

Porsche 911 SC Coupé des Baujahres 1983 mit Bug- und Heckspoiler, die mit 2650 Mark zu Buche schlugen.

Kilometer verbraucht wurden. Die ab September 1982 ausgelieferten 911 Turbo-Modelle waren darüber hinaus im Fußraum mit einem Zusatzgebläse ausgestattet, das den Komfort erheblich verbesserte. Für den akustischen Genuss hatte Porsche den Boliden jetzt mit einer leistungsfähigeren Stereo-Radio-Kassettenanlage mit vier Lautsprechern ausgestattet.

Nicht jedermanns Sache war diese unruhig wirkende schwarze Velours-Innenausstattung »Pascha«, wie sie auch vielfach in den größeren Porsche-928-Modellen anzutreffen war.

Die Tachometerskala im letzten 911 SC reichte bis 250 km/h, der rote Bereich im Drehzahlmesser begann bei 6300 U/min.

Serienmäßiges Fünfgang-Schaltgetriebe – aufpreispflichtige Kassettenbox vor dem Schalthebel.

Die technischen Daten

Modell	911 SC
Bauzeit	1977 – 1979
Karosserieform	Coupé
	Targa
	–
Zylinder	6
Hubraum	2994 cm^3
Motorleistung	132/180 kW/PS
bei Drehzahl	5500 U/min
Drehmoment	265 Nm
bei Drehzahl	4200 U/min
Verdichtung	8,5:1
Verbrauch	17 Ltr. Normal
Serienbereifung	
vorne	185/70 VR 15
auf Felge	6 J x 15
hinten	215/60 VR 15
auf Felge	7 J x 15
Länge	4291 mm
Breite	1610 mm
Radstand	2272 mm
Leergewicht Coupé	1160 kg
Targa	1190 kg
Cabriolet	–
Höchstgeschwindigkeit	225 km/h
Beschleunigung	7,0 sec
Preise	
Coupé	1977: 39 900,– DM
Targa	1977: 42 700,– DM
Cabriolet	– DM

1977 bis 1983

911 SC	911 SC	911 Turbo
1979 – 1980	1980 – 1983	1977 – 1983
Coupé	Coupé	Coupé
Targa	Targa	–
–	Cabriolet	–
6	6	6
2994 cm^3	2994 cm^3	3299 cm^3
138/188 kW/PS	150/204 kW/PS	221/300 kW/PS
5500 U/min	5900 U/min	5500 U/min
265 Nm	267 Nm	412 Nm
4200 U/min	4300 U/min	4000 U/min
8,6:1	9,8:1	7,0:1
17 Ltr. Normal	15,5 Ltr. Super	20 Ltr. Super
185/70 VR 15	185/70 VR 15	205/55 VR 16
6 J x 15	6 J x 15	7 J x 16
215/60 VR 15	215/60 VR 15	255/50 VR 10
7 J x 15	7 J x 15	8 J x 16
4291 mm	4291 mm	4291 mm
1610 mm	1652 mm	1775 mm
2272 mm	2272 mm	2272 mm
1160 kg	1180 kg	1340 kg
1190 kg	1210 kg	–
–	1200 kg	–
225 km/h	235 km/h	260 km/h
7,0 sec	6,5 sec	5,2 sec
1980: 46 950,– DM	1983: 55 690,– DM	1983: 96 400,– DM
1980: 49 950,– DM	1983: 58 910,– DM	– DM
– DM	1983: 64 500,– DM	– DM

Porsche 911 SC Cabriolet, Baujahr 1983.

Reifezeugnis

1983 – 1989: Anknüpfen an alte Traditionen

Mit dem Erscheinen des neuen 911 SC Cabriolets fassten die Porsche-Enthusisasten wieder neuen Mut. Nachdem jahrelang von den Porsche-Oberen das Ableben des Neunelfers zugunsten des neuen Modells 928 propagiert worden war, nährte der Corvette-Fahrer und Porsche-Vorstandsvorsitzende Peter W. Schutz nun die Hoffnung, dass es mit diesem klassischen Sportwagen weiter gehen sollte. »Wenn ich ein Auto wär, wäre ich ein Porsche«, soll er einmal gesagt haben und meinte damit natürlich den 911. Aus seiner Vorliebe für gerade dieses Modell machte er keinen Hehl. Porsche hätte nichts Besseres passieren können als dieser Mann. Da bildete das gerade präsentierte 911 Cabrio nur den ersten Schritt in die Richtung, auf den die Gusseisernen unter den Porsche-Fahrern schon lange gewartet hatten.

Nach dem offenen 911 folgte im Spätsommer 1983 zum Modelljahr 1984 ein weiterer Coup, mit dem sich Porsche wieder zum 911 bekannte. Der 911 SC schied dahin, um für seinen Nachfolger Platz zu machen, der sogar wieder den klangvollen und traditionsreichen Namen Carrera tragen durfte. Rein optisch war – wie schon so oft in der bisher 20-jährigen Evolutionsgeschichte des Elfers – das Modell für Außenstehende kaum als neu erkennbar. Nur der Carrera-Schriftzug auf der Motorhaube, die leicht modifizierte Bugschürze mit integrierten Ne-

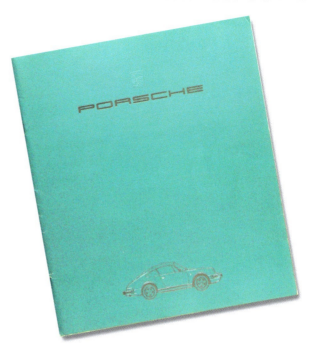

Der Prospekt für den neuen Carrera war schlicht gehalten und auf dem Titel mit einer Silberprägung versehen.

bellampen und die Leichtmetallfelgen in »Telefonwählscheiben-Optik« verrieten dem Betrachter, dass es sich hier um den neuesten Neunelfer handelte. Auch wenn namhafte Designer das Aussehen der Räder gut fanden, stand die Mehrzahl der Käufer dem ablehnend gegenüber und orderte lieber für ein sattes Aufgeld von 2990 Mark die klassischen, einfach zum Elfer dazu gehörenden Fuchs-Felgen samt Pirelli P7-Reifen der 50-er Serie. Diese waren beim neuen Modell auch mit einem Felgenstern in den Farben Weiß oder Platin-Metallic lieferbar, was das Budget mit weiteren 450 Mark belastete.

Erkennungszeichen der Modelle ab Herbst 1983: integrierte Nebelscheinwerfer

Der Fahrersitz des Carrera war serienmäßig elektrisch verstellbar.

Damals hieß es: entweder Heckwischer oder Klimaanlage, es fehlte der nötige Platz.

Das Modelljahr 1984 hielt gedeckte Farben für den Elfer bereit.

Nach wie vor gab es den rechten Außenspiegel beim 911 Cabrio gratis. Coupé-Käufer hatten für dieses Extra zusätzliche 280 Mark zu bezahlen. Dafür konnten sie zwischen einer planen und konvexen Variante wählen, die unterschiedlich große Sichtfelder boten. Überhaupt war das 911er-Vergnügen teuer geworden. Die Fahrzeug-Preisliste, damals noch mit dem Porsche 924 bei 33 250 Mark beginnend, wies für das Carrera Coupé 63 950 Mark aus.

Das Cabrio, noch mit manueller Heizungs- und Dachbetätigung ausgestattet, wollte Porsche schon mit 71 200 Mark und das Turbo-Coupé gar mit 105 300 Mark bezahlt haben. Die Geschäfte liefen indessen ausgesprochen gut. Insbesondere in Amerika, wo jedes Auto durch den auf über drei Mark gestiegenen Dollar-Kurs mit einigen Tausendern extra bezahlt wurde. In Deutschland wurden die klagenden Stimmen von auf ihren neuen Elfer wartenden Kunden immer lauter, denn lange Lieferzeiten und Preiserhöhungen waren unumgänglich, wenn man in den Genuss eines neuen Elfers kommen wollte. Anscheinend zahlte die treue Fangemeinde jeden Preis für das klassische Heckmotor-Coupé. Ende 1977, als Porsche den SC vorgestellt hatte, hatte das Auto noch 39 900 Mark gekostet. Das war sechs Jahre vorher und der Preisanstieg war mit einem Plus von 50 Prozent nicht nur mit gestiegenen Kosten zu erklären. Peter W. Schutz, der Mann aus Amerika, hatte seine Kundschaft fest im Griff. Er erklärte, dass der Elfer in Amerika neben seinen Markengeschwistern 924, 944 und 928 nicht als Auto, sondern als Spielzeug für Erwachsene begriffen wurde. Und das Ca-

Die Tachometerskala hatte man dem größeren Leistungsvermögen angepasst. Sie reichte jetzt bis 260 km/h.

Die Rückenlehnen waren ab dem Modelljahr 1984 höher ausgebildet als beim Vorgänger.

Der Porsche 911 Carrera mit dem 3,2-Liter-Boxermotor galt in 911-Kreisen als unverwüstlich und ist heute beliebter denn je.

brio war dort genauso positiv eingeschlagen wie in Deutschland. Kein Wunder also, dass fast die Hälfte der Produktion aus offenen Elfern bestand.

Mit dem Carrera erlebte der klassische 911 eine kaum geahnte Wiederbelebung. Jetzt gab es ihn in der Coupé-Version sogar mit der aufgeblasenen Karosserie des stärkeren Turbo, was bei einem Mehrpreis von 24 900 Mark allerdings kein billiges Vergnügen war. Wer es etwas dezenter mochte, orderte für seinen Carrera, ganz gleich ob als Coupé, Targa oder Cabrio, das Spoilerpaket mit ausladendem Heck- und Frontspoiler für 2650 Mark mehr. Für die Puristen unter den Gusseisernen war das zwar verpönt, aber es machte den 911 wesentlich fahrstabiler. Sein Geradeauslauf bei höheren Geschwindigkeiten und sein Kurvenverhalten sowie die Höchstgeschwindigkeit verbesserten sich deutlich. So ausgerüstet, kam der neue Carrera dem Turbo schon bedrohlich nahe. *auto, motor und sport* ermittelte 1983 für ein mit Spoilern ausgerüstetes Carrera-Coupé eine Höchstgeschwindigkeit von 254 km/h. Selbst ein geschlossenes Carrera-Cabrio ohne Spoilersatz brachte es kurze Zeit später auf immerhin beachtliche 248 km/h.

Obwohl man dem SC absolut keinen Leistungsmangel vorwerfen konnte, hatten sich die Techniker des Hauses Porsche um den Motorenentwicklungs-Chef Paul Hensler große Mühe gegeben. »Wir wollten eigentlich nur den Verbrauch um rund zehn Prozent absenken, und dabei ist uns die Leistung um etwa den gleichen Betrag

Der 3,2 Liter-Motor leistete ohne Katalysator 231 PS.

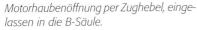

Türtafeln und Sitzseitenteile in Stoff kosteten Aufpreis.

hochgerutscht«, meinte er in einem *auto, motor und sport*-Interview fast entschuldigend. Mithilfe einer langhubigeren Kurbelwelle hatte man den Hubraum von 2994 ccm auf 3164 ccm erhöht und das Verdichtungsverhältnis von 9,8:1 auf 10,3:1 vergrößert. Zusammen mit dem neuen Resonanz-Ansaugsystem und der modernen Bosch Motronic, die die alte K-Jetronic ersetzte, leistete der luftgekühlte Boxermotor jetzt stramme 231 PS. Dabei hatte sich der Verbrauch planmäßig reduziert. Selbst bei sportlicher Fahrweise ermittelten Tester jener Zeit einen Verbrauch um 13,5 Liter, ein Wert, der rund zehn Prozent unter dem seines Vorgängers lag. Wer es nicht ganz so sportlich angehen ließ, kam auch mit Verbrauchswerten unter zehn Litern aus, was für einen Sportwagen dieser Art ungewöhnlich wenig war. Durch das von 267 Nm auf 284 Nm gesteigerte Drehmoment konnte man mit dem neuen Carrera im großen Gang harmlos bummelnd unterwegs sein und dann mit einem Tritt aufs Gaspedal die Trompeten von Jericho in den Schatten stellen, so explosionsartig legte der Sechszylinder los. Dieser 911 war wieder aus jenem Schrot und Korn, wie ihn die Puristen unter den Elfer-Fahrern liebten. Daran hatte der überarbeitete Motor einen entscheidenden Anteil.

Anfang der 1980er-Jahre war die Diskussion um den Katalysator auf ihrem Höhepunkt angelangt. Insbesondere in Nordamerika und Japan, wo Porsche bereits seit 1979 jedes Fahrzeug mit einen Dreiwege-Katalysator auslieferte, war das Thema Katalysator allgegenwärtig. In den deutschen Porsche-Preislisten tauchten Fahrzeuge mit Katalysator erst ein Jahr später auf. Zum Preis von 2190 Mark konnte man auch hierzulande mit sauberen Abgasen und einem reinen Gewissen seinen Porsche 911 bewegen.

Hatte das in Europa mit 231 PS ausgelieferte Mo-

Motorhaubenöffnung per Zughebel, eingelassen in die B-Säule.

Die Pirelli-P7-Bereifung gehörte zum Elfer so wie die Fuchs-Felge.

Die Bedienungsknöpfe waren jetzt schwarz mit farbigen Piktogrammen.

Dieser Carrera ist mit einem werksseitigen Sportfahrwerk und über die Porsche Exclusiv-Abteilung als Extras lieferbaren Fuchs-Felgen in der Dimension 7J vorne und 8J x 16 hinten ausgerüstet, die serienmäßig nur dem stärkeren Turbo vorbehalten waren.

dell richtig Pfeffer im Heck, so glaubte man bei den USA-Modellen, die nur mit 207 PS ausgeliefert wurden, an eine Leistungskastration, die rein gefühlsmäßig viel größer ausgefallen zu sein schien als die rein rechnerisch fehlenden 24 PS. Die Leistungseinbuße erfolgte durch den Einbau anderer Kolben, die das Verdichtungsverhältnis von 10,3:1 auf 9,5:1 reduzierten. Damit war ein problemloser Konsum des dort bereits vorgeschriebenen bleifreien Kraftstoffes mit nur ROZ = 91 Oktan möglich.

Den gestiegenen Fahrleistungen hatten die Porsche-Techniker auch die Bremsanlage des neuen Carrera angepasst. Um die Fadingneigungen durch geringere Hitzeentwicklung zu reduzieren, kamen im neuen Modell 3,5 Milimeter breitere Bremsscheiben mit größeren Belüftungslöchern zum Einsatz. An den Hinterrädern sorgten größere Bremskolben und ein vom 928 S übernommener Bremskraftregler für noch mehr Bremsleistung. Am Armaturenbrett konnte der Fahrer eine neue Warnleuchte ausmachen, die ihn 700 km vor Erreichen der Brems-

Der Prospekt des Modelljahres 1985 zeigt den Carrera mit den serienmäßigen neuen Leichtmetallfelgen im »Telefonscheibendesign«, die man vom größeren Modell 928 übernommen hatte.

1983 – 1989
Anknüpfen an alte Traditionen

belagverschleißgrenze auf den fälligen Wechsel der Beläge aufmerksam machte.

Das zunächst nur in Schwarz lieferbare Verdeck des Cabriolets war durch Forderungen der amerikanischen Kundschaft nun auch in Blau und Braun erhältlich. Der Targa, der immer mehr die Rolle eines Mauerblümchens spielte, kam mit komplett neuen Dichtungen daher, die die Techniker aufwändig überarbeitet hatten. Wer allerdings schon einmal mit einem Targa bei höheren Geschwindigkeiten unterwegs war, musste immer noch feststellen, dass ein 911 Cabriolet dagegen ein leises Automobil war. Auch im Coupé gab es jetzt, wie zuvor nur im Cabrio und Targa, einen abschließbaren Entriegelungszugknopf für den Kofferraumdeckel. Die Sonnenblenden links und rechts verfügten nun über einen Make-up-Spiegel. Für 590 Mark extra konnte eine Zentralverriegelung geordert werden.

Die komfort- und sicherheitssteigernden Details kamen natürlich auch dem Porsche-Spitzenmodell 911 Turbo zugute. Für den Motor hatten die Techniker dem Tur-

Die breite Karosserie des Turbos hatte ihren ganz besonderen Reiz, deshalb offerierte Porsche im Jahr 1985 diese auch den Carrera-Kunden, allerdings zum stolzen Preis von 25 950 Mark.

bo-Modell des Modelljahres 1984 einen neuen Kettenspanner spendiert, der durch seine Druckölschmierung für erhöhte Standfestigkeit sorgte. Die beim Turbo serienmäßigen Fuchs-Felgen wurden jetzt durch spezielle Diebstahlsicherungen vor Langfingern geschützt.

Ab Modelljahr 1985 baute Porsche statt des alten Dreispeichen-Volants dieses neue Lenkrad in die Carrera-Modelle ein.

Ab Modelljahr 1986 war die Nebelschlussleuchte in die Heckblende integriert und der Porsche-Schriftzug rot anstatt schwarz.

Auch das Carrera Cabriolet gab es gegen einen saftigen Aufpreis im begehrten Turbo-Look.

Dieses Carrera Coupé ist mit dem gegen Aufpreis erhältlichen originalen Spoiler-Kit und weiß lackierten Felgensternen ausgestattet.

Der Heizungsfühler wanderte beim 1986er-Modell vom Dach in das Armaturenbrett. Neue Bedienungsknöpfe für die Heizungsanlage.

Fahrzeuge ab dem Modelljahr 1986 erkennt man u.a. an den größeren Drehstababdeckungen vor dem hinteren Radausschnitt.

Auch die Drehschalter des Jahrgangs 1986 kamen in einer neuen Ausführung daher.

Ebenfalls neu ab Modelljahr 1986 war das Getriebe mit geändertem Schaltschema.

Neuwagen des Porsche 911 SC/RS – intern als Typ 954 bezeichnet – vor ihrer Auslieferung auf dem Werksgelände.

Im Frühjahr 1984 baute Porsche wieder einen Elfer reinsten Wassers. Allerdings war er für die meisten Elfer-Freunde unerschwinglich und jenseits von Gut und Böse. Und die, die ihn sich hätten leisten können, verschmähten seinen puristischen Charakter. Die Rede ist vom mit 188 100 Mark sündhaft teuren, in nur 20 Exemplaren gebauten 911 SC/RS. Ein Rennsportwagen, der seine Existenz wieder einmal dem Sportgesetz verdankte. Um in der damaligen Gruppe B des Motorsports mitmischen zu können, war der Elfer, ausgestattet mit einigen Verbesserungen, immer noch erste Wahl. Das Beschleunigungsvermögen des 911 SC/RS stellte bis 160 km/h sogar den Porsche Turbo in den Schatten. Dabei hatten die Porsche-Mannen den SC/RS nach klassischer Manier gemixt. Weniger Gewicht bedeutete mehr Geschwindigkeit und Fahrspaß. Vollgetankt brachte er lediglich 1057 kg auf die Waage. Das waren 230 kg weniger als ein Turbo wog. Sein Dreilitermotor leistete 250 PS bei 7000 U/min, was einem Leistungsgewicht von 4,2 kg pro PS entsprach. Der SC/RS kam optisch nahezu wie ein Turbo daher. Bei genauerer Betrachtung fiel einem erst auf, dass jeglicher Schmuck und Komfort fehlte. Die Stoßstangen waren aus GFK, Türen und Hauben aus Aluminium und die Seiten- und Heckverglasung aus besonders dünnem Glas. Ein Blick in den Innenraum stellte klar, hier gab's weniger fürs Geld. Die Straßenversion verfügte über einen Innenraum, der spärlich mit Teppich ausgeschlagen war. Bei der nochmals 30 000 Mark teureren Rennversion fehlte dieser ganz. Im Heck des Sportlers brüllte, wegen der im Sportgesetz auf drei Liter limitierten Grenze, der stark überarbeitete Motor aus dem 911 SC.

Stetige Detailverbesserungen gab es auch im nächsten Modelljahr. Turbo-Kunden durften sich über eine erweiterte Serienausstattung freuen. Dazu zählten die Zentralverriegelung, eine Klimaanlage und elektrisch verstellbare Komfortsitze, die ohne Aufpreis wählbar waren. Das Fahrwerk wurde durch zwei Millimeter stärkere Stabilisatoren vorne und hinten aufgewertet, die für geringere Seitenneigung sorgten. Ein geänderter Bremskraftverstärker half die Pedalkräfte spürbar um 30 Prozent zu verringern.

Seit der Einführung des Modells 911 im Jahre 1964 waren rund 200 000 Fahrzeuge dieses Typs produziert worden. Etwa 10 000 Exemplare davon entfielen auf den Turbo. Porsche genoss die fetten Jahre und verkaufte fast 60 Prozent der Produktion nach Amerika. Teilweise fühlten sich die treuen deutschen Kunden, die immerhin 20

Heckspoiler mit flachem Gummikragen, wie er werksseitig an den Carrera-Modellen verbaut wurde.

Der Heckspoiler des Turbo hatte einen nach oben und seitlich herumgezogenen dickeren Gummiwulst.

Der Bügel unterhalb der Bugschürze dieses Carreras des Baujahres 1988 weist darauf hin, dass eine Kälteanlage montiert ist.

Das Faltdach eines Targa-Modells des letzten Baujahres 1989 mit der wasserabführenden Regenrinne.

Bei eingeschalteter Alarmanlage blinkten die Leuchten in den Verriegelungsstiften.

Teilelektrisch verstellbare Sitze gehörten zeitweise zur Serienausstattung des Carreras. Sitzheizung gab es gegen Aufpreis.

Prozent der Jahresproduktion abnahmen, von Porsche im Stich gelassen, denn die Wartezeiten auf den neuen Elfer waren jetzt so lang wie nie zuvor.

Für das Modelljahr 1985 erfuhren auch die Carrera-Versionen eine umfangreiche Überarbeitung, die das Fahren noch komfortabler machen sollte. Gegen eine übermäßige Aufheizung des Innenraumes bei Sonneneinstrahlung sorgte eine serienmäßig grün getönte Wärmeschutzverglasung. Im Winter erfreuten den 911-Piloten beheizte Waschdüsen für die Frontscheibe. Vier Lautsprecher mit Überblendregler für vorne/hinten sorgten zusammen mit einer leistungsstarken Frontscheibenantenne für ein gutes Klangergebnis, wenn eines der aufpreispflichtigen, ab Werk angebotenen Blaupunkt-Radios geordert wurde. Einen gesteigerten Sitzkomfort versprachen die neuen Teilleder-Komfortsitze mit höherer Rückenlehne und verlängerter Oberschenkelauflage. Der Fahrersitz verfügte sogar über eine elektrische Verstellung, die für den Beifahrersitz extra bezahlt werden musste. Auch eine Sitzheizung gab es für die neuen Sitze gegen Aufpreis. Auffällig war das neue Vierspeichen-Lederlenkrad. Eine große, lederbezogene Prallplatte mit eingeprägtem Porsche-Schriftzug sorgte für mehr passive Sicherheit. Den Schalthebel zierte ein lederner Sack, dessen Farbe der jeweiligen Innenausstattung entsprach. Das Schalten des Fünfgang-

Schlicht gab sich der 911-Prospekt des Modelljahres 1986.

Getriebes sollte durch die um zehn Prozent verkürzten Schaltwege noch exakter vonstatten gehen.

Als aktuellste Mehrausstattung bot Porsche seinen sicherheitsbewussten Kunden im Modelljahr 1986 für 150 Mark eine neuartige, Sekuriflex genannte Frontscheibe an. Diese war auf ihrer Innenseite mit einer zusätzlichen Kunststofffolie versehen, die bei einem Crash die Splitter binden und von den Insassen fern halten sollte. Für das Cabriolet war endlich ein elektrisches Verdeck erhältlich, das allerdings 3950 Mark Aufpreis kostete. Dafür brauchte man es nicht von Hand zu verriegeln, nachdem es sich innerhalb von 20 Sekunden von Mikroprozessoren gesteuert geschlossen hatte. Eine Kontrollleuchte signalisierte dem Fahrer, ob das Dach korrekt geschlossen war.

Die klassischen Instrumente des Turbos aus dem Baujahr 1987.

Die Klimaanlage gehörte serienmäßig zur Ausstattung des Turbos.

Umgeklappte Fondrücksitzlehnen erweitern den Stauraum.

Die Motorenleute hatten einmal Pause, die Veränderungen dieses Modelljahres konzentrieren sich auf diverse Ausstattungsdetails. Insbesondere an die Heizungsanlage hatte man wieder einmal Hand angelegt. Der Temperaturfühler wanderte vom Windschutzscheibenrahmen in das Armaturenbrett. Hier sollte er für eine wirksamere Steuerung der Anlage sorgen. Neue, vergrößerte Luftaustrittsdüsen links und rechts im Armaturenbrett standen für ein verbessertes Raumklima und Innenraumbelüftung. Diese automatische Heizungsanlage ersetzte die manuelle Anlage im Cabriolet. Die Make-up-Spiegel in den Sonnenblenden erhielten zum besseren Schutz einen Abdeckschieber. Die Vordersitze wurden um 20 Millimeter abgesenkt, um mehr Kopffreiheit zu schaffen, und ihre Sitzschienen hatte man nach hinten erweitert. Damit konnte man jetzt auch als Beifahrer mit ausgestreckten Beinen sitzen, vorausgesetzt, dass man nicht allzu groß gewachsen war. Der vormals mit billig wirkendem Nadelfilz ausgeschlagene Kofferraum verfügte jetzt auch über einen Teppichboden, der dem des Interieurs entsprach. Für bessere Sicht sorgte eine Hochdruck-Scheibenwaschanlage. Die bereits beim Turbo eingesetzten Radsicherungs-

Prospekt des Modelljahres 1987.

schlösser erhielt jetzt auch der Carrera serienmäßig. Für mehr Fahrsicherheit sollten die neuen walzenartigen Hinterreifen beim Turbo sorgen, die neuerdings in der Größe 245/45 VR 16 daherkamen.

Das Modelljahr 1987 bescherte dem Elfer ein neues, leichter schaltbares Getriebe, mit vorne links liegendem Rückwärtsgang. Auch der Schaltknauf bekam eine geänderte Form. Er war jetzt dicker ausgeführt und mit Leder in der Innenausstattungsfarbe bezogen. Die Plakette mit dem Schaltschema am Kopf wies aber ungeübten Elfer-Fahrern weiterhin den Weg durch die Schaltebene. Die ebenfalls neue, hydraulisch betätigte und

Porsche versuchte jede Nische auszufüllen und bot den Turbo auch mit der Karosserie des Cabriolets und des Targas an. Die Puristen unter den Elfer-Fahrern standen diesen Varianten meistens ablehnend gegenüber.

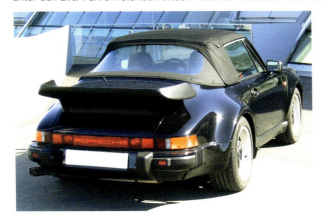

1983 – 1989
Anknüpfen an alte Traditionen

wartungsfreie Kupplung machte das Schalten zur reinen Freude.

Die Fahrzeuge des neuen Modelljahres waren auch optisch von den geschulten Augen der 911-Freunde sofort auszumachen. Die vormals immer etwas provisorisch wirkende, unter der linken Heckstoßstange montierte Nebelschlussleuchte hatte man jetzt links und rechts in das rote Rückstrahlerband im Heck integriert. Auch der einst dominante schwarze Porsche-Schriftzug war verändert worden. Er war jetzt etwas kleiner und nicht mehr schwarz aufgedruckt, sondern in roten Buchstaben in das Kunststoffband gepresst. Dadurch wirkte das Elfer-Heck etwas harmonischer. Breitere Reifen auf der Vorderachse in der Größe 195/65 VR 15 statt vormals 185/70 ließen den Elfer von vorne etwas bulliger erscheinen und halfen das Fahrverhalten abermals zu verbessern.

In der Zeit des High-Tech-Automobilbaus wirkten manche Verbesserungen am Klassiker 911 wie der reine Anachronismus. So hatten die Porsche-Techniker kleine, reflektierende Leuchtpunkte auf dem Innentürgriff angebracht, statt Rücklichter, die in der Dunkelheit warnend nach hinten leuchteten. Der Leuchtpunkt sollte bewirken, dass man den Türöffner in der Dunkelheit leichter fand und gleichzeitig als Rückstrahler für mehr Sicherheit sorgen. So einfach durfte mehr Sicherheit damals noch sein! Die elektrische Außenspiegelverstellung hatte man überarbeitet. Sie wurde jetzt über einen runden Betätigungsknopf bedient, der sich harmonischer in die Türleiste einfügte. Beim Targa kamen verbesserte Türdichtungen zum Einsatz, und am Dach hatte man eine Regenrinne angebracht, die ein Herabtropfen von Regenwasser verhindern sollte.

Traumauto für Sportwagenfans – der Porsche Turbo des Jahrgangs 1987.

Der Turbo – Kraftpaket mit 300 PS im Heck.

Alles war möglich – auch eine weiße Innenausstattung.

Die treue Elfer-Kundschaft war vom Kat-Konzept im 911 wenig begeistert. Deshalb bemühten sich die Techniker um eine Leistungskur dieser Variante. Statt der zugeschnürt wirkenden 207 PS leistete der Sechszylinder ab dem Modelljahr 1987 satte 217 PS. Damit war der abgasgereinigte Elfer noch schneller geworden, seine Höchstgeschwindigkeit stieg von 235 auf 240 km/h. Die Modelle ohne Katalysator blieben auf der Motorseite unangetastet.

Die Kundschaft wurde im neuen Modelljahr mit einer besonders reichhaltigen Komfortausstattung verwöhnt. Serienmäßig verfügte der Turbo jetzt über elektrische voll verstellbare Sitze. Die Verstellung von Längsrichtung, Sitzlehne und Sitzhöhe erfolgte über drei seitlich an den Sitzflächen angebrachte Wipptasten. Wer es wünschte, konnte gegen Aufpreis Sitzheizung und Lordosenstützen ordern. Turbo-Kunden konnten aus einer erweiterten Farbpalette wählen. Erstmals stand als Radio der Typ Berlin JQR 86

Der gewaltige Heckspoiler dominiert die Rückansicht des Porsche Turbo.

1983 – 1989
Anknüpfen an alte Traditionen

mit wesentlich höherer Ausgangsleistung und Diebstahlcodierung bereit. Nach einer Entwendung war das Gerät nicht mehr funktionsfähig und für Diebe damit wertlos. Im Frühjahr 1987 erweiterte Porsche die Turbo-Palette um die Ausführungen Targa und Cabriolet. Damit drifteten die Preise in neue Dimensionen. Das Turbo Coupé kostete 125 000 Mark, während für den Targa 132 000 Mark und für das Cabriolet gar 145 000 Mark gefordert wurden. Letzteres verfügte allerdings serienmäßig über das elektrische Verdeck, das beim Carrera extra bezahlt

Endstation – ein 911 Carrera in Targa-Ausführung des letzten Baujahrs 1989.

Club Sport: nur ein Außenspiegel und ohne Nebelscheinwerfer.

Dezenter Hinweis auf die Club Sport-Ausführung.

werden musste. Den Targa stattete man werksseitig ebenfalls mit einem rechten, elektrisch verstellbaren Außenspiegel aus.

Sportlicher Hoffnungsschimmer: der Club Sport Carrera

Für die gusseisernen 911-Piloten gab es ganz offiziell ab dem Modelljahr 1987 wieder eine besonders sportliche Variante des 911. Das als Porsche 911 Carrera Club Sport bezeichnete Fahrzeug weckte bei den sportlich orientierten Elfer-Fahrern Erinnerungen an den klassischen Carrera 2.7 RS. Porsche-Sprecher Uwe Brodbeck bescheinigte dem Neuen: »Es ist ein Auto so wie früher« und verwies damit eindeutig auf den sportlichen Vorfahren. Das neue Komfortbewusstsein der damaligen Autokäufer hatte auch den sportlichen Elfer immer schwerer werden lassen. Schließlich schleppte ein serienmäßiger 911 allerhand elektronische Helfer mit sich herum, auf die der Club Sport gern verzichtete. Hier gab es keine Rücksitzanlage und kein kiloschweres Dämm-Material. Auch suchte man die automatische Heizungsregelung mit Zusatzgebläse vergeblich ebenso wie Kleiderhaken, Deckel für die Türablagekästen, elektrische Fensterheber und Sitzverstellungen. Aber auch die Nebelscheinwerfer, Motor- und Kofferraumleuchten, die Radiovorbereitung und selbst der Carrera-Schriftzug auf dem Motordeckel waren dem Rotstift zum Opfer gefallen. Dafür gab es auf der Innenseite des linken vorderen Kotflügels den dezenten Hin-

Die englische Club Sport-Version kam mit anderem Outfit daher.

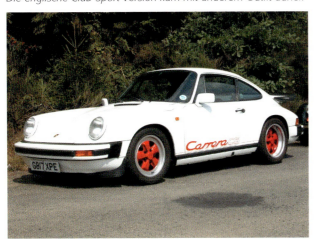

Die roten Felgensterne erinnern an den Carrera RS von 1972.

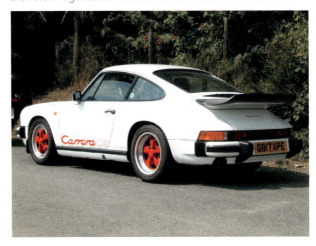

1983 – 1989
Anknüpfen an alte Traditionen

weis auf diese besondere Carrera-Version: Club Sport lautete das Motto des dort angebrachten Aufklebers. All dieser Verzicht war nicht unerheblich und brachte dem Club Sport-Piloten zum gleichen Preis wie für einen Serien-911 eine Gewichtseinsparung von knapp 100 kg. Derart konnte man mit dem 231 PS-Boliden flott unterwegs sein. Zwar verfügte der Sechszylinder nominell über die gleiche Leistung wie seine Luxusbrüder, er ließ sich aufgrund leichterer Einlassventile und einer angehobenen Drehzahlgrenze, die bei 6840 U/min lag, aber spürbar sportlicher bewegen. So gerüstet, erreichte der Club Sport Carrera in 5,9 Sekunden die 100 km/h-Marke und war damit eine halbe Sekunde schneller als seine verweichlichten Brüder. Dabei war der Spaß beim Fahren dieses Sportlers viel größer als es sich hier beschreiben lässt. Die gemäßigte Motorüberarbeitung war der eine Faktor, der den

Eines der letzten Targa-Modelle des Baujahres 1989. Im Hintergrund ein Coupé des Jahrgangs 1985.

Spaß beim Fahren ausmachte. Ein anderer lag im Verzicht auf das Dämm-Material, das für die akustische Untermalung sorgte, die den Eindruck erweckte, als sei man in einem Rennwagen unterwegs. Der Sport-Carrera war bei 200 km/h mit seinen 91 dB(A) wesentlich lauter als seine Serien-Brüder. Sicher war das der ausschlaggebende Grund dafür, dass man bei Porsche auf die Radiovorbereitung verzichtet hatte. Das Fahrwerk des Club Sport informierte seinen Fahrer sehr exakt über den Fahrbahnzustand. Vom relativ komfortablen Fahrwerk mit guter Federung des Serienmodells war hier kaum etwas zu spüren. Sportliche Härte für noch mehr Querbeschleunigung stand auf der Wunschliste der Fahrwerksentwickler. Und sie hatten ihre Aufgabe bravourös gelöst. Serienmäßig ausgerüstet mit dem vorderen und hinteren Spoilerwerk hatte der Fahrer des Club Sport das Gefühl, mit der Straße verwachsen zu sein, und konnte es so richtig fliegen lassen.

Von ganz anderer Natur war die anlässlich des 250 000sten produzierten Porsche 911 im Sommer 1987 aufgelegte Jubiläums-Sonderserie des Carreras in begrenzter Stückzahl. Diese in allen drei Karosserie-Varianten lie-

Wer seinen Porsche ganz individuell ausgestattet haben wollte, wie etwa diese Turbo-Flachschnauzer-Version, der konnte dieses über Porsches Exklusiv-Abteilung realisieren.

ferbaren Fahrzeuge zeichneten sich durch ihre besonders reichhaltige Ausstattung aus. Die Karosserie und die Felgensterne der serienmäßigen Fuchs-Felgen waren in Diamantblaumetallic lackiert. Im Interieur bestach die raffflederne, silberblaumetallic-farbene Teilleder-Ausstattung mit auf den Kopfstützen eingesticktem »F.-Porsche«-Schriftzug. Auch der Seidenvelours des Teppichbodens war in Silberblau gehalten. Am Deckel des Handschuhfachs war eine Plakette angebracht, die auf den Anlass dieser Sonderserie hinwies, von der in Deutschland 250 Fahrzeuge an den Mann gebracht wurden. Das Coupé verfügte über ein serienmäßiges Schiebedach und das Cabrio über eine

Seit fast 30 Jahren ein vertrauter Anblick: das 911-Cockpit.

Beste Qualitätsanmutung und alles da, wo es hingehört.

1983 – 1989

Anknüpfen an alte Traditionen

Die kurze, flache Frontscheibe lies den Speedster besonders sportlich aussehen.

elektrische Verdeckbetätigung. Zwar war der Jubiläums-Elfer kein Sonderangebot, aber gegenüber dem Serienmodell bedeuteten die Preise (Coupé 87 950 Mark, Targa 89 800 Mark, Cabriolet 99 700 Mark) eine erhebliche Einsparung.

Nach dem großen Porsche-Boom und den fetten Jahren Anfang bis Mitte der 1980er waren im Geschäftsjahr 1987/88 nur noch 31 000 Fahrzeuge produziert worden. Insbesondere der 924 machte den Vertriebsstrategen Sorgen. Es ging das Gerücht um, Porsche werde innerhalb kürzester Zeit von einem Großserienhersteller übernommen. Porsche hatte sich längst vom Elfer-Freund Peter W. Schutz getrennt, der den Schwerpunkt weniger auf die Produktpflege als auf den Verkauf des Elfers gelegt hatte. Sein Nachfolger, Heinz Branitzki, sprach Ende der 1980er-Jahre gar von den schwersten Zeiten in der Firmengeschichte. Porsche blickte trotzdem nur in eine Richtung: nach vorn! Reißenden Absatz fand der bereits auf der IAA 1987 als Studie präsentierte 911 Speedster. Dieser nahm wieder einmal die Theorie von »Weniger ist mehr zum höheren Preis« auf, und die Porsche-Kundschaft schlug sich fast um dieses Modell.

Der breite Turbo-Look ohne den markanten Heckspoiler und die flache Scheibe ließen den Speedster gerade von vorn ungemein bullig und kraftvoll wirken. Mit seiner eindrucksvollen Erscheinung degradierte er ein Coupé optisch fast zu einem Nobody. Kein Wunder also, dass Interessenten für einen Neuwagen-Vertrag mehr als 30 Prozent Aufpreis zu zahlen bereit waren. Das Konzept

des neuen Offen-Elfers ging auf die Idee des Amerikaners Maxi Hoffman zurück, der Anfang der 1950er-Jahre die Produktion eines spartanischen, offenen Porsche-Sportwagens für Amerika angeregt hatte. Dieses Projekt realisierte Porsche mit dem legendären 356 Speedster, der selbst heute noch eine große Schar von Anhängern hat. Ein Auto zum Fahren, auf das Nötigste reduziert, war die Formel für den Erfolg. Basierend auf dem Porsche 911 Carrera Cabriolet entwickelten die Techniker einen nur noch zweisitzigen offenen Elfer, der mit seinem spartanischen, ungefütterten Notverdeck rund 70 Kilogramm weniger auf die Waage brachte. Die Frontscheibe hatte man verkürzt und um fünf Grad flacher geneigt. Die Seitenfenster wurden per Handkurbel betätigt, und auf die Dreiecksfenster hatte man ganz verzichtet. Das geöffnete Stoffverdeck verschwand von Hand betätigt unter einer mit zwei Buckeln aufregend gestalteten Kunststoffhaube, die dem offenen Speedster zum letzten Kick verhalf. Die

Bei geschlossenem Verdeck war die Fahrt im Speedster nicht unbedingt ein Vergnügen. Die Rundumsicht war erheblich eingeschränkt.

Die leicht wirkende, schmale Speedster-Version zählt heute zu den absoluten 911-Raritäten.

1983 – 1989
Anknüpfen an alte Traditionen

Studie auf der IAA sah sogar vor, den Frontscheibenrahmen aus Aluminium mit dem beigefügten Bordwerkzeug demontieren zu können, um eine noch flachere Frontscheibe und eine Abdeckung über dem Beifahrersitz anbringen zu können. Gedacht war diese Variante ausschließlich für Clubsport-Veranstaltungen, da der TÜV seinen Segen für den öffentlichen Straßenverkehr versagte. Ab November 1988 bot Porsche den breiten Speedster in Deutschland für 112 000 Mark an. Für den Export nach Belgien, Österreich, in die Schweiz und die USA sind vermutlich 171 Speedster mit den schlanken Kotflügeln des Carrera ausgeliefert worden, die heute eine extreme Rarität darstellen, optisch aber wenig eindrucksvoll daher kommen.

Für die letzte Runde des klassischen Elfers versprach es noch einmal spannend zu werden. In der Fachpresse kursierten bereits erste Erlkönigfotos vom Elfer-Nachfolger, der mit Allradantrieb und optisch geglättet in die 1990er-Jahre aufbrechen sollte und, wie immer, für ein Wehklagen in seiner treuen Fangemeinde sorgte, wenn Veränderungen anstanden. Vorausgegangen war die Entwicklung des absoluten Über-Porsche mit der Modellbezeichnung 959. Von diesem, das technisch Machbare jener Zeit aufzeigenden Porsche wurden ab März 1987 zwei bis fünf Fahrzeuge pro Woche zu einem Stückpreis von 398 000 Mark ausgeliefert. Für den Serienbau der neuen Elfer-Generation wollte Porsche sich an ihm orientieren. Doch bevor es so weit war, stand eine letzte Überarbeitung des klassischen 3,2 Liter-911 für das Modelljahr 1989 an. Bis hierher war der Elfer zu einer unglaublichen Reife gelangt. Puristen, Gusseiserne wie Besitzer von Elfern, die es beurteilen können, halten den 3,2er für das Beste, was in Zuffenhausen je produziert worden ist. Für das letzte Modelljahr hatte man dem Klassiker denn nun auch die 16-Zoll-Schmiede-Felgen der Marke Fuchs mit Reifen der Serie 50 serienmäßig spendiert. Neue Farben und Stoffe für das Interieur sollten weitere Kaufanreize bieten, ebenso wie die jetzt serienmäßige Alarmanlage mit den markanten Leuchtdioden in den Verriegelungsstiften. Aus Gründen des Umweltschutzes waren die Bremsbeläge, Kupplungsmitnehmerscheibe sowie Motor- und Getriebeabdichtungen nun aus asbestfreiem Material gefertigt.

Beim Turbo war bereits ein Jahr zuvor das Viergang- durch ein neues Fünfgang-Getriebe ersetzt worden. Damit waren kleinere Drehzahlsprünge möglich und sorgten für mehr Agilität. Um den Komfort zu steigern, wurde eine hydraulische Kupplungsbetätigung eingebaut, die erheblich weniger Kraft erforderte. Die Fahrwerktechniker hatten dem Boliden mittels Drehstäben mit größerem Durchmesser an der Hinterachse, geändertem Stabilisator und etwas härter abgestimmten Stoßdämpfern zu spürbar neutralerem Kurven-Fahrverhalten verholfen.

Spartanisches Speedster-Interieur ohne Airbag-Lenkrad.

Die technischen Daten 1983 bis 1989

Modell	911 Carrera	911 KAT	911 Turbo
Bauzeit	1983 – 1989	1986 – 1989	1983 – 1989
Karosserieform	Coupé	Coupé	Coupé
	Targa	Targa	ab 1.7.1987 Targa
	Cabriolet	Cabriolet	ab 1.7.1987 Cabriolet
	Turbo Look	Turbo Look	
Zylinder	6	6	6
Hubraum	3164 cm^3	3164 cm^3	3299 cm^3
Motorleistung	170/231 kW/PS	160/217 kW/PS	221/300 kW/PS
bei Drehzahl	5900 U/min	5900 U/min	5500 U/min
Drehmoment	284 Nm	265 Nm	430 Nm
bei Drehzahl	4800 U/min	4800 U/min	4000 U/min
Verdichtung	10,3:1	9,5:1	7,0:1
Verbrauch	15,0 Ltr. Super	16,0 Ltr. Super	20 Ltr. Super
Serienbereifung			
vorne	185/70 VR 15	185/70 VR 15	205/55 VR 16
auf Felge	6 J x 15	6 J x 15	7 J x 16
hinten	215/60 VR 15	215/60 VR 15	225/45 VR 16
auf Felge	7 J x 15	7 J x 15	8 J x 16
Länge	4291 mm	4291 mm	4291 mm
Breite	1652 mm	1652 mm	1775 mm
Radstand	2272 mm	2272 mm	2272 mm
Leergewicht	1210 kg	1210 kg	1335 kg
Höchstgeschwindigkeit	245 km/h	240 km/h	260 km/h
Beschleunigung	6,1 sec	6,5 sec	5,2 sec
Preise			
Coupé	1987: 80 500,– DM	1987: 82 075,– DM	1987: 131 000,– DM
Coupé Club Sport	1987: 80 500,– DM	1987: 82 075,– DM	– DM
Targa	1987: 84 600,– DM	1987: 86 175,– DM	1987: 138 000,– DM
Cabriolet	1987: 90 800,– DM	1987: 92 375,– DM	1987: 152 000,– DM

Porsche 911 Carrera Cabriolet, Baujahr 1987, vor Porsche 911 Carrera Coupé, Baujahr 1985.

Moderne Zeiten

1988 – 1993:   Mit Allradantrieb und Katalysator

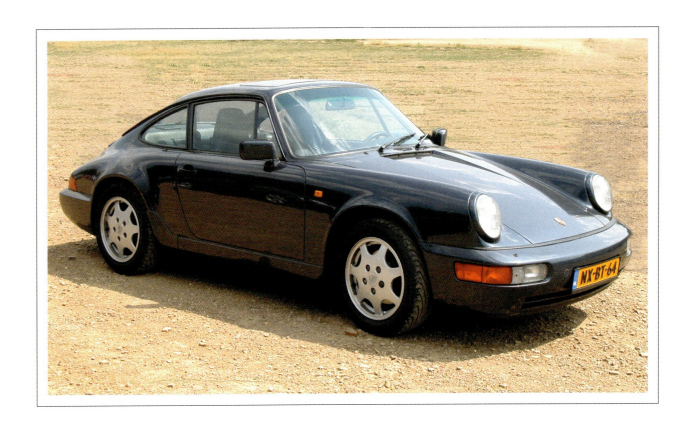

Der Porsche 911 war seit seiner Präsentation im Jahre 1963 ein besonderes Auto. Er huldigte der guten alten Porsche-Tradition, indem er seinen Motor noch immer im Heck trug, als viele andere längst auf den Frontmotor gesetzt hatten. Auch zehn Jahre nach seiner Präsentation pflegten seine Fürsprecher den noch immer luftgekühlten Sechszylinder und entwickelten ihn zum schnellsten deutschen Serienwagen. Luftkühlung? – Nein Danke, hieß die Devise bei seinen Mitstreitern! Auch zu seinem 25. Geburtstag war der Elfer nicht mit normalen Maßstäben zu messen. Noch immer fauchte der luftgekühlte Sechszylinder-Boxermotor im Heck und noch immer war er rein optisch fast ganz der Alte geblieben. Trotzdem waren 87 Prozent seiner Bauteile gegenüber dem Vorgängermodell völlig neu.

Bereits lange bevor der als Typ 964 bezeichnete 911 Carrera 4 mit Allradantrieb der Öffentlichkeit präsentiert wurde, geisterten Informationen und Bilder des Neuen durch die Fachpresse. Und es war wie immer, wenn man dem Klassiker ans Leder wollte: Die treue Fan-Gemeinde schrie Zeter und Mordio! So war es von Porsches Verkaufsstrategen ein schlauer Schachzug, den alten 3,2-Liter-Carrera parallel zum neuen Modell weiter zu bauen. Was war es, das die Gemüter der Gusseisernen bewegte? Die angekündigte optische Überarbeitung der Karos-

Zweifarbig silbern/bordeauxrot präsentierte sich der Prospekt zur Einführung der neuen Modellreihe 964.

serie des Klassikers? Der für einen Serien-Porsche völlig neue Allradantrieb? Mitte 1988 präsentierte das Fachblatt *auto, motor und sport* den Neuen unter dem Titel: »Das Wunder von Weissach« und traf damit den Kern der Sache. Der Elfer hatte seine Unberechenbarkeit abgelegt. Sein Fahrverhalten war zahmer geworden und sein Fauchen leiser, doch wenn es sein musste, konnte er sich geben wie seine Vorfahren: sportlich, aggressiv und ganz der Alte. Objektiv betrachtet hatte der Elfer nur gewonnen. Sicher waren die neuen Kunststoffstoßstangen nicht jedermanns Sache. Spötter meinten damals sogar, sie wirkten wie an einem unfertigen Prototyp des Zulieferers Kamei. Andere verglichen das runder gewordene, integrier-

Die Kunststoff-Stoßfänger ließen die Karosserie runder erscheinen.

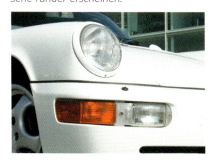

Mit dem neuen, kurzen Schalthebel ließ sich das Getriebe bestens betätigen.

Das Rückleuchtenband war schräger gestellt und in die Karosserie integriert.

1988 – 1993
Mit Allradantrieb und Katalysator

te Design mit dem Elfer-Vorgänger 356 und konnten ihm gar etwas Schönes abgewinnen. Der Carrera 4 war das Ergebnis langjähriger Bestrebungen des Hauses Porsche, den Elfer fit für die Zukunft zu machen. Dabei bediente man sich der ausgiebigen Erfahrungen aus dem Motorsport, die man bei dem Einsatz von Renn- und Rallye-Fahrzeugen gewonnen hatte. Diese waren bereits im Technologieträger 959 genutzt worden, der ab 1987 in einer exklusiven Kleinserie den Kunden angeboten wurde. Das Hauptaugenmerk legten die Porsche-Entwickler dabei auf den »dynamischen Allradantrieb«. Der sorgte dafür, dass man die tückischen Lastwechselreaktionen des ehemaligen Hecktrieblers getrost vergessen konnte. Endlich war den nicht verstummenden Nörglern und Kritikern des Elfer-Fahrverhaltens der Wind aus den Segeln genommen worden. Zusammen mit der neuen Hinterachse des 964, der ausgewogeneren Gewichtsverteilung und dem Vierradantrieb lief der Elfer auch in schwierigen Situationen lammfromm geradeaus und verhielt sich sogar bei Nässe äußerst neutral. Mit dem 959 hatte Porsche in der Weltelite der Sportwagen-Hersteller bereits gezeigt, was mit der neuen Allrad-Technologie machbar war. Elektronisch gesteuert, bewirkten zwei hydraulisch betätigte Sperren, schneller als die bislang bekannte Mechanik, mehr Stabilität und Sicherheit durch optimale Kraftverteilung auf alle vier Antriebsräder. Dabei wurden unterschiedliche Stra-

Dieser frühe Elfer der 964-Baureihe präsentiert sich mit den originalen, gegossenen 16-Zoll-Leichtmetallrädern in der Optik »Design 90« und mit den alten, eckigen Außenspiegeln, wie sie noch bis zum Modelljahr 1991 gebaut wurden.

Die Instrumente waren in Durchlichttechnik ausgeführt, was sich hier an den durchsichtigen Zeigern gut erkennen lässt. Bei eingeschaltetem Licht leuchteten auch die weißen Ziffern.

Das gesamte Interieur wirkte sehr vertraut, und doch gab es kaum ein Bauteil, das nicht verändert worden war, wie hier das Bedienungsbord für die Heizungsanlage.

ßenoberflächen, wechselnder Reifendruck und Zuladung automatisch berücksichtigt. An der Hinterachse half die Quersperre, ein Eindrehen des Hecks zu verhindern. Ein Sensor übermittelte die Querbeschleunigungsdaten an die Steuerelektronik, die wiederum über die Kraftverteilung an die beiden Achsen wachte.

Auch wenn es innerhalb der Porsche-Entwicklungsabteilung Stimmen gab, die dem Elfer lieber heute als morgen ein neues Outfit verpasst hätten, blieb man aus Sicherheitsgründen beim gewohnten Karosserie-Design. Schon ganz leise Umfragen im Kreise alter Elfer-Fahrer hatten für Panikstimmung gesorgt. So hatten die Entwickler alle Forderungen nach machbarer, moderner Sicherheit unter dem Blech zu erfüllen. Auf der Soll-Liste stand das Verlangen nach geringerem Gewicht bei erhöhter Karosseriesteifigkeit und nach einem optimierten Crashverhalten.

Einen ähnlichen Balanceakt wie die Karosserie-Designer hatten die zuständigen Ingenieure für das Interieur-Design zu vollbringen. So bestand zwar die Forderung nach modernen Instrumenten mit Durchlichttechnik, das klassische Design mit dem gewohnten Anblick der fünf einzelnen Rundinstrumente sollte dabei aber nicht auf der Strecke bleiben. Schließlich war für Generationen von Elfer-Fahrern klar, dass man dieses Armaturenbrett nicht verbessern konnte! Trotzdem hatte die moderne Elektronik ganz unbemerkt Einzug in den Elfer gehalten. Im Normalfall blieben so die vielen Kontrollleuchten dunkel. Erst beim Auftreten eines Defektes traten sie in Erscheinung und leuchteten dem Fahrer aus dem Kombiinstrument warnend entgegen.

Genauso vorsichtig war der Wandel des Outfits vonstatten gegangen. Ganz behutsam änderten die Designer

Der Heckspoiler fuhr erst ab einer Geschwindigkeit von 80 km/h aus.

Im Drehzahlmesser war gegen Aufpreis der digitale Bordcomputer untergebracht.

Das dicke, ovale Auspuffendrohr mündete jetzt rechts im Freien.

1988 – 1993
Mit Allradantrieb und Katalysator

die vormals als Eisenbahnschienen verschrieenen Stoßstangen zu völlig integrierten Elementen, die auch kleinere Parkrempler problemlos verkrafteten, da sie nun komplett aus elastischem Kunststoff gefertigt waren. Mit einbezogen ins neue Design wurden auch die Schwellerbereiche, die freilich immer etwas improvisiert wirkten. Besonders schwierig war die Gestaltung des Heckbereichs. Hier war das Kunststück zu vollbringen, die neuen Kunststoffteile sicher vor der enormen Abgashitze zu schützen, was nur mit entsprechend umfangreichen Dämmmaßnahmen gelang. Für eine verbesserte Motorkühlung sorgte auch der große Lufteinlass auf der Motorhaube mit dem integrierten, ausfahrbaren Spoiler. Diesem hatten die Ingenieure große Aufmerksamkeit gewidmet. Damit die klassische Elfer-Linie erhalten blieb, hatte man ihn so konstruiert, dass im Stand nur ein kleiner aufstehender Spoilerkragen sichtbar war. Bei Geschwindigkeiten von über 80 km/h fuhr er dann selbsttätig aus, um dem Fahrzeug zu höherer Stabilität zu verhelfen. Damit man sich nicht die Finger klemmen konnte, fuhr der Spoiler wieder ein, sobald man unter 10 km/h fuhr. Im Innenraum fand man allerdings einen Schalter, mit dem die Betätigung des Spoilers auch manuell erfolgen konnte. Die Techniker hatten es geschafft, den Luftwiderstandsbeiwert beim

Das Targa-Dach war leicht zu handhaben. Die Belüftungsschlitze im Targa-Bügel gab es beim 964 nicht mehr.

Die Lautsprecher wanderten aus dem Targa-Bügel in die Hutablage. Die Rücksitzlehnenverriegelung ließ sich einfacher bedienen.

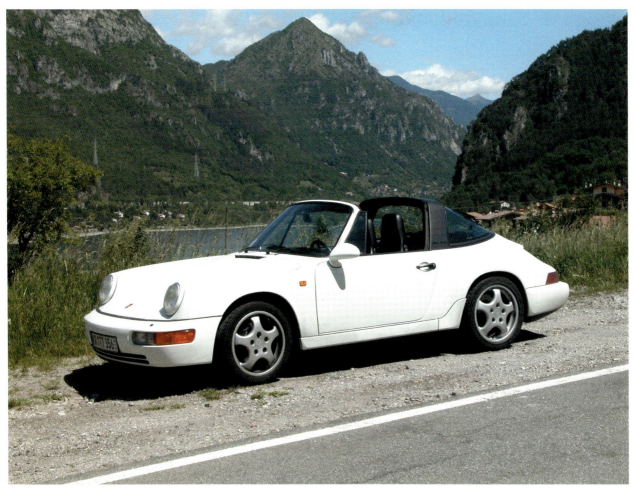

Mit dem Porsche 911 Carrera Targa ließ es sich offen vortrefflich reisen. Die Cup-Felgen gab es erst ab dem Modelljahr 1992.

neuen Carrera 4 von 0,39 auf 0,32 cW zu reduzieren. Um den neuen Porsche 911 aerodynamisch zu perfektionieren, hatte man die Bodengruppe des Fahrzeugs völlig überarbeiten müssen. Die Technik des Allradantriebs nahm im vorderen Gepäckabteil viel Platz ein. Hinzu kam die erstmals beim 911 eingebaute Servolenkung. Das ehemals flache Gepäckabteil schrumpfte so erheblich, deshalb schuf man tief im Bug ein neues, tiefliegendes Abteil und reduzierte das Tankvolumen um acht auf 77 Liter.

Dennoch brauchten Elfer-Piloten sich nicht mit einem kleineren Aktionsradius zu bescheiden, da der Verbrauch gesunken war. Das Ziel der Entwickler, im Falle eines Falles für einen platten Hinterreifen im Kofferraum genügend Platz zu schaffen oder auch eine Getränkekiste dort unterbringen zu können, hatte man erreicht. Für das zusammengelegte Targa-Dach langte es allemal.

Zweifellos war der Elfer mit dem Typ 964 wieder ein ganzes Stück reisetauglicher geworden. Längst vergessen waren die Tage des berüchtigten Hecktrieblers, der eine allzu forsche Gangart nur selten verzieh. Mit dem Carrera 4 war man dem komfortablen Reise-Porsche 928 dicht auf den Fersen, und Zweifler stellten diesen immer mehr in Frage. Der Elfer war in Form des neuen 4-er über all die Jahre zu einem exzellenten Reisefahrzeug – auch für lange Strecken – gereift. Selbst sportliche Fahrernaturen konnten ihm auch nach längeren Etappen ohne durchgeschwitztes Hemd entsteigen. Dabei war man trotzdem viel schneller unterwegs als die meisten anderen Zeitgenossen. Der Sechszylinder-Boxer war auf satte 250 PS

Fast 20 Kontrollleuchten hatten die Porsche-Techniker in die Armaturen mit Durchlichttechnik integriert.

Der Kofferraum des Carrera 2 unter der vorderen Haube war durch seine große Tiefe besser nutzbar als bisher.

Auf der Mittelkonsole befanden sich die Bedienungsschalter für Warnblinkanlage, Türverriegelung, Alarm-Quittierung und zur manuellen Heckspoilerbetätigung.

Die ersten Modelle der 964-Baureihe wurden noch mit den eckigen Außenspiegeln des Vorgängers und den Leichtmetallrädern im »Design 90« ausgeliefert.

Die Türtafeln gehörten zu den wenigen Bauteilen, die kaum verändert worden waren.

Der Targa-Bügel war immer noch mattschwarz, kam jetzt aber ohne die drei senkrechten Lüftungsschlitze daher.

bei 6100 U/min erstarkt und sein Hubraum auf 3,6 Liter gestiegen. Über einen Kat verfügte der Elfer jetzt serienmäßig, und über Leistungsmangel hatten die Kunden nicht zu klagen. Insbesondere der Schub, den der neue Motor aus dem Drehzahlkeller bereitstellte, riss zu Begeisterungsstürmen hin. Für die Techniker bedeutete das viel Arbeit, denn ähnlich wie bei der Karosserie sollte am klassischen Auftritt des Boxers möglichst nicht gerüttelt werden. Um den Vorgaben des Lastenheftes entsprechen zu können, waren unzählige Detailänderungen nötig. Stehbolzen mussten versetzt, Kurbelwelle, Kolben und Zylinder komplett neu konstruiert werden. Ebenso aufwändig geriet die Überarbeitung von Kühlung und Geräuschdämpfung. Durch die aus dem Flugmotorenbau abgeleitete Doppelzündung lag die Verdichtung des neuen Boxermotors mit 11,3:1 sehr hoch, was für eine saubere Verbrennung sorgte. Ein von der Motronic gesteuertes Zweistufen-Resonanzansaugsystem sorgte für weitere Optimierung. Der Metallkatalysator mit Edelmetallbeschichtung erforderte eine neue Auspuffanlage mit neuem Wärmetauscher. Das verbesserte Kühlluftgebläse verfügte über einen um 25 Prozent erhöhten Wirkungsgrad. Wie der komplett neue Fahrzeugunterboden war auch der Motorraum des 964 völlig gekapselt, was ihn frei hielt von schmutzigem Spritzwasser und erheblich zur Geräuschdämpfung beitrug. Die

Der Prospekt des Modelljahres 1991 für 911 Carrera und Turbo.

neue McPherson-Vorderachse machte den Elfer zusammen mit dem erstmals eingebauten ABS und der neuen Servolenkung nicht nur sicherer, sondern auch komfortabler und leichter beherrschbar.

Der Porsche 911 war im 964 zu einem wahren High-Tech-Produkt gereift. Viele Details, die wenige Jahre zuvor im Technologieträger 959 für eine Serienproduktion noch in weiter Ferne schienen, waren jetzt in den Serienfahrzeugbau integriert worden. Die Elektronik bestimmte mehr und mehr den Fortschritt. So wundert es nicht, dass in jedem 964 mehr als 1,1 Kilometer Kabel verbaut und knapp 1500 Steckverbindungen notwendig waren, damit alles funktionierte wie geplant. Knapp 50 Elektromo-

Aerodynamisch geformte »Cup-Spiegel« gab es ab Modelljahr 1992.

Qualität bis ins kleinste Detail, wie hier die Nähte des Lederlenkrades.

17-Zoll-Cup-Felgen gab es gegen Aufpreis als Sonderausstattung.

1988 – 1993
Mit Allradantrieb und Katalysator

toren sorgten dafür, das Leben im und mit dem neuen 911 angenehm und leicht zu machen. Viele langwierig überarbeitete Bauteile empfand der Kunde so, als wären sie schon immer da gewesen. Beispielsweise gehörte der Zuglichtschalter endgültig der Vergangenheit an. Rein optisch war der dicke Gummikranz einer feineren Ausführung gewichen. Doch eingeschaltet wurde das Licht jetzt durch mehrstufiges Drehen nach rechts, statt durch Ziehen. Auch von einem anderen lieb gewonnenen und zum Porsche 911 einfach dazugehörenden Bauteil mussten sich Elfer-Fans verabschieden: Die geschmiedete Fuchs-Felge im klassischen Fünfspeichen-Design hatte endgültig ausgedient. Das neue, 114 500 Mark teure Carrera 4 Coupé rollte jetzt serienmäßig auf glattflächigen, aerodynamisch günstig gestalteten Aluminium-Scheibenrädern, die mit Reifen der Dimensionen 205/55- und 225/50 ZR 16 bestückt waren und dem Auto zu einem völlig anderen Auftritt verhalfen.

Alt gegen Neu

Jede Veränderung, die den 911 betraf, wurde in Kreisen der Gusseisernen misstrauisch beäugt und zunächst abgelehnt. Warum sollte es also dem neuen Elfer in Form des 964 anders ergehen? Da der alte und neue Elfer zunächst ein Jahr parallel gebaut wurden, waren Vergleichstestberichte in der Fachpresse erschienen, die klar stellen sollten, wer denn nun der bessere Elfer war. Dazu hatte das Fachblatt *auto, motor und sport* in Heft 3/1989

Porsche 911 Carrera 2 Cabriolet, Baujahr 1990, vor seinem Urgroßvater Porsche 356 B aus dem Baujahr 1962.

Der 911-Prospekt aus dem Jahr 1991 stellte nicht nur die Palette des Modelljahres 1992 vor, sondern enthielt auch einen eindrucksvollen Rückblick in die Geschichte des Hauses Porsche.

Der Porsche 964 Targa hatte an der 911-Produktion neben Coupé und Cabriolet den kleinsten Anteil. Nur noch wenige Enthusiasten zogen ihn dem Cabriolet vor.

Das neue, etwas klobig wirkende Lenkrad mit Airbag machte das klassische Cockpit nicht unbedingt schöner.

aus dem bislang umfangreichsten 911-Programm – bestehend aus Carrera, Carrera 4 und Turbo mit den Karosserie-Varianten Coupé, Club Sport-Coupé, Targa, Cabrio und Speedster – Coupés der Modelle Carrera mit Katalysator, Carrera 4 und Turbo zu einem Vergleichstrio geladen. »Fürwahr kein einfacher Vergleich, das zeigt schon ein Blick in die Preisliste. Fragen türmen sich auf. Warum darf ein Turbo 20 000 Mark teurer sein als ein Carrera 4, obwohl er nicht schneller ist und obendrein auf den Segen der neuen Technik verzichten muss? Andererseits könnte man sich gleich mit einem Carrera von altem Schrot und Korn begnügen, auch nicht viel langsamer, aber dafür satte 30 000 Mark billiger. Schnell zeigt sich, dass bei diesem 911-Trio nicht die Preisfrage entscheidend sein kann. Geschmacksfragen, Charakterfragen und nicht zuletzt Gewissensfragen gilt es zu klären, soll die Ehe mit einem 911 glücklich werden.« So brachte es *auto, motor und sport*-Tester Wolfgang König Anfang 1989 auf den Punkt. Allein die Zahlenwerte sprachen eine deutliche Sprache. Was die Elastizität betraf, so nahm gar der forsche Turbo dem neuen Carrera 4 nichts. Messungen von 60 auf 100 km/h ergaben für beide fabelhafte 7,4 Sekunden. Von 80 auf 120 km/h war der 50 PS stärkere und 78 Kilogramm leichtere Turbo dem Carrera 4 mit 10,1 Sekunden nur um 0,1 Sekunden überlegen. Dabei war man mit dem Carrera 4 auf 100 Kilometer sogar noch fast fünf Liter sparsamer unterwegs. Aber was machte das schon aus, bei einem Verbrauch von fast 15 Litern

1988 – 1993
Mit Allradantrieb und Katalysator

Superbenzin? Rein gefühlsmäßig hatte allerdings der Turbo die Nase um Längen vorn. Gegenüber dem Vierer wirkte der heiser röhrende Turbo mit seinem neuen Fünfganggetriebe wie ein wildes Tier. Freie Autobahnen waren eindeutig seine Domäne. Da, wo dieser keine Sekunde der Unaufmerksamkeit duldete, war man im komfortablen Carrera 4 trotz gleich hoher Geschwindigkeit lässiger unterwegs, ohne die sprichwörtlichen Schweißperlen auf der Stirn. Bei aller Kraft und Faszination der beiden Boliden Carrera 4 und Turbo führte der alte, heckgetriebene Carrera mit Katalysator kein Mauerblümchendasein. Das Leistungsvermögen seiner abgasgereinigten 217 PS riss eingefleischte Elfer-Fahrer gerade unterhalb von 4000 U/min nicht vom Hocker. Darüber packte der Boxer aber giftig zu und entwickelte die Geräuschkulisse, die die gusseiserne Elfer-Gemeinde süchtig macht. Beim gekonnten Umgang mit dem etwas störrischen, langen Schalthebel kam genau die Freude auf, die man von dem Klassiker erwartete. Und langsam war man mit dem Alt-Carrera bestimmt nicht. Weiterhin sprach für ihn, dass er mit 85 275 Mark um einen Mittelklassewagen preiswerter war als ein Carrera 4, für den Porsche immerhin 114 500 Mark verlangte. Der Turbo lag mit seinen 135 000 Mark weit am oberen Ende der Preisskala.

Der neue Carrera 4 war aus ganz anderem Holz geschnitzt als seine rustikalen, ruppigen Mitstreiter. Mit seiner viel komfortableren Auslegung schnitt er konsequent alte Zöpfe ab und brachte die Elfer-Gemeinde zum Grübeln. Es stellte sich die wiederkehrende Frage: Ist der Neue noch ein richtiger Elfer? Was war von einem 911 zu halten, bei dem alle Knöpfe und Bedienungshebel dort waren, wo sie nach dem Verständnis von Otto-Normal-

Porsche 964 Cabriolet des Baujahres 1992 vor seinen Ahnen aus den 1950er- und 1960er-Jahren.

Porsche 964 Cabriolet vor dem Plakat eines Volkswagen Karmann Ghia im Osnabrücker Karmann-Werk.
Interieur eines frühen Carrera 4 Coupés des Jahres 1990.

1988 – 1993
Mit Allradantrieb und Katalysator

Autofahrer hingehörten? Elfer-Fahrer trugen masochistische Züge, und ihr Traumwagen verfügte nun einmal seit Generationen über eine stoßempfindliche Lenkung, ein bretthartes Fahrwerk, und zu einer wirklich wirksamen Bedienung der Heizungsanlage war selbst ein ausgiebiges Hochschulstudium eigentlich zwecklos. Dennoch, war man erst einmal in den allradgetriebenen neuen 911 eingestiegen, so beschlich einen gleich das gewohnte, anheimelnde Gefühl, das bisher noch jeder 911 vermittelt hatte. Nach einer kurzen Zeit der Eingewöhnung begann am 1. August 1989 die Zeit der Wahrheit für die Elfer-Gemeinde. Der alte 3,2-Liter-Carrera sowie der Turbo im alten Gewand wurden in allen Varianten eingestellt. Dafür erschien der neue, Carrera 2 genannte, nur mit Heckantrieb ausgerüstete Basis-Elfer im neuen Outfit. Der ein Jahr zuvor vorgestellte neue Typ 964 war jetzt auch als Targa und Cabriolet mit serienmäßig elektrischem Verdeck lieferbar. Ansonsten gab sich der neue Porsche rein optisch wie bei seiner Präsentation. Auf der technischen Seite hatte man ihm allerdings ein Zweimassen-Schwungrad spendiert, das bei niedrigen Drehzahlen für eine Reduzierung der Getriebegeräusche sorgte. Im Innenraum ersetzte man bei allen Modellen die hinteren Beckengurte durch serienmäßige Dreipunkt-Automatik-Gurte.

Zum Jahresanfang 1990 machte Porsche einen Schritt nach vorn und stellte den Elfer mit dem neuen, 6000 Mark Aufpreis kostenden Automatikgetriebe Tiptronic vor. Ging das überhaupt, ein Sportwagen mit Automatik? Das neue Getriebe räumte gründlich auf mit dem Hosenträger-Image bisher bekannter Automatikgetriebe. Wer es wünschte, konnte jeden Gangwechsel mit dem Viergang-Vollautomaten von ZF jederzeit von Hand erledigen. Dabei wurde der Schalthebel einfach in die entsprechende Ebene gebracht und mit einem Tippen nach vorn hoch- und nach hinten heruntergeschaltet. Eine zusätzliche Leuchtdioden-Anzeige im Tachometer signalisierte dem Fahrer, in welchem Gang er sich gerade befand. Eine Elektronik sorgte dafür, dass grobe Schaltfehler vermieden wurden. Im Automatikbetrieb ließ es sich mit der Tiptronic gut reisen, und der 3,6 Liter große Motor mit der bulligen Kraft im Heck sorgte gegenüber dem manuellen Schaltgetriebe dafür, dass im normalen Fahrbetrieb keine großen Nachteile offenbar wurden. Natürlich machte sich die große Abstufung der Gänge gerade beim Beschleunigen bemerkbar. Im Vergleich zum Carrera 2 ohne Tiptronic schnitt die Automatik-Version von 0 auf 100 km/h mit 7,2 statt 5,5 Sekunden deutlich schlechter ab. Hingegen beim Benzinverbrauch lagen beide Wagen mit ei-

Das elegante 964 Carrera Cabriolet des Jahrgangs 1992.

Armaturenbrett in Interieurfarbe anstatt in Schwarz.

1988 - 1993
Mit Allradantrieb und Katalysator

nem Testverbrauch von 14,1 Litern und 14,4 Litern für die Tiptronic-Variante nahezu gleichauf.

Früher als erwartet: der neue 911 Turbo

Zum Modellwechsel im Spätsommer 1989 hatte Porsche die Produktion des alten 911 Turbo eingestellt. Auf dem Genfer Automobilsalon Anfang 1990 stellte man dann den neuen Turbo im 964-Gewand früher als erwartet dem Publikum vor. Dabei verließen die Porsche-Entwickler keineswegs eingefahrene Wege. Der Neue war seinem Vorgänger wie aus dem Gesicht geschnitten. Die dicken Kotflügel und der imposante Heckflügel prägten die Erscheinung des neuen Turbos so, wie das bei seiner Einführung 1976 schon der Fall war. Dabei hatte die etwas rundere Form des Grundmodells vom Typ 964 ein wenig von seiner optischen Aggressivität verloren. Der neue Turbo wirkte jetzt erwachsener und zugleich etwas harmloser.

Porsche 911 Turbo 3.3, Modelljahr 1991.

Die Zielvorgaben für das als Turbo II bezeichnete Modell lautete eindeutig, den Leistungsabstand zu den Saugmotormodellen Carrera 2 und 4 zu halten und dabei die strengsten Abgasnormen zu erfüllen. So kam es, dass der neue 911-Turbomotor mit 3,3 Liter Hubraum jetzt 320 PS bei 5750 U/min bereitstellte. Das maximale Drehmoment betrug beeindruckende 450 Nm. Bereits bei der Entwicklung des neuen Typs 964 hatten die Porsche-Ingenieure die höheren Belastungen von Karosserie und Fahrwerk des Turbos berücksichtigt, sodass es diesbezüglich keinerlei Änderungen bedurfte. Die Bremsen des Neuen waren bereits in der Cup-Renn-Version des Carrera 2 unter Rennbedingungen erprobt und für die Serie weiter entwickelt worden. Der per Dreiwege-Katalysator abgasbereinigte Turbomotor verfügte jetzt über einen um 50 Prozent größeren Ladeluftkühler und einen vergrößerten Turbolader. Das Fünfganggetriebe hatte man dem gestiegenen Leistungspotenzial des Turbos angepasst. Über eine Klimaanlage verfügte der Turbo serienmäßig. Ebenso zum Serienstandard zählten Bordcomputer, eine digitale Ladedruckanzeige, vollelektrisch verstellbare Sitze, Lederausstattung, Heckscheibenwischer, Alarmanlage, Metallic-Lackierung und das Radio »Symphony«. Kurzum, der Turbo war mit allem ausgestattet, was das Sportwagenfahrerherz sich Anfang der 1990er-Jahre wünschte. Die neuen, aerodynamisch gestylten Außenspiegel verhalfen dem Turbo zu einem noch dynamischeren Aussehen als die alten viereckigen und etwas klobig wirkenden Exemplare des Vorgängers.

Ähnlich wie bei den Saugmotormodellen hatte der Komfort auch in dem Stärksten aller Elfer Einzug gehalten. Dazu zählte auch die bereits vom Carrera 2/4 bekannte Servolenkung, die dem Turbo zu extremer Handlichkeit verhalf. Das Fahrwerk der neuen Generation mit seinen erstmals bei einem Serien-Porsche eingesetzten

Porsche Turbo im Prospekt des Modelljahres 1991.

17-Zoll-Rädern verschaffte dem Turbo einen bisher unbekannten Geradeauslauf bei noch höherer Kurvengeschwindigkeit. Gegenüber den serienmäßigen Scheibenrädern der Carrera-Modelle wirkten die im Cup-Design gestalteten und in Aluminium-Gusstechnik hergestellten Felgen in den Dimensionen 7 J x 17 vorn und 9 J x 17 hinten viel gefälliger. Auch das Falt-Reserverad hatte in seinem Format zugenommen und kam jetzt in der Dimension 165-16 daher.

Insgesamt war die Turbo-Fraktion vom neuen Modell begeistert. Mit einer Höchstgeschwindigkeit von 270 km/h und einer Beschleunigung von 0 auf 100 km/h in 5,0 Sekunden setzte der Turbo II neue Maßstäbe. Aber auch sein Preis von 178 500 Mark hatte ihn abheben lassen in eine völlig neue Dimension. Das konnte seine Fan-Gemeinde allerdings nicht schocken. Die erste Jahresproduktion war bereits bei seinem Erscheinen ausverkauft.

Ab August 1990 führte Porsche auf Initiative des Anfang 1989 nach Zuffenhausen gekommenen Chefdesigners Harm Lagaay für alle 911-Typen neue Farbtöne ein. Die Konservativen unter den Elfer-Käufern waren wie vor den Kopf geschlagen. Trugen die Elfer bis zur Einführung des Typs 964 Grandprixweiß, Schwarz, Silber oder das klassische Indischrot, so erhitzten jetzt Farben wie Sternrubin, Signal- und Mintgrün oder Maritimblau die Gemüter. Auch die Metallictöne Korallenrot und Cobaltblau waren nicht jedermanns Sache. Bei den sportlichen

1988 – 1993
Mit Allradantrieb und Katalysator

Varianten sollte bald die in der Preisliste unter der Option »Lackierung nach Wahl« angebotene Variante Ferrarigelb zu ungemeiner Beliebtheit gelangen. Die Farben der Stoffverdecke für das Cabriolet fielen gegenüber dem Vorjahr wesentlich gedämpfter aus. Ab dem Modelljahr 1991 nahm Porsche zum Leidwesen vieler treuer Porsche-Kunden die Nadelstreifen-Variante fürs Interieur aus dem Programm. Dafür bescherte das M-Programm allen linksgelenkten Porsche 911-Modellen, einschließlich des Turbos, ab dem 1. Februar 1991 ein Airbag-System auf Fahrer- und Beifahrerseite. Die neue, ovale Spiegelgeneration wurde auch für die Carrera-Modelle übernommen. Die vormals mittels Druckknopf verriegelten Lehnen der Rücksitzanlage wurden jetzt per Drucktaste mittig am oberen Ende der Rückenlehnen entriegelt. Die digitale Ladedruckanzeige funktionierte im Turbo jetzt serienmäßig gleichzeitig als Bordcomputer, der Benzinverbrauch, Durchschnittsgeschwindigkeit, Reichweite usw. anzeigte.

Sportliches Vergnügen

Auf der Auto-Show in Birmingham im Oktober 1990 hatte die Premiere eines gänzlich anderen Porsche stattgefunden. Hier hatten die sportlich orientierten Fahrer des Hauses das Sagen gehabt. Denn im Gegensatz zu den Anfang der 1990er-Jahre eingeführten komfortablen Luxussportwagen zählte der neue Typ zu den reinrassigen Sportgeräten. 18 Jahre nach dem Erscheinen des legendären Porsche 911 Carrera RS 2.7 betrat wieder ein 911 mit dem magischen Kürzel RS die Bühne. Angespornt durch die sportlichen Erfolge des Cup-Carreras im 964-Gewand legte Porsche eine Kleinserie von zunächst 1000 Exemplaren auf, die als Basis für den Motorsport dienen sollte und bis zum Jahresende 1991 fertiggestellt werden musste, um für 1992 einer Homologation nach dem Reglement »N/GT« für seriennahe GT zu entsprechen.

Der 964 Carrera RS stellt für viele Puristen unter den Elfer-Fahrern die reizvollste 911-Version der jüngeren Modelle dar.

Der 964 RS kam in der Club Sport-Ausführung noch spartanischer daher als in der Straßenversion.

Für den öffentlichen Straßenverkehr war die Club Sport-Version wegen des Rennfahrwerks weniger geeignet.

Und es kam, wie es kommen musste, wenn Porsche eine Sonderserie auflegte. Die spartanisch ausgestatteten RS mit dem auf 260 PS erstarkten Sechszylinder wurden den Händlern förmlich aus den Händen gerissen. Offenbar gab es immer noch genügend Gusseiserne, die auf den braven Elfer mit Speckrolle und Komfortsesselchen pfiffen und sich lieber im weitgehend ungedämmten, brettharten und eher karg ausgestatteten RS durchrütteln ließen. Anders ist es wohl nicht zu erklären, dass auch die weiteren 1280 RS reißenden Absatz fanden. 290 Exemplare von ihnen lieferte Porsche in der rennfertigen N/GT-Ausführung.

Wie viele andere Sportwagen war Anfang der 1990er-Jahre auch der RS zum Spekulationsobjekt geworden. Fragwürdige Zwischenhändler kassierten für fabrikneue Fahrzeuge problemlos ein Aufgeld von mehreren zigtausend Mark, das sich zum schon nicht unerheblichen Kaufpreis von 145 000 Mark für den Basis RS hinzuaddierte. Dafür bekam der Kunde einen für die Straße umgebauten Rennwagen, der sportlich orientierten Fahrern enormen Fahrspaß vermittelte. Leergeräumt bis aufs Nötigste stand der RS da mit einem Gewicht von lediglich 1220 kg. Dämmung, elektrische Fensterheber und elektrisch verstellbare Sitze suchte man in ihm genauso vergebens wie Zentralverriegelung, Servolenkung und die Rücksitzanlage. Statt auf ausladenden Komfortsitzen hatte der Fahrer in »Profi-Rennschalensitzen der Firma Recaro« Platz zu nehmen, die auf Sonderwunsch gar mechanisch verstellbar geliefert werden konnten. Der reduzierte Kabelbaum erschwerte den nachträglichen Einbau neumodischer elektrischer Helfer, er sorgte aber dafür, dass ordentlich Gewicht eingespart wurde. Und darum ging es den Porsche-Leuten schließlich. Deshalb bestand die Kofferraumhaube aus Aluminium. Auch die Verglasung trug ihren Teil zur Gewichtseinsparung bei. Die Tür- und Heckscheiben waren aus speziellem Dünnglas gefertigt. Das Fahrwerk hatten die Entwickler straffer als im Serien-911 ausgelegt und es obendrein noch um 40 mm abgesenkt. Das ließ den Sportler ungemein bullig auf der Straße liegend erscheinen. Zusammen mit speziellen Magnesium-Felgen im Cup-Design in der Größe 7,5 J bzw. 9 J x 17 und Reifen der Dimension 205/50 bzw. 255/40 ZR 17 war der RS von Eingeweihten sofort von seinen Serienbrüdern zu unterscheiden.

Wem der ungefiltert bellende und röchelnde Sound des Boxermotors im Heck nicht ausreichte und wer ein Radio wünschte, musste sich mit nur zwei Lautsprechern begnügen, denn ein akustisches Vergnügen dieser Art hatten die Porsche-Techniker eigentlich nicht vorgesehen. Armauflagen an den Türen suchte man vergebens, dafür fand man spartanische Öffnerschlaufen und Zuziehgriffe, wie man sie schon vom Vorbild Carrera RS 2.7 von 1972 her kannte. Der 964 RS war kein Boulevard-Racer, das war jedem klar.

Der Turbo S war der spartanischste und schnellste 911-Ableger.

Der Carrera im Turbo-Look mit der breiten Karosserie des Turbos.

Turbo S – das Tier im Turbo

Von ähnlicher Machart war ein weiterer Sport-Elfer, der im Frühjahr 1992 die Sportwagenbühne betrat und alles an serienmäßigen Sportwagen in den Schatten stellte, der bisher mit dem Porsche 911 Turbo konkurrierte: der Turbo S. Rein äußerlich erinnerte er an einen Boliden, der geradewegs von der Rennstrecke den Weg in den normalen Straßenverkehr gefunden hatte. Tief und geduckt kam der Über-Turbo auf seinen breiten Sohlen im 18-Zoll-Format daher. Abgemagert bis aufs Blech, ähnlich dem Carrera RS, war er einzig und allein zum Schnellfahren gemacht. Um 180 Kilogramm hatten ihn die Porsche-Strategen erleichtert. Dass der 295 000 Mark teure Athlet damit eigentlich für den Renneinsatz gedacht war, störte die Sammler, die ihn sich leisten konnten, nicht. Sie waren vielmehr begeistert vom röhrenden Boxer im Heck, der im Turbo S um fast 20 Prozent auf 381 PS erstarkt war und leichtes Spiel mit dem 1280 Kilogramm wiegenden Kraftprotz hatte. Von 0 auf 100 Kilometer ging es in 4,7 Sekunden, nach 16,2 Sekunden standen bereits 200 km/h auf der Uhr und seine Höchstgeschwindigkeit bezifferte das Werk auf 290 km/h. Der Turbo S verfügte über ein Leistungsgewicht von 3,4 Kilogramm pro PS, was ihn dicht in die Nähe des Technologieträgers Porsche 959 rückte. Dieser zählte seinerzeit mit 3,2 Kilogramm pro PS zur absoluten Superlative. Damit der Ölhaushalt nicht aus dem Gleichgewicht geriet, hatte man dem S einen zweiten Ölkühler verpasst. Zusätzliche Kühlluftöffnungen in den hinteren Kotflügeln und im Bug sorgten unter anderem dafür, dass auch die Bremsen jeder noch so starken Beanspruchung standhielten.

Wer Pech hatte und keinen der 80 gebauten Turbo S mehr bekam, musste sich mit dem Leistungs-Kit der Porsche-Exklusiv-Abteilung begnügen, das in den serienmäßigen Turbo eingebaut wurde. Dieser war natürlich viel luxuriöser ausgestattet als der sportlich ausgelegte Turbo S, verfügte dafür aber über ein Leistungsplus von 35 PS gegenüber dem Serien-Turbo, was ihn auf 355 PS erstarken ließ.

Elfer fürs Volk

Im Spätsommer 1991 war man in der Nomenklatur der Porsche-Typologie bereits beim N-Programm angelangt. Die Änderungen an den Fahrzeugen beschränkten sich auf kleinere Modifikationen, die hauptsächlich der Qualitätsverbesserung dienten. Das Modellprogramm wurde um das Carrera 2-Cabriolet im Turbo-Look erweitert. Carrera 2 und 4 mit den schmalen Karosserien waren nach wie vor als Coupé, Targa und Cabriolet erhältlich. Den Carrera RS, Turbo und Turbo S gab es nur mit der Coupé-Karosserie.

Für den amerikanischen Markt hatten die Porsche-Verkaufsstrategen den sportlichen Carrera RS zunächst nicht vorgesehen. Dann aber entschloss man sich, ein spezielles Modell für diesen Markt zu schaffen und taufte es auf die Typenbezeichnung 911 RS Amerika. Diese Version glich bis auf einige Detailänderungen dem serienmäßigen Carrera 2. Sein Fahrwerk hatte man etwas sportlicher abgestimmt und mit 17-Zoll-Rädern ausgestattet.

Porsche stand zu dieser Zeit mit negativen Schlagzeilen in der Presse. Da war der Abschied aus der Chefetage vom seinerzeitigen Porsche-Chef Arno Bohn, der es auf nicht einmal zwei volle Jahre Amtszeit gebracht hatte, nur Wasser auf die Mühlen der Schwarzseher. Es kriselte im Vorstand des einzigen deutschen Sportwagenherstellers, das war unübersehbar. Als Nachfolger von Arno Bohn bekleidete Wendelin Wiedeking den neuen Posten als Vorstandssprecher. Das erste Halbjahr 1993 bescher-

Porsche hatte die Werbeagentur gewechselt, schließlich galt es das Geschäft wieder anzukurbeln. Das merkte jeder am neuen, für Porsche ungewöhnlich reißerischen Erscheinungsbild. Die neuen »Werbebücher« im DIN-A-5-Format lösten die klassischen Prospekte ab.

Der neue Turbo 3.6 mit den mehrteiligen Felgen.

179

1988 – 1993
Mit Allradantrieb und Katalysator

te Porsche einen Verlust von 120 Millionen Mark. Kein Pappenstiel für die kleine Sportwagenschmiede. Oberstes Ziel für den neuen Porsche-Lenker und -Vordenker war der Erhalt der Selbstständigkeit des Unternehmens. Die Gerüchteküche brodeltete, und immer wieder las man von Übernahmeszenarien. Mal war es Mercedes, mal BMW, und mal hieß es, der alte Kooperationspartner Volkswagen wolle Porsche schlucken. Ferry Porsche und auch sein Neffe Ferdinand Piëch beharrten jedoch auf der Unabhängigkeit von Porsche. Das Wasser stand dem Unternehmen bis zum Hals. Selbst der Verkauf des Dauerbrenners 911 mahnte zur Sorge. Im ersten Vierteljahr 1993 hatte man weniger als 1000 Exemplare des Klassikers an den Mann oder die Frau bringen können. Das war weit weniger als in der Hälfte des Vorjahreszeitraumes. Die Stimmung war auf einem Tiefpunkt angelangt und die treue Porsche-Fangemeinde wagte kaum, an die Zukunft des Unternehmens zu denken.

Der neue Porsche Turbo 3.6 war von hinten nur am Hinweis auf den erhöhten Hubraum zu erkennen.

Die Zeiten waren also nicht gerade rosig, als im Januar 1993 der neue Porsche 911 Turbo mit 3,6-Liter-Motor erschien. Die Porsche-Techniker hatten zunächst einmal verhalten abgewartet, wie sich der neue, mit Doppelzündung ausgestattete 3,6-Liter-Motor im neuen Carrera des Typs 964 machte, bevor sie an seine Aufladung per Turbolader gingen. Der Kurbeltrieb und die Zylinderblöcke entsprachen denen des Carrera-Basistriebwerks. Die Nockenwellen, die überarbeitete K-Jetronic, den Lader, Katalysator und das Ladeluftsystem steuerte der alte 3,3-Liter-Turbo-Motor bei. Den Verdichtungsgrad hatten die Techniker um 0,5 auf 7,5:1 erhöht, um einen höheren Wirkungsgrad zu erzielen. Trotzdem versprach der Porsche einen niedrigeren Verbrauch. Die Überarbeitung des Top-Modells hatte voll ins Schwarze getroffen. Mit seinem furchteinflößenden Drehmoment von 520 Nm bei 4200 U/min, einer Beschleunigung von 4,6 Sekunden auf Hundert und seiner Höchstgeschwindigkeit von 280 km/h spielte der neue Turbo 3.6 ganz oben mit in der Liga der besten Sportwagen der Welt. Sicher gab es Konkurrenten, die durch ihre Form mehr Ausstrahlung besaßen, die vielleicht auch schneller waren. In der Beschleu-

Werbliche Zurückhaltung war ab 1993 nicht mehr angesagt. Selbstbewusst bezog der Turbo-Prospekt Stellung und verkündete: »So baut man Sportwagen.«

nigung und seiner Alltagstauglichkeit degradierte der neue Turbo II aber alle zu Statisten. Sein gewaltiger Antritt bei der Beschleunigung, die Urgewalt, die dieser Sportwagen vermittelte, rückte ihn in eine neue Dimension. Das überarbeitete Fahrwerk ließ kaum noch Seitenneigung zu und minimierte den Komfort aufs Nötigste. Auf der anderen Seite genoss der Turbo-Pilot solchen Luxus wie CD-Player, Lederausstattung mit beheizbaren Sitzen sowie Klimaanlage. Die dreiteiligen Leichtmetall-Felgen entstammten dem Kleinserien Turbo S und waren mit Reifen der Dimension 225/40 bzw. 265/35 ZR 18 bestückt, die das Auto ungeheuer bullig erscheinen ließen. Freilich war der

Beim neuen Porsche 964 Carrera RS 3.8 hatte man den Leichtbaugedanken wieder konsequent umgesetzt.

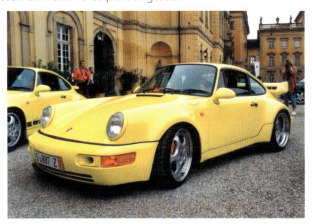

Letzte Werbeaktivitäten für das dicke Ende – im wahrsten Sinne des Wortes. Das Jubiläumsmodell »30 Jahre 911« sollte der letzte Elfer in klassischer Form werden, deshalb war die Nachfrage nach den 911 Exemplaren hoch.

Turbo II mit seinem Preis von 204 000 Mark kaum in der Lage, die breite Masse des Porsche-Klientels zum Kauf zu bewegen.

Auch der in limitierter Kleinserie entstandene neue Porsche Carrera RS 3.8 war trotz seines Preises von 225 000 Mark wenig dazu geeignet, die wirtschaftliche Lage des Unternehmens zu verbessern. Sein auf 3,8 Liter vergrößerter Hubraum verhalf dem Saugmotor zu 300 PS bei 6500 U/min. Damit sollte er die Basis für eine Teilnahme am ADAC GT-Cup schaffen. Ein völlig überarbeitetes Fahrwerk und ein großer, sechsfach verstellbarer Heckflügel mit darauf abgestimmtem Frontspoiler sorgten für abermals verbesserte Fahreigenschaften. Eine überarbeitete Motronic, eine neu abgestimmte Luftfilteranlage, größere Kanäle und der um 200 Kubikzentimeter erhöhte Hubraum sowie zwei Katalysatoren zeichneten

Zwei »30 Jahre 911«-Jubiläumsmodelle aus Italien nebeneinander. Serienmäßig wurde das Jubimodell in »violametallic« ausgeliefert.

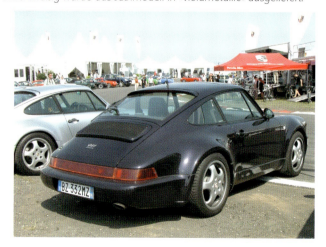

1988 – 1993
Mit Allradantrieb und Katalysator

hauptsächlich für den Leistungszuwachs verantwortlich. Damit die Fuhre auch standesgemäß wieder zum Stehen kam, hatte man dem RS 3.8 vorne die Bremsanlage des Turbo und hinten die des 3,6-Liter-RS eingebaut. Sein auf nur 1210 Kilogramm reduziertes Gewicht versprach ungeheueren Fahrspaß und eine Höchstgeschwindigkeit von 270 km/h. Für den Spurt von Null auf 100 km/h benötigte der Bolide lediglich 4,9 Sekunden.

Pünktlich zum 30-jährigen Geburtstag offerierte die Porsche-Vertriebsabteilung einen besonderen Leckerbissen. Bereits im Frühjahr 1993, auf dem Genfer Automobilsalon, hatte das in Violametallic daherkommende Carrera 4-Coupé im Turbo-Look in Insiderkreisen als verlockendes Angebot auf sich aufmerksam gemacht. Lediglich 911 Exemplare wollte Porsche vom Jubiläumsmodell »30 Jahre 911« auflegen. Streng limitiert, trug diese Sonderserie die laufende Nummer auf einer Plakette, die durch das Heckfenster gut sichtbar auf der Hutablage angebracht war. Man hatte das Modell mit so begehrten Accessoires wie der breiten Karosserie des Turbos und seinem entsprechenden Fahrwerk ausgestattet. Auf den voluminösen Heckspoiler hatte man dabei allerdings verzichtet. Das Interieur zierte eine rubicongraue Lederausstattung. In dieser Farbe waren auch die Instrumente lackiert.

Viele Kunden waren verunsichert. Schon vor Monaten machten Bilder des völlig neuen Porsche 911 die Runde und so fragten sich Interessenten, ob man auf Bewährtes wie den als sehr ausgereift geltenden 964 zurückgreifen oder doch lieber auf das warten sollte, was die Elfer-Klientel in Zukunft begeistern sollte.

Doch ganz so weit war es noch nicht. Kurz vor Toresschluss legte Porsche nochmals einen Speedster auf, der nach dem bekannten Muster des Vorgängers gestrickt war. Für 8000 Mark weniger als das Cabriolet, das seinerzeit mit 131500 Mark in der Preisliste stand, erhielten Puristen eine Fahrmaschine, die zur Askese nötigte. Speedster-Fahrer hatten auf eine elektrische Verdeckbetätigung zu verzichten. Die Außenspiegel wurden manuell eingestellt, und auch die Zentralverriegelung war von

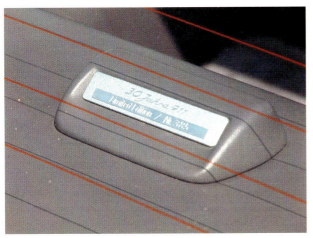

Die individuelle Plakette auf der Hutablage machte jedes Fahrzeug zum Unikat.

Mit breiter Turbo-Karosserie, aber ohne Heckspoiler, sah der Jubiläums-Elfer besonders beeindruckend aus.

1988 – 1993
Mit Allradantrieb und Katalysator

Der Speedster war nach dem klassischen Vorbild aus der 356-Baureihe gestrickt. Diese war Mitte der 1950er-Jahre für das sonnige Kalifornien entstanden, wo man ganz bewusst auf ein dickes Stoffverdeck verzichtet hatte. So war auch das Dach des 964 Speedsters nicht besonders komfortabel. Das ganze Auto war eher auf Sportlichkeit getrimmt und für ein entsprechendes Publikum ganz reizvoll. Armlehnen und Ablagekästen an den Türverkleidungen fehlten genauso wie Airbags und andere Annehmlichkeiten.

Die Türöffner bestanden ganz nach RS-Vorbild aus Textilschlaufen. Die Schalensitze stammten ebenfalls aus dem 964 Carrera RS und waren nur bedingt verstellbar. Dafür saß man mit umso mehr Seitenhalt in ihnen. Der besondere Gag der Design-Abteilung waren die vielen in Wagenfarbe lackierten Interieurflächen. Mit seinem lackierten Armaturenbrett und den farbigen Sitzrückenlehnen sah der Speedster noch spartanischer aus. Vielfach waren auch die Cup-Felgen in Wagenfarbe lackiert.

Dieser seltene Speedster fällt besonders durch sein Tiptronic-Schaltgetriebe auf, das für die meisten Käufer im krassen Widerspruch zum sportlichen Image stand.

Dass bei Porsche alles möglich war, zeigt dieser Speedster, der die Sportsitze der komfortableren Elfer-Modelle mit elektrischer Sitzverstellung aufweist.

der Ausstattungsliste ebenso gestrichen worden wie die Airbags. Dafür nahm die Speedster-Besatzung in den spartanischen Rennschalen des RS-Modells Platz, von dem man auch die Türtafeln übernommen hatte. Wer mehr Komfort suchte, konnte ohne Aufpreis die Standardsitze des Serien-Elfers wählen. Wie beim Vorgänger wurde das geöffnete Verdeck unter der Höckerabdeckung verstaut. Anders als beim Cabriolet wurden die Innenausstattung und das Verdeck des Speedsters nur in Schwarz ausgeliefert. Einige Teile des Interieurs waren dabei ganz ungewohnt in der Wagenaußenfarbe gehalten, wie etwa der Instrumententräger, der Schalt- und Bremshebelgriff und die Rückseiten der Schalensitze. Durch seine schmale Karosserie machte der 964 Speedster eine nicht ganz so gute Figur, und er strahlte nicht die Harmonie aus, wie sie der Speedster mit dem 3,2-Liter-Carrera-Motor vermittelte.

Bei geschlossenem Verdeck war das Fahren im Speedster kein Vergnügen, denn die Sichtverhältnisse waren nicht besonders gut.

185

Die technischen Daten 1988 – 1993

Modell	911 Carrera 2/4	911 Carrera RS	911 Carrera RS 3.8
Bauzeit	1988 – 1993	1992	1993
Karosserieform	Coupé	Coupé	Coupé
	Cabriolet	–	–
	Targa	–	–
Zylinder	6	6	6
Hubraum	3600 cm^3	3600 cm^3	3746 cm^3
Motorleistung	184/250 kW/PS	191/260 kW/PS	221/300 kW/PS
bei Drehzahl	6100 U/min	6200 U/min	6500 U/min
Drehmoment	310 Nm	325 Nm	360 Nm
bei Drehzahl	4800 U/min	4800 U/min	5250 U/min
Verdichtung	11,3:1	11,3:1	11,3:1
Verbrauch	14,0 Ltr. Super	15,0 Ltr. Super Plus	15,3 Ltr. Super Plus
Serienbereifung			
vorne	205/55 ZR 16	205/50 ZR 17	235/50 ZR 18
auf Felge	6 J x 16	7 $^1/_2$ J x 17	8 J x 18
hinten	225/50 ZR 16	255/40 ZR 17	265/35 ZR 18
auf Felge	8 J x 16	9 J x 17	10 J x 18
Länge	4250 mm	4275 mm	4275 mm
Breite	1652 mm	1652 mm	1652 mm
Radstand	2272 mm	2272 mm	2272 mm
Leergewicht	C2/C4 1350/1450 kg	1220 kg	1249 kg
Höchstgeschwindigkeit	260 km/h	260 km/h	271 km/h
Beschleunigung	5,7 sec	5,3 sec	5,2 sec
Coupé	1992: 119 120,– DM	1992: 145 450,– DM	1993: 225 000,– DM
Cabriolet	1992: 135 090,– DM	–	–
Targa	1992: 124 875,– DM	–	–

Turbo	Turbo S	Turbo 3.6
1990 – 1993	1992	1993 – 1994
Coupé	Coupé	Coupé
–	–	–
–	–	–
6	6	6
3299 cm³	3299 cm³	3600 cm³
235/320 kW/PS	280/381 kW/PS	265/360 kW/PS
5750 U/min	6000 U/min	5500 U/min
450 Nm	490 Nm	520 Nm
4500 U/min	4800 U/min	4200 U/min
7,0:1	7,0:1	7,5:1
22,8 Ltr. Super	25,0 Ltr. Super Plus	18,0 Ltr. Super
205/50 ZR 17	235/50 ZR 18	225/40 ZR 18
9 J x 17	8 J x 18	8 J x 18
255/40 ZR 17	265/35 ZR 18	265/35 ZR 18
9 J x 17	10 J x 18	10 J x 18
4250 mm	4275 mm	4275 mm
1775 mm	1775 mm	1775 mm
2272 mm	2272 mm	2272 mm
1470 kg	1290 kg	1470 kg
270 km/h	290 km/h	280 km/h
5,0 sec	4,7 sec	4,8 sec
1992: 191 550,– DM	1992: 295 000,– DM	1993: 204 000,– DM
–	–	–
–	–	–

Porsche 911 Carrera 2 Targa, Baujahr 1990.

Der Letzte

1993 – 1998:   Das Ende der luftgekühlten Ära

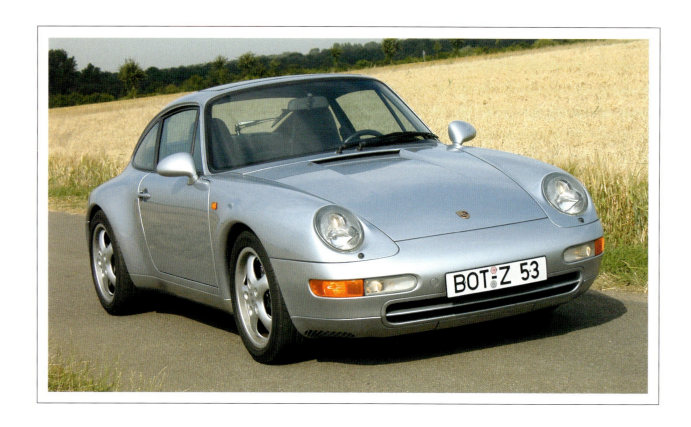

Schon lange bevor der neue Elfer zur Weltpremiere auf der Frankfurter IAA im September 1993 dem Publikum vorgestellt wurde, machten etliche Bilder in getarntem und ungetarntem Zustand die Runde durch die automobile Fachpresse. Dabei teilte die treue Fangemeinde des einzig wahren deutschen Sportwagens die überwältigenden Vorschusslorbeeren der begeisterten Journalisten nicht uneingeschränkt.

Sicher, bei jedem chirugischen Eingriff in das in langen Jahren eindeutig geprägte optische Erscheinungsbild des einstigen Heckmotorrüpels und bei allen immer drastischer werdenden Maßnahmen, dem Sportwagen gute Manieren beizubringen, ging ein unüberhörbarer Aufschrei durch die Reihen seiner Anhänger. Dieses Mal umso vernehmlicher, als nicht nur das Design, sondern auch technische Änderungen niemals so tiefgreifend und vielfältig gewesen waren wie beim Wechsel vom 964 zum neuen, intern als 993 bezeichneten Typ. Immer wieder stellte sich die Frage, ob der Neue noch ein echter Elfer sei. Diese Frage wurde nach einiger Zeit der Gewöhnung stets mit einem klaren Ja beantwortet. So war es auch, als die ersten, zumeist polarsilber- oder irisblaumetallic lackierten Vorführmodelle im Oktober 1993 in die Schaufens-

Mit der Modellrevolution hin zum intern als 993-Modell bezeichneten 911 Carrera wandelten sich die Werbeprospekte zu aufwändig hergestellten Büchern im Format DIN A 5.

ter der immer nobler ausstaffierten Porsche-Zentren rollten. Dies unterstrichen auch die nach dem Modellwechsel steigenden Verkaufszahlen deutlich.

Um es vorweg zu nehmen: Vieles wurde anders. Die markante Dachlinie des Karosserie-Grundkörpers blieb zwar unangetastet und schaffte mit den wenigen bekannten und verbliebenen Details aus dem Vorgängermodell, wie etwa den unverkennbaren Cup-Außenspiegeln sowie vor allem dem Innenraum, auch bei den Kritikern des Neuen Vertrauen. Insgesamt gestaltete sich der Fahr-

Klassisch und doch ganz anders – der Schriftzug Carrera prangt nach guter alter Tradition auf dem revolutionär umgestalteten Elfer-Heck.

Bekannt aus dem Vorgänger: Das Porsche-Wappen auf dem Pralltopf des neuen, zierlicheren Lenkrades wirkt genauso vertraut wie die Instrumentierung.

Dem Diebstahl sorgte man mit den zusätzlich von außen gut sichtbar im Scheibenrahmen angebrachten Fahrgestellnummern vor.

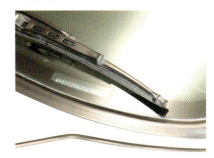

Der Porsche Carrera des Typs 993 traf mit seinen runden Formen die Herzen der Porsche-Freunde.

1993 – 1998
Das Ende der luftgekühlten Ära

zeugbug aber viel flacher. Insbesondere hatte man die ehemals als Torpedorohre bezeichneten Kotflügel im vorderen Bereich abgeflacht und glatt gebügelt. Zum Einsatz kamen auch völlig neue Scheinwerfer, die dem Elfer ein ganz anderes Gesicht verliehen. Das Abblendlicht arbeitete nun mit einer H1-Lampe in einem PES – was nichts anderes bedeutet als Polyellipsoid-Scheinwerfer. Im Fernlicht kam ein Reflektor mit variablem Fokus zum Einsatz, der die Lichtausbeute ebenfalls verbessern sollte.

Das neue bullige Heck mit den beiden einzelnen ovalen Endrohren, dem traditionell roten Reflektorband zwischen den Rückleuchten und dem vertrauten Carrera-Schriftzug bildete einen kraftvollen Abschluss. Insgesamt war die Karosserie runder und viel harmonischer als beim immer etwas improvisiert wirkenden 964. Verschwunden waren die angepappt anmutenden Flanken und die viel zu wuchtigen Stoßstangen. Harm Lagaay und seine Design-Abteilung hatten ganze Arbeit geleistet und dem Elfer wieder eine fließende Linie verpasst. Dabei fielen die beeindruckend dicken Backen an den Kotflügeln gerade an der Hinterachse besonders positiv auf. Diese waren auch nötig, denn die Reifendimension wuchs hier von 225/50 ZR 16 auf nun 245/45 ZR 16 bei 9 x 16-Zoll-Felgen. Gegen Aufpreis gab es aus dem damals noch spärlichen Zubehörkatalog eine im Design neue 17-Zoll-»Cup«-Felge, die die Radhäuser erst richtig ausfüllte. Auf dem Wege über Porsches Exclusiv-Abteilung war diese Felge gegen einen weiteren Aufpreis von ca. DM 1200,– an der Hinterachse auch mit nur 55 mm Einpresstiefe statt der normalen Tiefe von 75 mm erhältlich. Das ließ das Fahrzeug besonders bullig erscheinen und erweiterte die Spur entsprechend. Der Platz unter den hinteren Kotfügeln wurde obendrein für die zwei neuen Metallkatalysatoren mit ihren beiden voluminösen Schalldämpfern benötigt.

Bei gleichem Hubraum wie sein Vorgänger leistete der 993 nun 272 PS statt 250 bei unveränderter Nenndrehzahl 6100 U/min. Das Drehmoment stieg von 310 auf 330 Nm bei etwas erhöhten 5000 U/min, Werte, die sich sehen lassen konnten und die Gusseisernen mit dem Neuen versöhnten, denn fahren ließ sich der neue Carrera noch spielerischer als sein Vorgänger. Vom nun hydraulischen, wartungsfreien Ventilspielausgleich und der achtfach gelagerten Kurbelwelle mit erhöhter Steifigkeit bemerkte der Fahrer zwar nichts, genauso wie von den leichteren Kolben bis hin zur neuen Bosch-Motronic 2.10,

Vertrauter Anblick aus dem 964: die Instrumente mit ihren vielen Kontrollleuchten und durchleuchteten Zeigern im neuen 993.

Irgendwie altbekannt, im Detail aber doch neu: Die Rückleuchten und Blinker im Heck waren stärker geneigt, der Heckspoiler filigraner gestaltet.

Dem Zeitgeschmack entsprechend waren die Türgriffe erstmals in Wagenfarbe lackiert und runder gestaltet. Der Schließzylinder erhielt eine Kunststoffabdeckung.

Das Neue im Innenraum des Modells 993 verbarg sich im Detail. Auf den ersten Blick erschien alles vertraut und wie immer, aber dann doch irgendwie anders. Das Lenkrad war etwas filigraner gestaltet worden und die Schalter für Warnblinkanlage, Türverriegelung, Fehlerbestätigung, Heckspoiler, Heckwischer und Stahlschiebedach hatte man gut erreichbar auf der neuen Mittelkonsole platziert. Weiterhin fielen die neu gestalteten Sitze vorn und hinten auf. Die ehemals markanten Kedern an den Flanken waren verschwunden. Auch die klassische Streifensteppung auf den Sitzflächen war einem neuen, dynamischen Rundmuster gewichen. Dadurch erschien das Gestühl wesentlich zierlicher als noch im Vorgänger des Typs 964. Serienmäßig gab es eine elektrische Verstellung der Vordersitze für die Höhenebene, vorne und hinten getrennt, was eine individuelle Sitzposition mit unterschiedlich geneigter Sitzfläche ermöglichte. Kleinste Details wurden verfeinert, ihre Veränderung bemerkte man erst auf den zweiten Blick. So gestaltete man das Rändelrad für die Höhenverstellung der Scheinwerfer etwas runder und die Hochtonlautsprecher muteten so vertraut an wie die alte manuelle Türverriegelung des Vorgängermodells.

aber umso mehr von der neuen, aufwändig konstruierten Hinterachse. Sie war so ausgelegt, dass sie bei Lastwechseln in schnellen Biegungen korrigierend wirkte. Dieser so genannte »Weissach-Effekt« war schon von der 928-Hinterachse bekannt. Trotz der Achslastverteilung von 40 zu 60 Prozent neigte der 993 kaum zu Lastwechsel-Reaktionen, was das sportlich schnelle Fahren sehr angenehm gestaltete. Das war das Ergebnis der optimierten Karosserie und der Vollverkleidung des Fahrzeugunterbodens.

Damit es richtig vorwärts gehen konnte, hatte Technik-Chef Horst Machart dem 993 ein komplett neues Sechsgang-Getriebe spendiert. Porsche gab die Schaltkräfte mit 30 bis 40 Prozent geringer an als beim Fünfgang-Vorgänger, was in der Praxis aber kaum auffiel. Die Ganganschlüsse waren perfekt und verhalfen dem Heckmotorsportler zu aufregenden Fahrleistungen. Der Motor hing am Gas, dass es eine reine Freude war, und der rote Bereich des Drehzahlmessers war schneller erreicht, als man mit dem Schalten hinterher kam. Bei 6800 U/min gebot der Drehzahlbegrenzer allzu stürmischen Naturen Einhalt, indem er elastisch abregelte.

Der neue 911 Carrera – ein komfortabler Sportler

Zweifellos war das Auto sehr komfortabel geworden. Nachdem man die Wegfahrsperre mit einem leichten Druck auf die am Zündschlüssel befestigte separate Box entriegelt hatte, war der Zustieg wie gewohnt. Alten Elfer-Fahrern fielen lediglich die nun kederlosen und neu abgesteppten Sitzbezüge auf, die das Gestühl etwas runder erscheinen ließen. Hatte man erst einmal Platz genommen, fühlte sich der 993 an wie sein Vorgänger. Beim

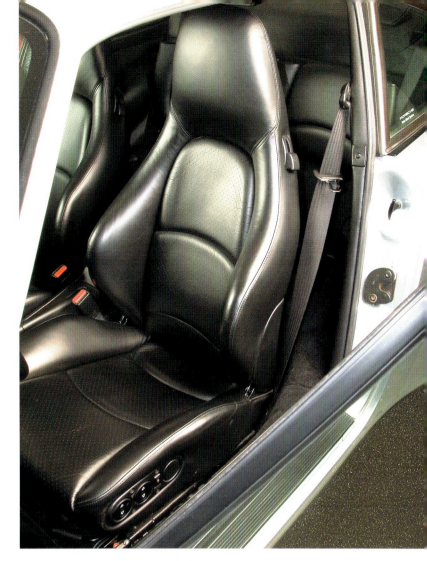

1993 – 1998
Das Ende der luftgekühlten Ära

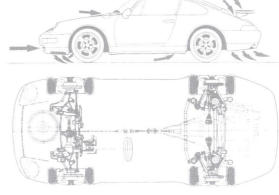

Dank seines verkleideten Unterbodens war der Neue aerodynamisch bestens gerüstet: Auch bei hohem Tempo produzierte die Konstruktion keinen Auftrieb.

Blick auf das Armaturenbrett kam die Vertrautheit auf, die man erwartete. Lediglich die neue kleine Mittelkonsole mit dem dicken, lederbezogenen Schalthebel schien eine Herausforderung für die Interieurdesigner gewesen zu sein. Hier fanden jetzt fein säuberlich aufgereiht die Schalter für die Warnblinkanlage, die Türverriegelung, die manuelle Heckspoilerbetätigung, das als Sonderausstattung erhältliche Stahlschiebedach und den Heckscheibenwischer Platz. Ein Ansatz von Aufräumungsarbeiten, die das Fahren für Elfer-Neulinge einfacher machte, denn vorher waren diese Bedienungselemente verstreut irgendwo am Armaturenbrett untergebracht gewesen: Halt dort, wo gerade Platz dafür war – von Ergonomie keine Spur. Aber vielfach waren es solche Kleinigkeiten, die den Elfer seinen Freunden so sympathisch machten. Er war eben einfach anders als andere Automobile – und das musste nach den Vorstellungen seiner treuen Anhänger schließlich auch so sein.

Die beiden ovalen Auspuffendrohre kennzeichneten die erste 272-PS-Ausführung. Beim 285-PS-Modell wurden sie durch eckigere Exemplare ersetzt.

17-Zoll-Cup-Felgen als Sonderzubehör, orangefarbene Blinkleuchten und schwarze Bremssättel lassen hier ein frühes 272-PS-Exemplar erkennen.

Die Heizung funktionierte trotz luftgekühltem Motor ausgezeichnet. Auch gaben die Bedienungshebel mit ihrem klaren Design keine Rätsel auf.

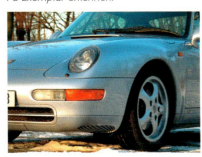

1993 – 1998
Das Ende der luftgekühlten Ära

Das Starten des Heckmotorboliden verlief unspektakulär wie eh und je, vorausgesetzt, man war mit dem Platz des Zündschlosses links neben der Lenksäule vertraut. Das Motorgeräusch war im Stand durch die beiden voluminösen Schalldämpfer vielleicht etwas weicher, runder und auch leiser geworden. Der Sechszylinder-Boxer war jedoch immer noch unverkennbar.

Der Schalthebel mit den etwas ungewohnten drei Schaltebenen lag passgenau in der Hand. Ein leichtes Klacken bestätigte, das es nun endlich losgehen konnte. Mit wenig Kraftaufwand und ganz präzise vollzogen sich die Gangwechsel: egal, ob beim Bummeln im Stadtver-

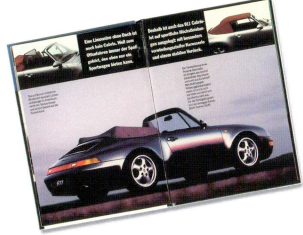

Das Cabriolet des 911-Modells vom Typ 993 machte aus jedem Blickwinkel eine gute Figur.

Trotz des gewandelten äußeren Erscheinungsbildes mit den liegenden neuen Scheinwerfern und geglätteten Kotflügeln war der neue Porsche 911 unverkennbar ein Elfer geblieben.

Der Motorraum des Modells 993 mit dem 272-PS-Motor. Trotz räumlicher Enge waren alle wichtigen Aggregate leicht zugänglich. Das Lüfterrad dominierte optisch. Rechts daneben der Antrieb der Klimaanlage.

kehr oder beim sportlich schnellen Fahren auf freier Strecke. Hatte man sich an die sechs Gänge erst einmal gewöhnt, war das neue Getriebe ein perfekter Partner. Auf winkeligen Landstraßen war der 993 durch die neu und aufwändig konstruierte Hinterachse in seinem Element. Ganz spielerisch, leicht und sicher war der fahrerische Umgang mit dem Hecktriebler, auch wenn es mehr als zügig vorwärts gehen sollte. Auch schnellste Autobahnpassagen, die den Zeiger des 993-Tachometers bis nahe an die 300 km/h-Marke trieben, waren leicht zu bewältigen, ohne dem Fahrer feuchte Hände zu bereiten. Mussten beim Vorgängermodell noch beide Hände am Lenkrad die Fuhre bei Geschwindigkeiten über 230 km/h auf Kurs halten, so war der 993 lammfromm geworden. Das prädestinierte ihn zum Langstreckensportwagen und nahm ihm gleichzeitig – für die Gusseisernen unter den

1993 – 1998
Das Ende der luftgekühlten Ära

Porsche-Fahrern – auch einen Teil seines unwiderstehlichen Reizes. Vorbei die Zeiten der hakeligen Schalter, der schlecht funktionierenden Warmluftheizung, der beschlagenen Scheiben und Instrumente in der kalten Jahreszeit und unter Wasser stehenden Rückleuchten. Der ehemals sportliche, knochige Anspruch wandelte sich immer mehr zugunsten von Komfort. Die neue Verglasungstechnik mit bündig mit der Karosserie eingebauten Scheiben war ein wichtiger Beitrag dazu. Sie reduzierten die Windgeräusche auf ein Minimum und trugen mit zum Wohlbefinden der Insassen bei. Überhaupt hatte man bis 4500 U/min das Gefühl, in einer S-Klasse unterwegs zu sein. Erst wenn man darüber hinaus drehte, wurde der 993 zum gewohnt

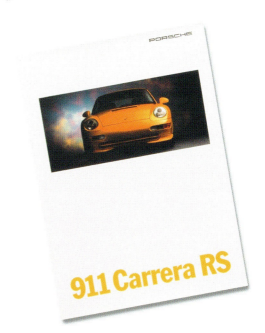

Für die Traditionalisten unter den Elfer-Fahrern brachte Porsche den sportlich orientierten RS heraus.

bissigen Elfer, der zügig die 200 km/h-Marke durcheilte und auch bei einer Tachoanzeige von 250 nicht schlapp machte.

Die Kundschaft empfand den neuen Carrera des Typs 993 zumeist als einen der schönsten jemals gebauten Elfer. Das mag sicher auch auf die harmonischen Rundungen zurückzuführen sein, die jetzt wie aus einem Guss wirkten und nicht so improvisiert wie noch beim 964. Kurz nach der Präsentation des Coupés im Oktober 1993 folgte die Vorstellung des Cabriolets sowie des allradgetriebenen Carrera 4. Im Herbst 1994 zum Modelljahrwechsel war dann die Zeit reif für die verbliebenen Gusseisernen: Der Carrera RS auf 993-Basis erschien als Alternative für diejenigen, die nicht zum luxuriösen, noch in alter Form weitergebauten Turbo 3.6 greifen wollten.

Gegen den Komfort-Strom mit dem Carrera RS

Gegenüber dem Serien-Elfer unterschied sich der Carrera RS durch bewährte Mittel: Leichtbau war angesagt. Eine Kofferraumhaube aus Aluminium, die zudem nur mit einer Abstützstange ausgestattet war, gehörte ebenso zur Abmagerungskur wie die sportlichen Schalensitze, die gegenüber den Basis-Sitzen 30 kg weniger auf die Waage brachten. Mit den zusätzlichen 28 PS erreichte der auf 3,8 Liter vergrößerte Sechszylinder nun 300 PS und sorgte damit für den nötigen leistungsmäßigen Abstand zum Serienelfer.

Die Karosserie unterschied sich deutlich von den Großserienexemplaren und war vorne um 30 und hinten um 40 mm tiefergelegt. Das Fahrzeug war mit dreiteiligen Felgen aus Magnesium ausgestattet. Die Bremsanlage verfügte über innenbelüftete und perforierte Scheiben mit einem Durchmesser von 322 mm und einer Dicke von 32 mm vorn und 28 mm hinten. Die Bremssättel waren entgegen den schwarzen Serienbremsen rot lackiert. Es gabe zwei unterschiedliche Heckspoiler, die fest montiert waren. Die kleine Ausführung ähnelte dem früheren flach liegenden Turbo-Spoiler, die große Version

Der separate Prospekt zum 993 Carrera RS stellte besonders die sportlichen Ambitionen dieses in nur 1200 Exemplaren gebauten Renners in den Vordergrund.

Der Carrera RS in der Version mit großem Spoilerwerk sah aus, als käme er gerade von der Rennstrecke. Die Abmagerungskur nach klassischem Muster brachte eine Gewichtserleichterung von 100 kg und war beim sportlichen Fahren deutlich spürbar. Um dieses Auto zu mögen, musste man schon Nehmerqualitäten mitbringen, denn die Komforteinbußen waren erheblich.

1993 – 1998
Das Ende der luftgekühlten Ära

hingegen war mit einer verstellbaren Leitfläche und seitlichen Lufteinlässen versehen. Am Bug gab es eine Spoilerlippe, die seitlich herumgezogen war. Die Airbags der Basis-Autos gab es bei dieser Sportversion nicht. Das Vierspeichenlenkrad wurde durch eines mit drei Speichen ersetzt, das einen sportlicheren Charakter aufwies.

Die Krönung für Leistungsbewusste – der neue Turbo

Im Frühjahr 1995 stellte Porsche den neuen Turbo auf 993-Basis vor. Eine harmonische Erscheinung mit einem völlig neuen Heckspoiler, der sich der Karosserie-

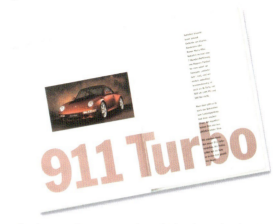

Der allradangetriebene 911 Turbo galt als »der Technologieträger« in der 993-Baureihe. Mit seinen beiden Turboladern brachte er den luftgekühlten Boxermotor im Heck serienmäßig auf 408 PS. Für besonders Leistungshungrige stand ein Leistungskit zur Verfügung, welches das Triebwerk auf 430 PS erstarken ließ. Zu erkennen waren diese besonders leistungsstarken Exemplare an den beiden Doppelauspuffendrohren.

203

Die Rennsport-Variante des Turbo: der Porsche 911 GT 2. *Der Turbo war mit speziellen Hohlkammerfelgen ausgestattet.*

form mehr anpasste und nicht so aufgesetzt wirkte wie bei früheren Versionen. Der Turbo schöpfte seine Kraft von 408 PS nicht nur aus zwei Turboladern, sondern wurde auch noch mit Vierradantrieb ausgestattet, der die Urgewalt bei bester Traktion sicher auf die Straße brachte. Der Turbo war mit speziellen, neu entwickelten Hohlspeichen-Rädern im 18-Zoll-Format ausgestattet, die als Sonderausstattung auch für die anderen Modelle lieferbar waren. Der Bug wurde neu gestaltet und erhielt größere Lufteinlässe. Seitlich waren die Schwellerleisten weiter ausgestellt und den breiteren hinteren Kotflügeln angepasst worden.

Der neue Turbo verfügte über ein Drehmoment von 540 Nm. Das machte eine hydraulische Kupplung erforderlich, die durch eine Lenkhydraulikpumpe noch unterstützt wurde. Das Sechsgang-Schaltgetriebe wurde bis auf wenige Änderungen vom Carrera 4 übernommen. Wem alles dies noch nicht genügte, konnte auf den flotten Bi-Turbo GT 2 zurückgreifen, der es auf 430 PS brachte. Diese sportlichere Version kennzeichnete die karge Ausstattung des RS, die sich hier in das Turbo-Gewand mit nochmals verbreiterten, angeschraubten Kotflügeln kleidete. Er war allerdings weniger als Alltagsfahrzeug für die Straße gedacht, denn als Basis für den Rennsport.

Äußeres Erscheinungsmerkmal des Turbos waren die breiteren Kotflügel hinten mit dem charakteristischen Heckspoiler.

1993 – 1998
Das Ende der luftgekühlten Ära

Für viele Porsche-Freunde war der 993 die konsequente, moderne Umsetzung des Technologieträgers 959 für den Alltag und damit für die normale Straße. Dies wurde besonders in der Frontansicht deutlich. Die flachen Scheinwerfer und Belüftungsschlitze im Bug suggerierten eine gewisse Ähnlichkeit. Andere empfanden gerade dieses Modell als ausgesprochen harmonisch und schön, was sicher auf die ausgewogenen Rundungen zurückzuführen war.

Dicke Backen für die S-Modelle

Um keine einzige mögliche Lücke im Fahrzeugprogramm unausgefüllt zu lassen, griffen die Marketing-Strategen bei Porsche auf traditionell erprobte Maßnahmen zurück. Es entstand zunächst der Carrera 4 S im Turbo-Look mit Allrad-Antrieb und später die Carrera-S-Version als Hecktriebler. Dabei stülpte man die an der Hinterhand verbreiterte Turbo-Karosserie über den Carrera, jedoch erhielten die S-Modelle den ausfahrbaren Heckspoiler der zweiradgetriebenen Typen. Dieser war beim Carrera S zweigeteilt und in Wagenfarbe lackiert, beim Mo-

Die »S«-Modelle mit der breiten Karosserie des Turbos erfreuten sich großer Beliebtheit. Der »S« mit klassischem Hinterradantrieb war an dem zweigeteilten, in Wagenfarbe lackierten Motordeckelgitter erkennbar. Bei der Vierradvariante war das Gitter immer schwarz, so wie bei den normalen Carreras.

dell mit Vierradantrieb mattschwarz. Auch die 18 Zoll messenden Hohlspeichenfelgen und die Bugschürze mit den größeren Kühlluftöffnungen wurden vom leistungsstärkeren Modell übernommen. Mit dem Erscheinen dieser Variante hatte man mit dem Varioram-Ansaugsystem einige Modifikationen am Motor in die Serie eingebracht, was die Leistung der Carrera-Modelle auf 285 PS brachte und für fortwährende Aktualität der Modelle sorgte.

Der Carrera im Kleid des stärkeren Turbos: hier ein Carrera 2 S Coupé mit dem geteilten, in Wagenfarbe lackierten Kühlluftgrill.

Die Carrera 2 S-Version verfügte über gelbe Blinkergläser. Beim 4-S-Modell waren sie vorne weiß und hinten rot.

Der Targa basierte auf der Karosserie des Cabriolets und war im Gegensatz zu seinem Vorgänger völlig anders konzipiert. Erstmals gab es den klassischen Targa-Bügel nicht mehr, der den Charakter dieser Fahrzeuge über Jahrzehnte geprägt hatte. Beim 993-Modell fuhr das gläserne Dach unter die Heckscheibe und war somit praktisch ein großes Schiebedach. Gegen zu starke Sonneneinstrahlung schützte im Innenraum ein elektrisch von der Mittelkonsole zu bedienendes Rollo. Der Targa war ausschließlich mit Heckmotorantrieb als Carrera 2 erhältlich. Serienmäßig rollte er auf speziellen, geschraubten Fünfspeichenfelgen in der Dimension 7 J x 17 und 9 J x 17 vom Band. Coupé und Cabriolet hatten dagegen nur eine 16-Zoll-Serienbereifung.

1993 – 1998
Das Ende der luftgekühlten Ära

Der »Targa« – die neue Dimension des Offenfahrens

Der Targa hatte bei Porsche eine alte Tradition. Lagen die Produktionszahlen auch weit hinter dem Coupé und dem Cabriolet zurück, so erfreute sich diese Modellvariante doch stets einer festen Liebhaberschar. Offener als das klassische Coupé mit Schiebedach und geschlossener als das Cabriolet war er trotzdem sicher durch den festen Targa-Bügel. Beim Modell 993 hatten die Porsche-Entwickler ganze Arbeit geleistet und das Konzept neu überdacht. Der Targa basierte jetzt auf der Cabriolet-Karosserie, welcher seitlich Streben aufgesetzt wurden, die ein gläsernes Dach führten, das bei Bedarf auf Knopfdruck unter der Heckscheibe verschwand. Geschlossen ließ es viel Licht in den Innenraum. Im Sommer gab es gegen die Hitze mit einem innen liegenden, elektrisch zu betätigenden Rollo die Möglichkeit der Abschattung. Die Konstruktion geriet sehr aufwändig und bedingte viele Bauteile. Im vorderen Bereich am Frontscheibenrahmen klappte ein gläserner Spoiler beim Öffnen nach oben, bevor das Glasdach geöffnet wurde, und hielt die gröbsten Luftverwirbelungen während der Fahrt ab. Nach einiger Zeit bedurfte die Konstruktion allerdings nachstellender Eingriffe, damit es wasserdicht blieb. Von außen war das Modell an dem »Targa«-Schriftzug am Heck sowie an den speziell für dieses Modell gestalteten 17-Zoll-Leichtmetallfelgen zu erkennen, die dem Typ eine ganz besondere Note verliehen.

Das neue Saugsystem Varioram bescherte dem 993 einen weiteren Leistungsschub auf 285 PS, der in der Praxis allerdings kaum zu spürbar besseren Fahrleistungen führte.

Der Porsche 993 Targa war serienmäßig mit einer geschraubten Fünfspeichenfelge in den Dimensionen 7 J und 9 J x 17 Zoll ausgestattet.

Die aufwändige Konstruktion des Targa-Daches bedurfte einer aufmerksamen Pflege, damit sie immer einwandfrei funktionierte und keine Probleme bereitete.

Die Konstrukteure hatten an alles gedacht, damit das Fahren im Targa stets problemlos war. Belüftungsdüsen an den hinteren Seitenscheiben sorgten für freie Sicht.

Die technischen Daten 1993 – 1998

Modell	Carrera	Carrera 4	Carrera S / 4
Karosserieform	Coupé	Coupé	Coupé
	Cabriolet	Cabriolet	
	Targa	–	
Hubraum	3600 cm^3	3600 cm^3	3600 cm^3
Motorleistung	200/272 kW/PS	ab 1994 200/272 kW/PS	210/285 kW/PS
	ab 1995 210/285 kW/PS	ab 1995 210/285 kW/PS	
bei Drehzahl	6100 U/min	6100 U/min	6100 U/min
Drehmoment	330/340 Nm	330/340 Nm	340 Nm
bei Drehzahl	5000/5250 U/min	5250 U/min	5250 U/min
Verdichtung	11,3:1	11,3:1	11,3:1
Verbrauch Drittelmix	11,4/11,2 Ltr. Super Plus	11,5/11,3 Ltr. Super Plus	11,5 Ltr. Super Plus
Serienbereifung			
vorne	205/55 ZR 16	205/55 ZR 16	225/40 ZR 18
auf Felge	7J x 16 H2	7J x 16 H2	8J x 18 H2
hinten	245/45 ZR 16	245/45 ZR 16	285/30 ZR 18
auf Felge	9J x 16 H2	9J x 16 H2	10J x 18 H2
Länge	4245 mm	4254 mm	4245 mm
Breite	1735 mm	1735 mm	1795 mm
Radstand	2272 mm	2272 mm	2272 mm
Leergewicht	1400 kg	1420 kg	1470 kg
Höchstgeschwindigkeit	270/275 km/h	270/275 km/h	270 km/h
Beschleunigung	5,6/5,4 sec	5,3 sec	5,3 sec
Preise 1996			
Coupé	132 950,– DM	143 500,– DM	137 500,–/159 800,– DM
Cabriolet	150 800,– DM	161 500,– DM	
Targa	146 500,– DM	–	

	Carrera RS	911 Turbo	911 GT 2
	Coupé	Coupé	Coupé
	–	–	–
	–	–	–
	3746 cm^3	3600 cm^3	3600 cm^3
	ab 1994 221/300 kW/PS	ab 4/1995 300/408 kW/PS	316/430 kW/PS
	6500 U/min	5750 U/min	5750 U/min
	355 Nm	540 Nm	540 Nm
	5400 U/min	4500 U/min	5400 U/min
	11,3:1	8,0:1	8,0:1
	12,4 Ltr. Super Plus	13,2 Ltr. Super Plus	*
	225/40 ZR 18	225/40 ZR 18	235/40 ZR 18
	8J x 18 AH	8J x 18 H2	9J x 18 H2
	265/35 ZR 18	285/30 ZR 18	285/35 ZR 18
	10J x 18 AH	10J x 18 H2	11J x 18 H2
	4245 mm	4245 mm	4245 mm
	1735 mm	1795 mm	1855 mm
	2272 mm	2272 mm	2272 mm
	1270 kg	1500 kg	1295 kg
	277 km/h	290 km/h	295 km/h
	5,0 sec	4,5 sec	4,4 sec
	(1995) 153 350,– DM	222 500,– DM	278 875,– DM
	–	–	–
	–	–	–

Porsche 911 Carrera Coupé, Baujahr 1994.

Charakterfrage

1998 – 2004: Wassergekühlt in die Zukunft

Das Klagelied der treuen Elfer-Gemeinde klang wie immer, wenn ein gravierender Modellwechsel anstand. So titelte das Fachblatt *auto, motor und sport* zur Vorstellung des neuen Porsche 911 Carrera, der erstmals nicht mehr luftgekühlt daherkommen sollte: Da bleibt dir die Luft weg! Und das war ziemlich zweideutig zu verstehen. Die Bilder, die dort zu sehen waren, ließen den ehemals knapp geschnittenen Sportler ziemlich aufgeblasen erscheinen. Die vormals, gerade im Bereich der hinteren Kotflügel, geschwungene Karosserie des Typs 993, kam viel größer daher. Der markante Taillenschwung war wie weggebügelt. Sah man den Neuen von der Seite, musste man als alter Elferfahrer umdenken. Erstmals hatten die Porsche-Designer es gewagt, auch den Verlauf der Dachlinie zu verändern. Dadurch bekam die Silhouette eine völlig neue Form. Auch die Front mit ihrem riesig wirkenden Überhang und die vom Volksmund schnell »Spiegeleier« getauften Frontscheinwerfer waren mehr als gewöhnungsbedürftig. Die Verwendung möglichst vieler Gleichteile mit dem preiswerteren Boxster-Modell hatte hier tiefe Spuren hinterlassen, die nicht so schnell wieder zu glätten waren.

Waren die Porsche-Kunden beim 911 bisher eine behutsame Art der Renovierung gewohnt, so stellte Porsche mit dem neuen Modell des Typs 996 eine völlige

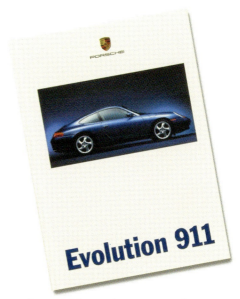

Der Prospekt zur Einführung des neuen Porsche 911 vom 996 im Jahr 1998. Im Innenteil präsentierte man den Neuen immer wieder zusammen mit alten 911-Modellen und stellte deren sportliche Erfolge besonders heraus.

Neukonstruktion auf der Internationalen Automobil-Ausstellung im September 1997 in Frankfurt vor. Eine rationelle Fertigung des neuen Sportwagens war gemäß den Weisungen des Porsche-Chefs Wendelin Wiedeking nur möglich, wenn möglichst viele Teile des Boxsters den Weg in den 911 fanden. Und so schafften es die Porsche-Techniker, dass immerhin 38 Prozent der Boxster-Teile in den Neuen implantiert wurden. Am sichtbarsten war das an der Frontpartie, die nahezu komplett bis zur C-Säule, einschließlich der Türen, übernommen wurde. Das brachte Porsche erhebliche Kritik ein. Schließlich wollten 911-Kun-

Die Außenspiegel waren neu am Elfer, genauso wie die rahmenlosen Türscheiben.

Neue Klapptürgriffe waren aerodynamischer, aber weniger praktisch.

Die Scheinwerfer stammten vom Boxster und gerieten in die Kritik der Käufer.

1998 – 2004
Wassergekühlt in die Zukunft

den ihrer Umwelt auch zeigen, dass sie mit einem um fast fünfzig Prozent teureren Sportwagen als dem Einsteiger-Porsche unterwegs waren. Von vorn waren die beiden Modelle von Laien kaum zu unterscheiden. Lediglich der durchgehende Lufteinlass unter dem Kennzeichen deutete auf einen 911 statt den preiswerteren Boxster hin. Was außen mit einer Woge neuer Designelemente begann, setzte sich im Innenraum konsequent fort. Bei 18,5 Zentimeter mehr Außenlänge und einem um 7,8 Zentimeter gewachsenen Radstand bot dieser nun deutlich mehr Bewegungsfreiheit. Was den Piloten hier an optischen Reizen erwartete, war allerdings gar nicht so nach dem Geschmack der 911-Freunde. Die klassischen fünf Rundinstrumente waren einem Gebilde von ineinander verschlungenen analogen und digitalen Anzeigeinstrumenten gewichen, die bei zügiger Fahrt nicht mehr klar abzulesen waren. Obwohl im Cockpit nichts mehr so war wie früher, konnte man dem neuen Modell einen gewissen

Das Cockpit des neuen Porsche Carrera hatte man komplett neu gestaltet, dabei hatte die Übersichtlichkeit stark gelitten.

Das Heck des neuen Carrera polarisierte. Die seit der Einführung des G-Modells zum Elfer gehörende Blende zwischen den Leuchteneinheiten war erstmals verschwunden. Die Auspuffanlage war doppelflutig ausgelegt, wie beim Vorgängermodell des Typs 993.

Charme nicht absprechen, ohne allerdings dabei nach dem Nutzwert zu fragen. Das Grundkonzept war bereits vom Boxster bekannt, man fand es hier in etwas abgewandelter Form wieder. Gegenüber dem Vorgängermodell des Typs 993 hatte man praktisch jedes Bauteil, bis auf das Erscheinungsbild des Lenkrades, neu konzipiert. Waren die früheren Modifikationen immer sehr behutsam ausgefallen, so hatten die Designer diesmal aus dem Vollen schöpfen können. Nichts war von dem klassischen Armaturenbrett mit den gut ablesbaren fünf analogen Rundinstrumenten übrig geblieben. Auch gab es jetzt eine Mittelkonsole, neue Türverkleidungen und Sitze, selbst die Haubenöffner hatten eine neue Position gefunden.

Sicher, der Neue sah viel moderner und luxuriöser aus als der altbekannte Elfer. Auch wenn einige Fachmagazine dem Cockpit eine hochwertige Anmutung absprachen, so konnte objektiv nichts dagegen gesagt werden. Der ehemalige, spartanisch ausgestattete Sportwagen war zu einem voluminösen Luxusgerät mutiert. Es hatte den Anschein, als hätten die Designer mit aller Macht den Elfer neu erfinden wollen und dabei einige Grundregeln außer Acht gelassen. Nur so konnte das neue Design des Instrumententrägers erklärt werden, denn besser abzulesen als im Vorgängermodell war diese Uhrensammlung nicht. Zwar dominierte noch immer der mittig angeordnete Drehzahlmesser, aber was sich darum herum ab-

Der links neben dem Drehzahlmesser platzierte analoge Tachometer war im 996 sehr klein ausgefallen und wurde durch ein Digitalinstrument ergänzt. Das Voltmeter war für Elfer-Piloten neu.

Wie eh und je war der Drehzahlmesser mittig vor dem Fahrer angeordnet. In ihn hatten die Interieurdesigner unterhalb einen Digitaltachometer integriert.

Der Innenraum des neuen Porsche 911 kam komplett anders daher. Vielfach wurde die Qualitätsanmutung, die auf Boxster-Niveau lag, von seinen Käufern kritisiert.

Galt der Porsche 911 immer als Musterbeispiel für einfache Bedienung, so hatte sich das beim neuen Modell durch die überfrachtete Mittelkonsole mit vielen Schaltern grundlegend geändert.

Die Haubenöffner befanden sich nun griffgünstig auf der Einstiegsleiste. Die elektrische Sitzverstellung hatte man verbessert.

Trotz seines nur noch 3,4 Liter großen Motors war die Leistung des Sechszylinders auf 300 PS angestiegen.

Das Heck des neuen Porsche Carrera des Typs 996 war eine wuchtige Erscheinung.

spielte, wurde von Puristen schnell als »Mäusekino« abgetan. Zwar verfügte der 911 jetzt serienmäßig über ein Voltmeter, dafür war der Analogtacho mit seiner eng abgestuften Skala viel zu klein geraten. Das hatten auch die Porsche-Entwickler bemerkt und spendierten dem Elfer einen zusätzlichen Digitaltachometer, der unten im Drehzahlmesser platziert war.

So wie in allen modernen Autos auch, gab es jetzt eine Mittelkonsole, die den Namen auch verdiente. Hier waren serienmäßig die Bedienungselemente für die Heizungs- und Belüftungsanlage vorgesehen. Als Sonderausstattung war ein Navigationssystem mit großem Display erhältlich, das von Porsche als »PCM«, Porsche Communication Management, bezeichnet wurde. Darum herum waren verschiedene Schalter angeordnet, mit denen man die Türen von innen verriegeln oder die heizbare Heckscheibe betätigen konnte. Das darunter angeordnete Radio mit Kassettenrecorder kostete bei diesem immerhin ab 136 790,– Mark teuren Sportler immer noch ein Aufgeld von mindestens 817,– Mark. Überhaupt gab es eine ganze Reihe Extras, mit denen man seinen 911 ab Werk individuell ausstatten konnte. Für Coupés und Cabriolets bot Porsche ein spezielles Dachtransportsystem an. Auch ein Park-Assistent mit vier Sensoren am Heck sowie Seitenairbags waren in der Mehrausstattungsliste zu finden. Was man allerdings vergeblich suchte, war ein Handschuhfach auf der Beifahrerseite am Armaturenbrett. Hier verbarg sich im neuen Elfer der Airbag für den Kopiloten.

Was die Gemüter der Traditionalisten unter den Elfer-Fahrern am meisten erhitzte, war unter dem Blech im Heck des neuen Carrera verborgen. Erstmals sollte ihr Lieblingssportwagen nicht mehr ausschließlich von der Luft des Fahrtwindes gekühlt werden. Die Porsche-Techniker hatten dem nun nur noch 3,4 Liter großen Sechszylinder-Boxermotor eine Wasserkühlung verpasst. Dass dadurch nicht unweigerlich der porschetypische Sound abhanden kommen musste, hatten sie bereits beim kleineren Boxster bewiesen. Der jetzt vierventilige Boxermotor war sogar stärker geworden und brachte es auf nun 300 PS bei 6800 U/min. Zudem geriet der 996 um fünfzig

Trotz veränderter Dachlinie war der Neue ein typischer Porsche 911 geblieben.

Kilogramm leichter als sein Vorgänger, was die Puristen hätte freuen müssen. Auch das maximale Drehmoment hatte von 340 auf 350 Newtonmeter zugelegt, und das bei einer geringeren Drehzahl von 4600 statt vormals 5240 U/min. Der Neue zog bis in hohe Drehzahlen gut durch, was nicht nur auf das Schaltsaugrohr, sondern auch auf die variable Ventilsteuerung zurückzuführen war. Von 100 auf 200 km/h beschleunigte der neue Carrera gar vier Sekunden schneller als der alte.

Die Techniker im Hause Porsche hatten bei der Konstruktion des neuen Motors vorgesorgt und Spielraum für spätere Leistungssteigerungen mit einkalkuliert. Der Abstand der Zylinder des Boxermotors betrug wie beim Vorgänger 118 Millimeter. Damit war der Weg für eine spätere Hubraumerhöhung bis zu knapp vier Liter frei und ließ Spekulationen zu. Doch wie der Neue schon jetzt mit seinen 300 PS zu Werke ging, war absolut beeindruckend. Der Brückenschlag zwischen dem luftgekühlten und dem wassergekühlten Boxermotor war exzellent gelungen. Zwar lauschten eingefleischte 911-Fahrer vergebens nach dem metallischen Geräusch des Kipphebelklickerns, dem Heulen des Gebläses und insbesondere auf das Spannungstickern nach dem Abstellen des warmgefahrenen Motors, aber das Fahrgeräusch des Neuen, insbesondere in oberen Drehzahlbereichen, ließ keinen Zweifel daran, dass hier ein waschechter Sportmotor seinen Dienst verrichtete.

Für anschlussgenauen Vortrieb sorgte wieder ein Sechsganggetriebe. Zwar verfügte auch der 993 bereits über eine Sechsgangschaltbox, aber beim neuen 996-Modell handelte es sich um eine völlige Neukonstruktion. Die Übertragung der Schaltfunktion wurde jetzt von Seilzügen übernommen, was man bereits vom Boxster her kannte. Die Schaltsprünge waren nun noch kürzer abgestuft und passten perfekt zur Leistungscharakteristik des neuen Motors. Das Schalten ging präzise und leicht von der Hand, was man von der Kupplung eben nicht sagen konnte. Hohe Pedalkräfte waren nötig, und ein klar definierter Griffpunkt war schlecht auszumachen. Vielleicht musste man mit den neuerdings hängenden Pedalen erst einmal Erfahrungen sammeln.

Insgesamt mutierte der ehemalige kleine Sportwa-

1998 – 2004
Wassergekühlt in die Zukunft

gen zum Luxusliner für eine anders geartete Käuferschicht. Irgendwie ließ der Neue immer wieder Parallelen zum ungeliebten Porsche 928 aufkommen. Das war Anlass für die ganz harten Elfer-Freunde, noch schnell einen der letzten Luftgekühlten zu bestellen, bevor es diese Möglichkeit nicht mehr gab. Im alten Gewand baute Porsche die Modelle 911 Targa, Carrera 4 und den Turbo noch einige Zeit weiter.

Der neue Carrera polarisierte. Traditionell war er für die Gusseisernen kein richtiger Elfer mehr. Die Nadelstreifenjünglinge und die Leasing-Fraktion jubilierten. Schließlich war der Elfer wieder eine ganze Portion zahmer und luxuriöser geworden. Welch ein Glück! Trotzdem war das Zündschloss immer noch links von der Lenksäule angebracht, und für Neulinge galt der 996 schon allein deswegen als ein waschechter 911. An der Zapfsäule mussten alte Elferpiloten allerdings umdenken. Die Klappe im Kotflügel befand sich jetzt nicht mehr im linken, sondern im rechten vorderen Kotflügel. Boxster-Fahrern war das bereits vertraut. Der Tank fasste jetzt nur noch 64 Liter und war damit acht Liter kleiner als beim 993. Das Kofferraumvolumen unter der vorderen Haube brachte es auf 130 Liter, und zusammen mit den umgelegten Fondsitzen, die nochmals 200 Liter Stauvolumen

Auch das neue Porsche Carrera Cabriolet machte von hinten eine gute Figur.

Mit oder ohne Hardtop, das Cabriolet nahm geschlossen die Dachlinie des Carrera Coupés auf.

schafften, ergab sich ein großzügiges Raumangebot für das Gepäck bei einer längeren Urlaubsreise. Diese konnte mit dem neuen, komfortableren Fahrwerk zum Genuss werden. Die vorne und hinten spurkorrigierend wirkende Achskinematik ließ auch bei schnell gefahrenen Kurven keine Angst mehr aufkommen. Nur von den ganz harten Puristen konnte dieser Umstand verachtet werden, der im Grunde ganz klar einen Fortschritt in der Elfer-Fahrwerksgeschichte darstellte. Schließlich bot die Mehrausstattungsliste noch Raum für ein optionales Sportfahrwerk, das dem Carrera zu mehr Sportlichkeit verhelfen konnte.

Dass der neue Carrera nicht nur etwas für komfortbewusste Sonntagsfahrer war, stellte Porsche mit der neuen Basisversion für den Rennsport klar, dem 911 GT3 Cup. Dieser Rennwagen für die Straße kam mit einem auf 3598 ccm aufgebohrten Motor daher, der 360 PS leistete und dem mit einem großen, fest montierten Heckspoiler versehenen Leistungssportler zu einer Höchstgeschwindigkeit von 283 km/h verhalf.

Cabrio serienmäßig mit Hardtop

Ein halbes Jahr nach der Vorstellung des neuen Carrera-Modells in der Coupé-Version auf der Frankfurter Internationalen Automobil-Ausstellung folgte auf dem Genfer Automobilsalon im Frühjahr 1998 die Präsentation des neuen Cabriolets. Die Frischluftfanatiker unter den 911-Fahrern erwarteten es bereits mit Spannung. Porsche versprach, das neue Cabriolet sollte unbeschwertes Frischluftvergnügen bieten, ohne dass von Hand eine schützende Persenning montiert werden musste. Geöffnet wurde das über einen elektrohydraulischen Mechanismus verfügende, dick gefütterte Verdeck über einen Tippschalter in der Mittelkonsole. Es verschwand vollständig unter einem festen Deckel hinter den Klappsitzen im Fond. Das verbesserte die Sicht nach hinten gegenüber dem Vorgängermodell bei geöffnetem Verdeck erheblich. Die Verdeckautomatik konnte auch über den Zündschlüssel im Türschloss oder, noch bequemer, funkgesteuert über die

Serienmäßig rollte der neue Carrera auf 17-Zoll-Leichtmetallfelgen.

Das Dreispeichen-Airbag-Sportlenkrad war zunächst nur auf Sonderwunsch erhältlich.

Gegen Aufpreis waren 18-Zoll-Leichtmetallfelgen erhältlich.

1998 – 2004
Wassergekühlt in die Zukunft

Zentral-Fernbedienung gesteuert werden. Das Cabriolet musste einige versteifende Maßnahmen im Karosseriebereich über sich ergehen lassen, bevor es ohne festes Dach für den Straßenverkehr geeignet war. Gegenüber dem Coupé geriet es um fast 75 Kilogramm schwerer. Ein Tribut, den unter anderem die aufwändige Verdeckhydraulik forderte, die es ermöglichte, das Cabriodach innerhalb von nur 20 Sekunden zu öffnen und zu schließen. Auch das Thema Sicherheit war beim neuen Cabriolet nicht zu kurz gekommen. Für den Fall eines drohenden Überschlags sorgten per Federkraft hervorschnellende, von einem Neigungssensor gesteuerte Überrollbügel aus Stahl für den nötigen Schutz.

Zur Serienausstattung des neuen Cabriolets gehörte ein Hardtop, das den offenen Elfer zum wintertauglichen Coupé machte. Das 32 Kilogramm schwere zweischalige Aluminiumdach mit heizbarer Heckscheibe ließ sich mühelos von zwei Personen in der heimischen Garage montieren. Beim Vorgängermodell war dazu noch ein Werkstattbesuch nötig, da das Cabriodach erst demontiert werden musste. Das erklärt sicher auch, warum man einen Porsche 993 Cabriolet äußerst selten mit dem 10 000 Mark teuren Hardtop im Straßenverkehr zu Gesicht bekommt.

Die Porsche-Styling-Abteilung hatte sich beim Entwurf des 911-Hardtops große Mühe gegeben. Es nahm die Dachlinie des Coupés auf. Lediglich das kleine hintere Seitenfenster und die durch den Verdeckkastendeckel entstehenden waagerechten Fugen trübten das Erscheinungsbild ein wenig.

30 Prozent pro Allrad

In der Vergangenheit hatten 30 Prozent der 911-Käufer ein Fahrzeug mit Allradantrieb in Form des Carrera 4 geordert. Ein logischer Schritt also, dass Porsche Mitte 1998 den neuen Carrera seinen Kunden mit einer überarbeiteten Allradtechnik anbot. Zwar waren die Fahreigenschaften eines heckgetriebenen 911 in der Vergangenheit nie besser gewesen als beim gerade eingeführten Modell des Typs 996. Das hieß aber nicht, dass dieses

Das Cabriodach verschwand unter einer festen Abdeckung.

Der Carrera 4 machte das Fahren im 911 noch sicherer.

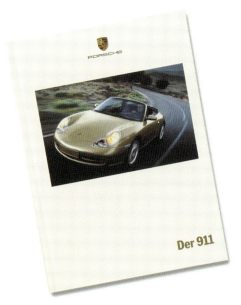

Porsche 911-Prospekt für das Modelljahr 2000.

bereits in den Köpfen potenzieller Käufer angekommen war. Noch immer machten Geschichten vom unberechenbaren Hecktriebler die Runde und ließen Kunden mit dem Carrera 4 auf Nummer sicher gehen. Neben dem Allradantrieb spendierte Porsche dem Fahrzeug unter dem Kürzel PSM das Porsche Stability Management. Dieses gab es ausschließlich für die Allradversion des 911, und das auch noch serienmäßig. Eine weitere Neuheit war, dass der Vierer für 5610 Mark Mehrpreis mit dem automatischen Tiptronic-Getriebe lieferbar war. Hier wurde deutlich, wie sich die Zielgruppe von ehemals hartgesottenen Sportfahrern zu Boulevard-Racern gewandelt hatte.

Die Funktionsweise des Allradantriebes hatte Porsche vom Vorgängermodell übernommen. Fünf Prozent der Antriebskraft erreichten permanent die Vorderräder. Erst bei zunehmendem Schlupf an den Hinterrädern verteilte die Elektronik bis zu 40 Prozent Kraft auf die Vorderachse. Erst dann setzte die Fahrdynamikregelung ein. Beim Überschreiten des Kurvengrenzbereichs wurde mal das kurvenäußere Vorderrad beim Übersteuern, mal das

Das Carrera 4 Cabriolet mit entsprechenden Schriftzügen auf den Radnabenabdeckungen und eingefärbten Blinkergläsern.

1998 – 2004
Wassergekühlt in die Zukunft

kurveninnere Hinterrad beim Untersteuern abgebremst. Dadurch beeinflusst, fand der Elfer wieder den Weg zu seinem Sollradius. Die fahrwerksseitigen Sicherheitsreserven des neuen Porsche 911 lagen auf sehr hohem Niveau. Das PSM zeigte erst auf rutschigem Untergrund sein wahres Können und verhalf dem neuen Elfer zu einem Maß an Fahrstabilität, das man ihm wenige Jahre zuvor nicht zugetraut hätte.

GT3 statt RS

Dass der Elfer über die Jahre viel Speck angesetzt hatte, war eine logische Folge des ständig steigenden Bedürfnisses nach immer mehr Sicherheit, Komfort und Luxus. Das war vor 30 Jahren nicht anders als heute, nur eben noch nicht so ausgeprägt. Damals glaubte man bei Porsche allerdings nicht, dass es wirklich noch Sportwagenfahrer geben sollte, die auf all den gewohnten Luxus wie Geräuschdämmung, Sitze für vier Personen, ein Radio oder Ablagen hier und dort freiwillig verzichten wollten, wenn es nur der Sportlichkeit diente. Gepaart mit einigen zusätzlichen PS ließen sich die Gusseisernen ihren Spaß-Sportwagen sogar richtig etwas kosten. Das war im Sommer 1999 nicht anders, als Porsche die ein Jahr zuvor präsentierte Rennversion des neuen Carrera seinen Kunden zum Preis von stolzen 180 000 Mark für die Straße anbot. 360 PS leistete der Boxermotor und war damit genauso stark wie sein Pedant für die Rennstrecke. Das, was die Porsche-Techniker ihren Kunden an die Hand gaben, war vom Allerfeinsten. Die Basiskonstruktion des Kurbelgehäuses stammte vom Renn-Porsche des Typs 962

Der für den Rennsport konzipierte Carrera GT3 sollte Porsche auf den Rennstrecken wieder den gewohnten Erfolg verschaffen.

1998 – 2004
Wassergekühlt in die Zukunft

und verkraftete bis zu 650 PS. Wassergekühlte Zylinderlaufbüchsen und -köpfe sicherten eine zuverlässige Wärmeabfuhr. Leichte Schmiedekolben und Titanpleuel sorgten für Leichtigkeit im Detail. Auf der Kurbelwelle der Straßenversion saß ein Zweimassen-Schwungrad, das komfortableres Schalten als in der Rennversion, die mit einem Einmassen-Schwungrad und einer Rennkupplung ausgestattet war, zuließ. Der Ölkreislauf wurde durch ein 12,5 Liter fassendes Trockensumpfsystem mit zusätzlichem externen Öltank bei Laune gehalten, was deutlich macht, dass dieses Triebwerk mit den anderen Ablegern der 996-Baureihe wenig zu tun hatte.

Das Kraftpaket war so ganz nach dem Geschmack der trauernden Elfer-Gemeinde. Kernig im Ton und brachialisch im Antritt machte der GT 3 klar, wie ein Sportwagen sein musste. Der Sound des Sechszylinders war betörend und die Post ging ab, als säße man auf der Kanonenkugel des Barons von Münchhausen. Das war Elferfahren pur, und man wünschte sich dieses Triebwerk als Basis für alle 911-Modelle. Der Motor legte los, als gäbe es kein Halten mehr. Hier war nicht einer jener Gummibandmotoren am Werk, sondern eine Sportmaschine reinsten Wassers. Rein gefühlsmäßig waren die auf dem Papier vorhandenen 370 Newtonmeter eine glat-

Der GT3 war mit speziellen Felgen ausgestattet und sein Fahrwerk gegenüber dem Serien-911 um 30 mm tiefer gelegt.

te Untertreibung, so stürmte der Sport-Carrera über die Piste. Und war die zweite Stufe des Resonanztraktes ab 6000 U/min erst einmal geöffnet, hörte man das Gemisch praktisch durch die Brennräume des GT 3 schlürfen. Der Gangwechsel bei 7400 U/min deutete eine kleine Verschnaufpause an, bis es weiter zur Spitze der Leistungsfähigkeit dieses Sportwagens pur ging. Erst bei 302 km/h setzte der Luft- und Rollwiderstand der Beschleunigung ein Ende.

Hieß es dann, die ganze Fuhre wieder zum Stehen zu bringen, kamen die exzellenten Bremsen mit einer Verzögerung von elf Metern je Sekunde zum Einsatz. Sie

Zum ersten 911 GT3 legte Porsche zusätzlich zum normalen 911-Prospekt eine etwas dünnere Werbebroschüre auf, aus der alle Veränderungen am Serienmodell ersichtlich waren.

Der Heckspoiler am GT3 war fest montiert und signalisierte schon rein optisch den sportlichen Einsatzzweck des Wagens.

1998 – 2004
Wassergekühlt in die Zukunft

zählten zum Besten, was es in der internationalen Sportwagenszene damals zu kaufen gab. Die im Durchmesser 33 Zentimeter messenden innenbelüfteten Scheiben wurden mit Vierkolben-Bremszangen verzögert, die auch bei extrem hohen Geschwindigkeiten ein enormes Sicherheitspotenzial boten. Im Vergleich mit dem serienmäßigen 996 Coupé lag das GT 3-Fahrwerk um 30 Millimeter tiefer. Federung und Dämpfung waren gegenüber den anderen 996-Modellen straffer abgestimmt.

Neuauflage einer Legende

Herausragende Fahrleistungen, für einen Sportwagen enorme Zuverlässigkeit und Bremsen der absoluten Spitzenklasse, das waren von Anfang an die Eckpfeiler, die den aufgeladenen Porsche Turbo zum Mythos machten. Jetzt, im Frühjahr des Jahres 2000, sollte die Legende fortgeführt werden mit dem neuen, 420 PS starken

Immer noch verfügte der Turbo über einen auffallenden Heckspoiler, der allerdings wieder wesentlich dezenter ausgefallen war. Bei Geschwindigkeiten ab etwa 120 km/h fuhr das bewegliche obere Flügelteil aus und reduzierte so den Auftrieb an der Hinterachse.

allradgetriebenen und wassergekühlten Modell 996. War der erste Auftritt des Porsche Turbos im Jahre 1974 noch durch die markanten dicken Kotflügel und den riesigen Heckspoiler geprägt, so gab sich die neueste Schöpfung dieser Gattung fast lammfromm. Von vorn signalisierten riesige Lufteintrittsöffnungen unter den Scheinwerfern den neuen Supersportler. Der jetzt ausfahrbare Heckspoiler fiel gegenüber seinem Vorgänger wesentlich kleiner aus und war in die Karosserie besser integriert. Lediglich die Luftöffnungen in den hinteren Kotflügeln und die seitlich hinten in der Heckschürze eingelassenen Belüftungsschlitze ließen den neuen Turbo erkennen. Dass zu diesen Änderungen, etwa die gegenüber der Carrera-Karosserie hinten verbreiterten Kotflügel oder die geänderten Frontscheinwerfer noch weitere hinzu gekommen waren, bemerkte man erst auf den zweiten Blick.

Doch das Wichtigste am neuen Turbo war zweifelsohne der neue Sechszylinder im Heck. Drehte man den Zündschlüssel, war es sofort da, das bekannte, porschetypische raue Hecheln des Boxermotos. Mit mächtigen 560 Newtonmeter, die schon ab 2700 U/min anstan-

Für den Turbo hatte Porsche einen separaten Prospekt aufgelegt, in dem das aktuelle Modell für verschiedene Fotoaufnahmen seinen mittlerweile zahlreichen Vorgängern zur Seite gestellt wurde.

den, wartete er auf. Schon knapp darüber setzte bereits die geballte Kraft des Turboladers ein, die bis zur Schaltgrenze von 6700 U/min anhielt. Gegenüber dem Vorgängermodell hatten die Porsche-Techniker das Ansprechverhalten des Biturbos nochmals verfeinert. Mit der zweifachen Nockenwellenverstellung VarioCam Plus und einer Elektronik für Gaspedal, Einspritzung, Zündzeitpunkt und Ladedruck reagierte der Turbo bereits auf kleinste Gaspedalbewegungen äußerst sensibel. Das Herzstück

Große Luftöffnungen im hinteren Kotflügel.

Das Oberteil des Heckspoilers fuhr ab 120 km/h aus.

Um ihn stärker von dem leistungsschwächeren Modell abzuheben, erhielt der Turbo eine neue Scheinwerferoptik.

blieb allerdings der KKK-Lader, der bei vollem Einsatz keinen Hehl aus seiner Natur machte und kraftvoll die Leistung explodieren ließ. Selbst wenn man an langen Autobahnsteigungen bereits zügig unterwegs war und im Turbo das Gaspedal bis aufs Bodenblech durchtrat, setzte der Motor das mit einer Vehemenz in Leistung um, die anderswo kaum derartig zu erleben war.

Mit dem alten Turbo des Typs 993 war man schon sehr schnell unterwegs, doch der Neue konnte alles noch etwas besser und mit etwas mehr Leichtigkeit. Die Messwerte wiesen den Sprint von Null auf 100 km/h mit 4,3 Sekunden aus, was gegenüber dem alten Modell Gleichstand bedeutete. Deutlich verbessert hatten sich allerdings das Durchzugsvermögen und die Höchstgeschwindigkeit, die jetzt bei 307 km/h und damit um 16 km/h höher als beim alten Modell lag. Dieser Anstieg war nicht nur auf die geringfügig höhere Motorleistung von 420 statt 408 PS zurückzuführen, sondern auch auf die strömungsgünstigere, neue Karosserie. Trotz der gestiegenen Leistung hatten es die Porsche-Techniker geschafft, den Benzinverbrauch zu senken. Der Turbo konsumierte auf einhundert Kilometer knapp 16,5 Liter des teuren Super Plus, was ihm in Anbetracht seines nur 65 Liter großen Tanks allerdings einen eher bescheidenen Aktionsradius bescherte.

Trotz des hohen Einstandspreises von 234 900 Mark war der Verkaufserfolg für das neue Modell vorprogrammiert. Schließlich hatte die Kundschaft fast zwei Jahre nach der Einstellung des Vorgänger-Modells darauf warten müssen. Da spielte es auch nur eine untergeordnete Rolle, dass Porsche bespielsweise für farbige Radnabenkappen mit dem Firmenwappen noch 277 Mark extra berechnete. Auch Raum für weitere Sonderausstattungen gab es reichlich, denn die werksseitige Aufpreisliste der neuen Modelle war so umfangreich wie nie zuvor. Fast alles war machbar, um seinen Porsche so individuell wie möglich auszustatten.

GT 2 – noch eins drauf

Früher war alles anders. Zwei war weniger als drei, für weniger musste man auch weniger bezahlen und für einen Porsche 911 galt, dass sein Motor luftgekühlt war. Letzteres hatte sich mit der Einführung der 996-Baureihe bekanntlich geändert. Jetzt folgte auf die sportlichste 996-Variante, genannt GT 3, der neue Porsche GT 2. Dabei handelte es sich keineswegs um einen abgespeckten Boxster, wie man vielleicht hätte meinen können. Der neue GT 2 war schlicht aus einer Synthese von Porsche GT 3 und Porsche Turbo entstanden. Was dabei heraus kam, war ein Sportwagen höchster Güte und stellte das leistungsmäßige Topmodell der Porsche-Palette dar. Er richtete sich an sportlich orientierte Fahrer, die bei diesem abgespeckten 911 weder vor spartanischer Härte noch vor dem hohen Kaufpreis von 339 000 Mark – nochmals 100 000 Mark mehr als bei einem Turbo – zurückschreck-

Zum GT2 gab es im Juli 2002 eine separate Informationsbroschüre im mittlerweile typischen Katalogstil des Hauses.

Der neue Supersportler GT2 mit Biturbo-Motor vor dem Saugmotorpendant GT3 auf Carrera-Basis.

Nur der Kenner kann den GT2 vom Serien-Turbo unterscheiden.

Hightech für die Straße: Porsche GT2.

ten. Dafür bekamen sie allerdings den stärksten Serien-Porsche, der die Werkshallen in Zuffenhausen jemals verlassen hatte. Der neue GT2 übertraf mit seinen 462 PS sogar den legendären Technologieträger Porsche 959.

Bezeichnend für den Leistungssportler war, dass der beim Turbo serienmäßige Allradantrieb genauso fehlte wie die rückwärtigen Notsitze, ESP oder eine Antischlupfregelung. Wer nun allerdings Kurbelfenster und Schlaufen zum Zuziehen der Türen erwartete, die frühere 911-Leichtbauten ausgezeichnet hatten, wurde enttäuscht. Sogar auf ein Radio oder die Klimaautomatik brauchten wahre Sportsmänner nicht zu verzichten. Wer diese Extras wünschte, um im GT2 glücklich zu sein, konnte sie aufpreislos mitbestellen.

Der Neue kam mit größeren Turboladern daher, die einen Ladedruck von 1,0 bar statt 0,9 lieferten. Auch der Ladeluftkühler war einem effektiveren Exemplar gewichen. Dieses atmete jetzt durch neu gestaltete Öffnungen in den hinteren Kotflügeln. Der GT2 hatte rund 100 Kilogramm weniger an Gewicht zu bewegen, was ihm zu einem beeindruckenden Leistungsgewicht von nur 3,14 Kilogramm pro PS verhalf. Wer jetzt einen gnadenlosen Rennwagen für die Straße erwartete, wurde positiv überrascht. Selbst im Stadtverkehr ließ sich der Bolide problemlos bewegen, und Starallüren waren ihm völlig fremd. Wer den Umgang mit ihm beherrschte, war bei freier Straße überwältigend schnell unterwegs und hatte einen Spaß, wie ihn nur noch wenige Sportwagen vermittelten. Sein

Die Keramikbremse des GT2 eröffnete neue Dimensionen.

Das schlichte Leichtmetallrad eines Hochleistungssportlers.

1998 – 2004
Wassergekühlt in die Zukunft

Metier war der Spurt, wo er gerade im oberen Geschwindigkeitsbereich seinem zivileren Kontrahenten, dem Turbo, einige Sekunden abnahm. Selbst ab 200 Kilometer legte der GT2 noch derartig zu, dass man sich in einen Jet versetzt glaubte. Die Tachonadel strich über die 300 km/h-Marke hinweg, um erst bei 315 km/h stehen zu bleiben. Da lag der Turbo bereits 20 Sekunden hinter ihm. Dies alles geschah ohne große Hektik. Hier zeigten sich die Überlegenheit des ausgefeilten Aerodynamik-Kits und der Fahrwerksmodifikationen. Genauso beeindruckend wie das Beschleunigungsvermögen war die Bremsleistung. Die serienmäßigen Keramik-Scheibenbremsen hatten entscheidenden Anteil daran. Sie an die Grenze ihrer Leistungsfähigkeit zu bringen, war fast unmöglich. Der GT2 verkörperte genau das, was die Traditionalisten unter den Elfer-Fahrern am aktuellen Serien-996 vermissten: Er war der wahre Sportwagen. Durch seinen Preis blieb er allerdings für die meisten Sterblichen unerreichbar.

Der Elfer geht auf Distanz

Die optische Nähe zum preiswerten Porsche Boxster war der 911-Kundschaft seit der Präsentation des neuen, wassergekühlten Porsche 911 ein Dorn im Auge. Ungeübte konnten die beiden Modelle von vorn kaum unterscheiden. Wie sollten sie auch, hatte doch der Porsche-Chef Wendelin Wiedeking selbst die Anweisung zur Gleichteileverwendung gegeben. Im Frühjahr 2001 zeigte Porsche Verständnis für seine treue 911-Kundschaft und verpasste dem neuen wassergekühlten Elfer ein erstes Facelifting. Die argwöhnisch als Spiegeleier bezeichneten Scheinwerfer blieben nun dem Boxster vorbehalten. Der Carrera bekam die Scheinwerfer, die bisher das stärkere Turbo-Modell ausgezeichnet hatten. Auch die

Das Verdeck des Cabriolets verschwand unter einer festen Klappe.

Front- und Heckschürzen wurden geändert und machten gerade den optischen Auftritt von vorn markanter. Am Heck sorgten neu geformte Auspuffendrohre und ein tiefer angebrachter Carrera-Schriftzug für Distanz zum alten Modell. Die Felgen erhielten ein neues, filigraneres Design. Das Armaturenbrett wurde durch den Einsatz höherwertiger Materialien dem Turbo angeglichen und ging so mehr auf den gewünschten Abstand zum Boxster. Mit dem neuen Modell gab es endlich auch wieder ein Handschuhfach im 911, auf das Besitzer des alten Modells, wegen des dort untergebrachten Beifahrerairbags, verzichten mussten. Das Cabriolet war jetzt mit einer heizbaren Heckscheibe aus Glas, statt einer Kunststoffscheibe, ausgestattet.

Was der 911-Kundschaft allerdings viel besser als all die kleinen optischen Änderungen gefiel, war die Tatsache, dass ihr Lieblingssportwagen jetzt über 20 PS mehr verfügte, die die Porsche-Techniker aus dem nun auf 3,6 Liter angewachsenen Boxermotor bei unveränderter Drehzahl von 6800 U/min herausgekitzelt hatten. Mit zur Leistungskur zählte die beachtliche Drehmomentsteigerung von 350 auf immerhin 370 Newtonmeter, die bereits

1998 – 2004
Wassergekühlt in die Zukunft

350 Umdrehungen früher, nämlich bei 4250 U/min anstanden. Laut Werksangabe hatte sich damit auch die Höchstgeschwindigkeit auf 285 km/h erhöht und die Beschleunigung von 0 auf 100 km/h auf fünf Sekunden reduziert. Damit war der neue Carrera im Kampf um die Sportwagen-Marktanteile bestens gerüstet, zumal ihm die Techniker auch noch ein verbessertes Fahrwerk mit neuen Stabilisatoren, geänderten Reifen und einer direkter ausgelegten Lenkung spendiert hatten. Alles zusammen verhalf dem neuen Elfer zu einem spürbar agileren Fahrverhalten, was die Gemüter der Elfer-Fans beruhigte.

Die Elfer-Palette vergrößert sich

Nach bewährtem Strickmuster ließ Porsche keine Marktnische aus. Den Modellen Coupé, Cabriolet, Carrera 4, GT3, Turbo und GT2 folgten im Frühjahr 2002 der Porsche 911 Carrera im Turbo-Look als Modell 4S und der Carrera Targa. Wie bei den Vorgängermodellen basierte der 4S auf dem Porsche Carrera 4, besaß aber die breitere Karosserie des Turbos. Von diesem stammte auch die Bugschürze mit den mächtigen Lufteinlässen sowie

Interieur eines Carrera 4 Cabriolets mit dem »Porsche Communication Management« genannten Navigationssystem.

Heckansichten der kompletten 911-Modellpalette des Modelljahres 2004 (v.l.n.r.): Turbo, Carrera 4S, Targa und Coupé.

die Heckschürze mit den Lüftungsschlitzen. Weiterhin verfügte der 4S über die Bremsanlage und Felgen des Turbos. Auf dessen feststehenden Heckspoiler und die Lüftungslöcher in den hinteren Kotflügeln musste er allerdings verzichten. Dafür hatten die Porsche-Designer ihm wieder ein durchgehendes Rückstrahlerband zwischen den Rückleuchten spendiert, was den 4S von hinten unverwechselbar machte und ihm zusammen mit den dicken Backen sehr gut stand. Der Targa war wieder mit dem elektrisch unter die Heckscheibe fahrbaren Glasdach versehen, das die Elfer-Klientel bereits vom Vorgängermodell des Typs 993 her kannte. Neu war, dass die Heck-

Der Carrera 4S verfügte wieder über das Leuchtenband am Heck.

Heckansichten: Carrera 4S Cabrio (vorn) und Carrera 4 Cabrio.

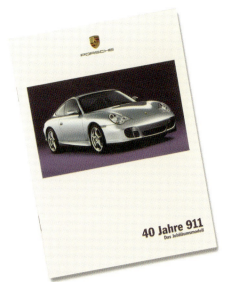

scheibe bei geschlossenem Dach geöffnet werden konnte, wodurch der Stauraum hinter den Sitzen besser nutzbar war. Den Glasdach-Targa ließ Porsche sich gegenüber dem Coupé mit einem Aufpreis von 13 180 Mark bezahlen, was den Preis auf immerhin fast 160 000 Mark ansteigen ließ.

Zum Jubiläums-911 gab es einen eigenen Prospekt.

Das Jubiläumsmodell war besonders luxuriös ausgestattet.

1998 – 2004
Wassergekühlt in die Zukunft

Zum 40-jährigen Jubiläum legte Porsche im Jahr 2003 eine edle Sonderserie des Dauerbrenners Porsche 911 auf. In 1963 Exemplaren, dem Geburtsjahr des Jubilars entsprechend, entstand eine einzigartige Fahrzeugserie aus bestens ausgestatteten Coupés. Der Sechszylinder-Boxermotor war leistungsgesteigert und leistete im Jubiläums-Elfer satte 345 PS. Das waren immerhin 25 PS mehr, als der Serien-911 bereitstellte. Mit seinem um 10 mm tiefer gelegten Sport-Fahrwerk und den polierten 18-Zoll-Carrera-Rädern, auf denen vorne Reifen der Dimension 225/40 ZR 18 und hinten 285/30 ZR 18 aufgezogen waren, bot er nochmals mehr Fahrerlebnis. Dementsprechend war auch der optische Auftritt. Die Lufteinlässe hatte man optimiert und an der Front dem Turbo-Modell angeglichen. Hier waren sie allerdings in Wagenfarbe lackiert. Das Jubiläumsmodell kam besonders

Der Jubi-Elfer kam besonders reichhaltig ausgestattet daher und verfügte in der Frontschürze über die großen Luftöffnungen des Turbos.

Das Jubiläumsmodell verfügte serienmäßig über Bi-Xenon-Scheinwerfer mit dynamischer Leuchtweitenregulierung und einer Scheinwerferreinigungsanlage.

Die fünf verschachtelten Instrumente waren bereits aus dem Serien-Elfer bekannt. Im Jubiläumsmodell waren die Ringblenden allerdings silbern ausgeführt.

Feinste Lederausstattung in dunkelgrau, Sportsitze und eine Funkfernbedienung für die Schließanlage gehörten ebenfalls zur Serienausstattung des Jubiläumsmodells.

Als einziger Carrera verfügte das Jubiläumsmodell über die Typenbezeichnung 911 am Heck. Darunter hatte man einen Hinweis auf seine 40-jährige Tradition angebracht.

Die Rücksitzanlage war auch im Typ 996 bestenfalls Kindern zuzumuten – besser nutzbar war sie als erweiterter Gepäckraum.

Der 3,6-Liter-Sechszylindermotor war gegenüber dem Serienmodell um 25 PS stärker ausgelegt und leistete 345 PS.

gut ausgestattet daher. Selbst ein Schiebdach, Bi-Xenon-Scheinwerfer, ein Radio mit CD-Laufwerk und eine dunkelgraue Lederinnenausstattung zählten zum Serienumfang. Für einen satten Motorsound sorgte das ebenfalls serienmäßige Porsche-Klangpaket, das den Sechszylinder auch akustisch aufhorchen ließ und dem entsprach, was die Puristen unter den 911-Kunden wünschten.

Aus RS wird GT3RS

Ganz nach ihrem Geschmack war auch ein anderer Porsche 911, der GT3RS, den Porsche auf der Internationalen Automobil-Ausstellung im September 2003 in Frankfurt seinem Publikum vorstellte. Scheinbar gab es auch im Hause Porsche einige Traditionalisten, denen der Speck des aktuellen Elfers nicht zu dem Fahrspaß verhalf, wie es einst die bis aufs Nötigste abgemagerten Sportversionen taten. Porsche selbst besann sich auf die Tradition seiner Sportmodelle und verpasste dem GT3RS genau das Outfit, das einst den Vorreiter dieser Fahrzeug-

Der Prospekt des sportlichen GT3RS stellte dessen dynamische Qualitäten besonders heraus.

gattung, den Carrera RS 2.7, ausgezeichnet hatte: Rallyestreifen mit dem GT3RS-Schriftzug an den Flanken und in gleicher Kontrastfarbe lackierte Felgensterne bei einer weißen Grundlackierung der Karosserie. Dabei war seit mindestens zehn Jahren ein weißer Elfer derart schwer verkäuflich wie etwa eine Luxuswohnung ohne Heizung. Nun, bei den sportlichen Elfer-Ablegern gelten offenbar andere Gesetze, als die des modernen Marketings. Das galt nicht nur für die Farbe oder das sportlich harte Fahrwerk. Während sich das komfortabel ausgestattete Jubiläumsmodell bei einigen Händlern die Reifen platt stand,

Schon rein optisch war die Nähe zum altehrwürdigen Carrera RS 2.7 eine Reminiszenz an alte Zeiten und sportliche Erfolge.

Sportlichkeit vereint die Gemüter: Der GT3RS ist für die Puristen unter den Elfer-Fahrern – damals wie heute.

Was die sportliche Optik des GT3RS außen versprach, setzte sich im Innenraum mit sportlichen Accessoires fort.

ließen sich die wahren Sportwagen des Porsche-Programms kaum irgendwo ausmachen. Was der Fahrer eines solchen Boliden zum Preis von 120788 Euro an die Hand bekam, war mehr als bemerkenswert. Der Sechszylinder-Boxermotor des GT3RS schöpfte aus seinen 3,6 Litern Hubraum 381 PS, die er bei 7400 U/min abgab. Beeindruckend war, wie er diese Leistung in Geschwindigkeit umsetzte. Von 0 auf 100 km/h vergingen lediglich 4,3 Sekunden, und bereits nach 13,8 Sekunden lagen 200 km/h an. Damit lag der gestrippte Carrera auf höchstem Sportwagenniveau. Aber diese Zahlen hier zu lesen ist die eine Sache, die Art und Weise zu erleben, wie dieser Sportler zur Sache geht, die andere.

Als die ersten Gerüchte über einen »neuen Elfer« im klassischen Karosseriekleid die Runde machten, rüstete Porsche die 996-Baureihe noch einmal richtig auf. Zugpferd war dabei die Turbo-Baureihe, die nochmals leistungsmäßig zulegte. Die Marketing-Strategen im Hause Porsche hatten schnell erkannt, dass in der Überflussgesellschaft zur Mitte des ersten Jahrzehnts im neuen Jahrtausend mit Superlativen gutes Geld zu verdienen war. So verwunderte es die Klientel nicht, als der Turbo auch wieder in der Cabriolet-Version zu kaufen war. Was aber nun in den offiziellen Preislisten zu finden war, schlug alles bisher Dagewesene. Der als Turbo S bezeichnete Hochleistungssportwagen sollte die Werkshallen in Zuf-

1998 – 2004

fenhausen nicht nur in der Coupé-Version verlassen, sondern auch als Cabriolet lieferbar sein. Für die Leistungsfetischisten unter den Elfer-Fahrern standen somit auch bei geöffnetem Dach 450 PS zur Verfügung, die der aufgeladene Boxermotor bereits bei 5700 U/min – und damit 300 U/min früher als im Serien-Turbo, der mit seinen 420 PS auch nicht gerade schlapp war – bereitstellte. Noch beeindruckender als diese Leistungsangaben erscheinen dem sachkundigen Sportfahrer die 620 Nm Drehmoment des neuen Leistungssportlers, das die Porsche-Techniker damit nochmals um 60 Nm gegenüber dem Basis-Turbo anheben konnten. Die Art und Weise, wie diese Leistung in Vortrieb umgesetzt wurde, war einfach atemberaubend. Dabei geriet der Über-Elfer in seinen Grundzügen lammfromm, um bei Bedarf schlagartig den Charakter zu wechseln. Das bedurfte lediglich eines spontanen Trittes aufs Gaspedal, und ab ging die Post. Der komfortabel ausgestattete Turbo S stellte alle seine 911-Serien-Brüder, was die Geschwindigkeit anbelangte, in den Schatten, und das mit einer Mühelosigkeit, die man anderweitig meist vergeblich suchte. Dabei brauchte sein Fahrer auf keine Annehmlichkeiten zu verzichten, wie man es bislang von den Sportversionen GT3, GT3RS und GT2 gewohnt war. Eine automatische Klimaanlage sowie eine Geschwindigkeitsregelanlage, beleuchtete Make-up-Spiegel, CD-Wechsler und beim Coupé ein mit

Die Turbo S-Modelle als Coupé und Cabriolet boten beste Fahrleistungen und eine komfortable Ausstattung.

1998 - 2004
Wassergekühlt in die Zukunft

Alcantara bezogener Dachhimmel gehörten zur Serienausstattung. Selbstverständlich zählte bei ihm die für den Normal-Turbo mit 7830 Euro zu Buche schlagende, optionale Hochleistungs-Keramik-Bremsanlage, mit den auffallend gelb lackierten Bremssätteln, zum Serienumfang. Auch die Sonnenanbeter innerhalb der Turbo-Klientel kamen auf ihre Kosten. War das Turbo S Coupé mit einem Preis von immerhin 142 248 Euro schon nicht ganz preiswert, so mussten Interessenten für das Turbo S Cabriolet noch tiefer in die Tasche greifen. Sie hatten für dieses Modell des Jahrgangs 2005 die stolze Summe von 152 224 Euro an die Porsche AG zu überweisen. Dafür kam man dann in den Genuss eines der aufregendsten Cabriolets zu fahren, die es überhaupt zu kaufen gab, und konnte sicher sein, damit ganz vorne mitzufahren.

Die Sportversionen des Modelljahres 2005 waren die schnellsten Serien-Elfer: Der GT2 (vorne) und GT3.

Der Abverkauf des Sportwagen-Klassikers war für Porsche spürbar ins Stocken geraten. Insbesondere, als zum Jahreswechsel 2003/2004 die ersten Computer-Illustrationen des neuen Porsche 911 durch die Fachpresse geisterten und die Elfer-Fahrer elektrisierten. Da halfen auch die überarbeiteten Details, wie etwa das sich während der Fahrt in cirka 20 Sekunden öffnende und schließende Verdeck sowie eine beheizbare Glasheckscheibe im Cabriolet wenig. Die Marketing-Strategen hatten die 911-Modellpalette bis an den Rand ausgereizt. Alles war möglich, und jede noch so kleine Lücke im 911-Programm wurde geschlossen. Neben den Basis-Elfern mit Heckantrieb, 911 Carrera Coupé, 911 Carrera Cabriolet und 911 Carrera Targa gab es die allradangetriebenen Modelle Carrera 4 als Coupé und Cabriolet, die natürlich auch mit der attraktiven, breiteren Karosserie des Turbos als S-Modell kombiniert werden konnten – geschlossen oder offen. Den Sportfahrern boten sich die Carrera-Modelle GT3 sowie GT3RS und für die ganz Leistungshungrigen standen die Turbo- und Turbo S-Modelle sowie die Sportversion GT2 zur Verfügung. Letztere erhielt zum Jahresende 2003 noch einmal eine Leistungskur, die den Sportler ordentlich auf Trab brachte. Statt der bislang 462 PS leistete der 3,6 Liter große Sechszylinder-Turbomotor nun stramme 483 PS bei 5700 U/min. Das machte diesen 1500-Kilogramm-Sportwagen endgültig zum absoluten Übersportwagen, ohne ihn dabei an Alltagstauglichkeit einzuschränken. Wer eine brüllende Bestie in ihm vermutete, sah sich angenehm überrascht. Seine vollkommen gleichmäßige, aber vehemente Leistungsentfaltung und der außerordentliche Schub machten klar, in welchen Sportwagendimensionen man sich mit dem neuen GT2 befand. In nur 3,9 Sekunden waren 100 km/h erreicht, und schon nach 12,2 Sekunden passierte die Tachonadel die 200 km/h-Marke, was ihn ganz dicht in die Nähe des Super-Sportwagens Porsche Carrera GT rücken ließ. Ähnlich eindrucksvoll wie seine Beschleunigung war aber auch das Bremsvermögen der serienmäßigen Bremsanlage mit Keramik-Bremsscheiben. Der GT2 war etwas für absolute Kenner und Könner, die ihn sich leisten konnten.

Der GT2 der 996-Baureihe erhielt noch einmal mehr Leistung.

Der Targa spielte immer nur eine Nebenrolle.

Die technischen Daten 1998 – 2004

Modell	Carrera	GT3	Carrera 2/4 (4S)	
Baujahr	1998	1999	2002	
Karosserieform	Coupé	Coupé	Coupé	
	Cabriolet	–	Cabrio (ab 2003 4S Cabrio)	ab 2003 Ca
	–	–	Targa	
Hubraum	3387 cm³	3600 cm³	3596 cm³	360
Motorleistung	221/300 kW/PS	265/360 kW/PS	235/320 kW/PS	309/420 k
bei Drehzahl	6800 U/min	7200 U/min	6800 U/min	6000
Drehmoment	350 Nm	370 Nm	370 Nm	56
bei Drehzahl	4600 U/min	5000 U/min	4250 U/min	2700 – 4600
Verdichtung	11,3:1	11,7:1	11,3:1	
Verbrauch (ECE-Norm)	11,8 Ltr. Super Plus	12,9 Ltr. Super Plus	11,3 Ltr. Super Plus	12,9 Ltr. Supe
Serienbereifung				
vorne	205/50 ZR 17	225/40 ZR 18	205/50 ZR 17 (225/40 ZR 18)	225/40
auf Felge	7J x 17	8J x 18	7J x 17 (8J x 18)	8
hinten	255/40 ZR 17	285/30 ZR 18	255/40 ZR 17 (295/30 ZR 18)	295/30
auf Felge	9J x 17	10J x 18	9J x 17 (11J x 18)	1
Länge	4430 mm	4430 mm	4430 mm (4435 mm)	443
Breite	1765 mm	1765 mm	1765 mm (1830 mm)	183
Radstand	2350 mm	2350 mm	2350 mm	235
Leergewicht	1320 kg	1350 kg	1430 kg (1495 kg)	1
Höchstgeschwindigkeit	280 km/h	302 km/h	285 km/h (280 km/h)	305
Beschleunigung	5,4 sec	4,8 sec	5,0 sec (5,1 sec)	4
Preise				
Coupé	136 790,– DM	179 500,– DM	74 356,– EUR (88 740,– EUR)	2002 = 126 208,
Cabriolet	155 160,– DM	–	84 332,– EUR (ab '03 = 99 792,– EUR)	ab 2003 = 138 652,
Targa	–	–	80 156,– EUR	

	GT2	GT3	911 40 Jahre	GT3RS	Turbo S
	2002 (2004)	2002	2003	2003	2004
	Coupé	Coupé	Coupé	Coupé	Coupé
	–	–	–	–	Cabriolet
	–	–	–	–	–
	3600 cm³	3600 cm³	3596 cm³	3600 cm³	3600 cm³
	0/462 (355/483) kW/PS	280/381 kW/PS	254/345 kW/PS	280/381 kW/PS	331/450 kW/PS
	5700 U/min	7400 U/min	6800 U/min	7400 U/min	5700 U/min
	620 (640) Nm	385 Nm	370 Nm	385 Nm	620 Nm
	3500 – 4500 U/min	5000 U/min	4800 U/min	5000 U/min	3500 – 4500 U/min
	9,4:1	11,7:1	11,3:1	11,7:1	9,4:1
	12,9 Ltr. Super Plus	12,9 Ltr. Super Plus	11,3 Ltr. Super Plus	12,9 Lt. Super Plus	12,9 Ltr. Super Plus
	235/40 ZR 18	235/40 ZR 18	225/40 ZR 18	235/40 ZR 18	225/40 ZR 18
	8,5J x 18	8,5J x 18	8J x 18	8,5J x 18	8J x 18
	315/30 ZR 18	295/30 ZR 18	285/30 ZR 18	295/30 ZR 18	295/30 ZR 18
	12J x 18	11J x 18	10J x 18	11J x 18	11J x 18
	4450 mm	4435 mm	4430 mm	4435 mm	4435 mm
	1830 mm	1770 mm	1770 mm	1770 mm	1830 mm
	2355 mm	2355 mm	2350 mm	2350 mm	2350 mm
	1420 kg	1380 kg	1370 kg	1376 kg	1590 kg
	315 (319) km/h	306 km/h	290 km/h	306 km/h	307 km/h
	4,1 (3,9) sec	4,5 sec	4,9 sec	4,3 sec	4,2 sec
	2004 = 184 674,– EUR	102 112,– EUR	95 616,– EUR	120 788,– EUR	142 248,– EUR
	–	–	–	–	152 224,– EUR
	–	–	–	–	–

Porsche 911 »Jubiläumsmodell 40 Jahre«, Baujahr 2004

Auferstehung – Die Legende lebt
2004 – heute: Feinarbeit mit Fingerspitzengefühl

Dass der Porsche 911 der Modellreihe 996 mit seiner konturlosen Form bei den alten Porsche-Kunden nicht auf besondere Gegenliebe gestoßen war, blieb auch den entscheidenden Stellen im Hause des Sportwagenherstellers nicht verborgen. Insbesondere die optische Nähe zum Boxster, die kantenlosen Karosseriekonturen mit dem unglücklichen Scheinwerferdesign und das zwar schöne, aber wenig funktionelle Armaturenbrett zählten zu den Kritikpunkten der 911-Anhänger. Aber Porsche hatte verstanden. Das Nachfolgemodell mit der internen Bezeichnung 997 sollte wieder ein richtiger Elfer nach dem Geschmack der alten Porsche-Kunden werden. Weg vom Einheitsdesign mit »Spiegeleierscheinwerfern« wie bei Boxster und Cayenne, zeigt der Neue wieder das klassische 911-Gesicht mit runden Scheinwerfern und dicken Backen. Die vorderen Kotflügel sind bauchiger geworden und haben in ihrem Verlauf etwas von den alten »Torpedorohren« früherer Elfer mitbekommen. Ihre Kontur erinnert an das Modell 993, das für viele 911-Enthusiasten als schönster und harmonischster Elfer schlechthin gilt. Zum Jahreswechsel 2003/2004 sind die Absatzzahlen des Dauerbrenners 911 sowie des Boxsters rückläufig. Einzig der Cayenne verkaufte sich den Vorstellungen des Hauses entsprechend. Das bewegte Porsche im Mai 2004

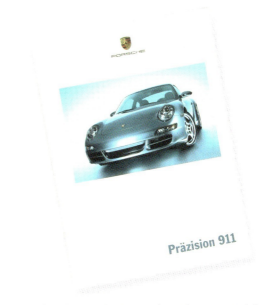

Der Prospekttitel verrät den Anspruch an das neue Modell.

dazu, die für September 2004 geplante Vorstellung des neuen Modells auf den 17. Juli 2004 vorzuziehen. Die Presse feierte diese Mitteilung mit großen Vorberichten und geizte nicht mit Vorschusslorbeeren.

Nach der Enttäuschung der Enthusiasten mit der Kennziffer 996 ist der neue Elfer für viele alte Porschefreunde zum Hoffnungsträger geworden. Nicht nur, dass er sich im Design an traditionelle Werte anlehnt, auch was die Motorleistung des Sportlers anbelagt, besann sich Porsche auf alte Rezepte. Das neue Modell sollte es deshalb wieder in zwei Leistungsstufen geben. Als Carrera

Der Cayenne lässt grüßen: Die Mittelkonsole im Raumfahrt-Look im neuen 997.

Klare Sache: Bügeltürgriffe statt unpraktischer Klapp-Betätigung.

Das neue Modell 997 erhielt wieder klassisch runde Hauptscheinwerfer.

2004 – heute
Feinarbeit mit Fingerspitzengefühl

leistet das 3596 ccm große wassergekühlte Sechszylinder-Basistriebwerk 325 PS bei 6800 U/min. Noch mehr bietet der Carrera S. Sein 3824 ccm-Triebwerk bringt es auf satte 355 PS bei 6600 U/min, was für eine Höchstgeschwindigkeit von 293 km/h gut ist. Die 100 km/h erreicht das S-Modell mit 4,8 Sekunden zwei Zehntel schneller als sein schwächerer Bruder. Damit rückt das Carrera-Modell endgültig in den Reigen der absoluten Top-Sportwagen auf. Beide Modelle verfügen serienmäßig über ein gegenüber dem Vorgängermodell stärker dimensioniertes Sechsgangschaltgetriebe.

Im Zuge des Modellwechsels kündigte Porsche an, dass die alten Modelle im 996-Gewand in den Versionen Cabriolet, Targa, die S-Modelle als Coupé und Cabriolet, der Turbo und Turbo S als Coupé wie als Cabriolet sowie die Sportversionen GT 3, GT3RS und GT 2 zunächst noch weitergebaut werden, als Mitte Juli 2004 das neue Carrera Coupé in den beiden Leistungsstufen in die Ausstellungsräume der Händler rollte. Ein dreiviertel Jahr später, im Frühjahr 2005, folgt zunächst das Cabriolet im Gewand des 997-Modells. Was die Elfer-Gemeinde dann noch erwartet, bleibt zumindest spannend wie lange nicht

Der Basis-Carrera verfügt jetzt serienmäßig über 18-Zoll-Räder, die mit Reifen der Dimensionen 235/40 ZR 18 vorne und 265/40 ZR 18 hinten bestückt sind. Die Auspuffanlage ist zweiflutig und besitzt längliche Endstücke.

mehr. Die Überarbeitung des neuen Modells hat dem Elfer mehr als gut getan. Das Karosseriedesign stößt im Kreise der Elfer-Freunde auf große Zustimmung. Besonders die bauchig ausgestellten Kotflügel und die klassisch wirkenden runden Scheinwerfer verfehlten ihre Wirkung bei der angesprochenen Zielgruppe nicht. Gerade das S-Modell mit seinen serienmäßigen 19-Zoll-Alufelgen im neuen Design, die mit Reifen der Dimension 235/35 vorne sowie 295/30 hinten ausgestattet sind, und den serienmäßigen runden Doppelauspuffendrohren hinterlässt einen bulligen Eindruck. Der Neue besitzt wieder

Die Einladungskarte zur Präsentation des neuen Elfers am 17. Juli 2004 war pfiffig gemacht. Beim Aufklappen des linken Deckels verschob sich das Zifferblatt mit der auf 9.11 Uhr eingestellten Zeit und gab den Blick auf einen sportlich dargestellten neuen Porsche 911 frei. Keine Frage, hier wurde gezielt Stimmung für das neue Modell gemacht, das in der traditionellen Zielgruppe seine Wirkung nicht verfehlen sollte. Dynamischer Auftritt, dicke Backen und mehr Leistung, das war es, was die Elfer-Fans schon immer begeisterte.

Der Carrera S verfügt serienmäßig über 19-Zoll-Räder mit Reifen in den Dimensionen 235/35 ZR 19 vorne und 295/30 ZR 19 hinten. Dieses Modell ist mit dem gegen Aufpreis lieferbaren einteiligen »SportDesign Rad« mit Rennsportoptik ausgestattet.

Die Zifferblätter der Armaturen des »S«-Modells sind weiß unterlegt, statt schwarz wie im normalen Carrera.

Die mittig auf dem Armaturenbrett platzierte Stoppuhr gehört zum optionalen »Chrono-Paket« und ist für beide Modelle lieferbar.

Das Interieur ist nicht mehr so verspielt wie das seines Vorgängers. Die Instrumente wurden voneinander getrennt und besitzen nun mehr Eigenständigkeit. Die neue Mittelkonsole und das Lenkrad versprühen etwas vom knorrigen, nüchternen Cayenne-Design. Dieses Exemplar ist mit Tiptronic ausgestattet, wie man am Wählhebel auf der Mittelkonsole und den Wipptasten im Lenkrad erkennt.

2004 – heute

Feinarbeit mit Fingerspitzengefühl

viele Dinge, die aus Sicht alter 911-Freunde einfach nicht zu verbessern sind. Neben den klassischen runden Scheinwerfern in nahezu gerade verlaufenden Kotflügeln, die zudem auch noch an den richtigen Stellen ausgestellt sind, verfügt der Neue auch wieder über richtige Bügeltürgriffe und nahezu runde Instrumente, die einem sehr vertraut vorkommen. Was ebenfalls bleibt, ist der bereits beim Modell 964 eingeführte ausfahrbare Heckspoiler, der beim neuen Modell 997 nur noch über vier statt bisher sieben Lamellen verfügt. Ebenso sollen 911-Piloten ihren Sportwagen noch immer über ein links neben der Lenksäule platziertes Zündschloß starten, was bei den Gusseisernen für Versöhnung mit dem wassergekühlten Modell sorgt. Auch wenn die Mittelkonsole etwas an den Geländewagen Cayenne erinnert und insbesondere mit Navigationssystem etwas unübersichtlich wirkt, hat auch das Interieur an Attraktivität gewonnen. Insgesamt darf dem neuen Elfer ein spürbar besserer Qualitätseindruck bescheinigt werden. Präzisere Spaltmaße und höherwertig wirkende Materialien im Innenraum machen den Sportwagenklassiker begehrenswerter denn je. Aber nicht nur die Optik ist es, die den Reiz des neuen Sportwagens ausmacht. Hat man in ihm erst einmal Platz genommen und dreht den Zündschlüssel um, dann ist es da, das Geräusch, das Generationen von Sportwagenfreunden auf der ganzen Welt betört. Das sonore Brabbeln mit dem giftigen Unterton beim Gasgeben macht einfach an. Das müssen auch die Gusseisernen zugeben, die sich beim Ableben des luftgekühlten 993-Modells noch schnell einen dieser Spezies in die Garage gestellt hatten. Aber wie fährt sich der neueste Abkömmling mit der traditionsreichen Geschichte? Zunächst ist zu bemerken, dass alles bestens passt – wie immer im Elfer! Die Materialanmutung und Haptik versprechen Qualität. Die Sitze bieten noch mehr Seitenhalt, ohne dabei Langstreckenkomfort vermissen zu lassen. Echtes, unverfälschtes Elfer-Feeling kommt auf, wenn die ersten Kilometer hinter einem liegen. Das Sechsganggetriebe lässt sich knackig schalten, und die Gänge passen im Anschluss perfekt. Selbst wer im schwächeren Basis-Carrera unterwegs ist, braucht sich

Die speziell für das S-Modell gestalteten 19-Zoll-Felgen muten sehr technisch an, sind aber auch für den Basis-Carrera lieferbar.

Nichts blieb unangetastet, selbst das Design des Zündschlüssels wurde durch die Designabteilung überarbeitet.

Die Mittelkonsole des neuen Modells wäre mit den vielen kleinen Schaltern bereits in den 1980er-Jahren wegen der Unübersichtlichkeit bei den Autotestern durchgefallen.

Die Anmutung des neuen 997-Modells hat sich gegenüber seinem Vorgänger stark verbessert. Die hintere Sitzanlage ist aber nach wie vor nur Kleinkindern auf Kurzstrecken zuzumuten.

Die Sitzlehnenverstellung erfolgt serienmäßig elektrisch, die Längs- und Höhenverstellung mechanisch, gegen Aufpreis lassen sich aber auch vollelektrische Sitze ordern.

Das Kofferraumvolumen des neuen Modells wurde um fünf Liter auf ein Volumen von 135 Litern vergrößert und lässt sich durch die Tiefe und Glattflächigkeit des Abteils gut beladen.

Erstmals hat man beim Elfer den Motorraum auch optisch durch die Kunststoffverkleidung mit dem Hubraumhinweis aufgepeppt.

Die Pedalerie wurde gegenüber dem 996-Modell um 15 Millimeter nach vorn versetzt, um dem Fahrer mehr Raum zu schaffen.

2004 – heute
Feinarbeit mit Fingerspitzengefühl

nicht zu beklagen. Der Sechszylinder dreht spontan hoch und gibt einem das Gefühl, stets noch etwas mehr Leistung parat zu haben, als man eigentlich benötigt, ganz dem alten Spruch von Ferry Porsche entsprechend: »Wenn du drauf trittst, dann muss er schießen!«

Ist man dem städtischen Verkehr entkommen und hat endlich den Weg auf die freie, kurvige Landstraße geschafft, dann ist der neue Elfer in seinem Element. Die leichtgängige Lenkung vermittelt dem Fahrer ein direktes Gefühl für die Straßenbeschaffenheit und lässt den Sportwagen wie auf Schienen seine Bahn ziehen. Der Elfer dieser Generation lässt alles hinter sich, was vor kurzem noch auf der Höhe der Zeit schien. Auch Puristen müssen zugeben, dass selbst ein 993 sich gegen dieses Modell wie ein Oldtimer fährt. Noch besser geht alles im S-Modell und auf freien Autobahnen. Spielerisch dreht der 3,8-Liter-Boxer von 1000 bis 7000 U/min hoch und hat noch immer das Quäntchen Reserve, um schneller als andere zu sein. Keine Frage, dieser Elfer macht wieder Laune wie eh und je. Es passt einfach alles bestens zusammen: das Design der Karosserie mit einem c_w-Wert, der je nach Modell bei 0,28 (Carrera) bzw. 0,29 (Carrera S) liegt, der faszinierende Boxermotor im Heck mit dem angeflanschten präzisen Sechsgangschaltgetriebe und ein Fahrwerk, von dem alte Elfer-Hasen nicht einmal zu träumen wagten. Beschleunigen, Schalten, Bremsen und Lenken macht Freude, auch wenn es einmal nicht im Eiltempo sein muss. Mit dem 997 lässt es sich auch beeindru-

Die Attraktivität des Elfers scheint ungebrochen. Schon der neue Basis-Carrera (links) mit seinem wassergekühlten 325 PS starken Sechszylinder-Boxermotor verspricht enorme Fahrfreude. Der Carrera S (rechts) mit seinen 355 PS kann alles noch etwas besser.

2004 – heute
Feinarbeit mit Fingerspitzengefühl

Der neue Porsche Carrera S ist gerade von hinten eine bullige Erscheinung. Die bauchigen Kotflügel beherbergen beim »S«-Modell serienmäßig neue 19-Zoll-Leichtmetallfelgen, die mit Reifen der Dimensionen 235/35 ZR 19 vorne sowie 295/30 ZR 19 hinten bestückt sind. Gegenüber dem Basis-Carrera verfügt das um 30 PS stärkere Modell über eine Auspuffanlage mit vier runden Endrohren. Der aerodynamisch optimierte Heckspoiler fährt nach wie vor zur Stabilisierung bei höheren Geschwindigkeiten aus und hat jetzt nur noch vier statt sieben Lüftungsschlitze, die etwas steiler positioniert sind. Der »S« besitzt serienmäßig ein elektronisch geregeltes Fahrwerk mit aktiver Dämpfung, das Porsche PASM (Porsche Active Suspension Management) nennt. In der Grundstellung ist es sportlich-komfortabel ausgelegt. Beim Drücken der Sport-Taste wird es deutlich straffer. Optional kann auch ein Sportfahrwerk bestellt werden, bei dem die Karosserie um 20 mm tiefer gelegt ist. Porsche verlangt für den Carrera S 85 176 Euro, etwa 10 000 Euro mehr als für die Basisversion.

Auch die Türöffner wurden für das 997-Modell neu gestaltet. Einerseits fügen sie sich harmonisch in die ebenfalls neue Türverkleidung ein, andererseits verfügen sie über die gewünschte Eigenständigkeit, die einen Elfer früher auszeichnete.

Das schöne und griffige 3-Speichen-Sportlenkrad in Leder mit dem stärker konturierten Lenkradkranz und der runden Prallplatte gibt es nur im S-Modell serienmäßig, im normalen Carrera mit Aufpreis.

ckend bummeln. Man gleitet dahin, genießt die schöne Landschaft mit dem gewundenen Straßenverlauf vor sich, den sonoren Klang des Sechszylinders im Rücken und erfreut sich an einem Stück Technik, wie es kaum ein zweites gibt.

Optimiertes Fahrwerk für hervorragendes Handling und hohe Fahrsicherheit

Großen Anteil an dem traumhaften Fahrverhalten hat das Porsche-Active-Suspension-Management-Fahrwerk (PASM) mit variabler Dämpferkennung, das im S-Modell zur Serienausstattung gehört und eine Tieferlegung des Fahrwerks um 10 mm beinhaltet. Per Tastendruck lässt es sich vom komfortablen Normalmodus auf den straffen Sportmodus umschalten. Dadurch wird der Elfer zum wahren Kurvenkünstler und das Fahren noch ein Stück präziser. Die exakte Lenkung, die vorzügliche Traktion und das gutmütige und berechenbare Fahrverhalten summieren sich zu einer sportlichen Fahrmaschine, wie man sie sich besser kaum wünschen kann. Entsprechend üppig hat Porsche dazu auch die Bremsanlagen dimensioniert. Die Bremsscheiben des Basis-Carrera verfügen an der Vorderachse über einen Durchmesser von 318 mm und an der Hinterachse über 299 Millimeter. Beim S-Modell sind es rundum sogar 330 mm mit zusätzlich verstärkten Bremssätteln. Dazu kommen beste Dosierbarkeit und Verzögerungswerte, die einem nicht nur ein sicheres Gefühl vermitteln, sondern auch zum Besten zählen, was man heute kaufen kann. Kurzum, der Neue ist ein Elfer reinsten Wassers und vermittelt wieder

Die Scheinwerferreinigungsanlage wurde wesentlich filigraner gestaltet.

Der Tankdeckel sitzt noch immer im Kotflügel, das Spiegeldesign ist vom Carrera GT.

Die Kommunikationszentrale im neuen Elfer ist in der Mittelkonsole untergebracht.

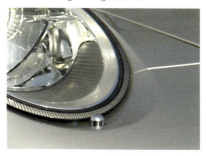

2004 – heute

Feinarbeit mit Fingerspitzengefühl

etwas von dem Gefühl, das die Gusseisernen noch beim Vorgängermodell verloren glaubten. Anscheinend hat Porsche verstanden, was gewünscht wird. Irgendwie vermittelt der 997 einen noch intensiveren Kontakt zur Straße, ohne dabei übertrieben hart zu wirken. Zusammen mit dem optionalen Sportgestühl hat der Fahrer das Gefühl, mit dem Auto verwachsen zu sein.

Wem das alles nicht genügt, dem bietet Porsche als Extra das Sport Chrono Paket Plus an. Es beinhaltet eine analoge und digitale Stoppuhr, die Sporttaste in der Mittelkonsole, eine Performance-Anzeige im Porsche Communication Management sowie individuelles Memory für Licht-, Wischer-, Klima- und Türverriegelungseinstellungen. Ob man solche Spielereien wirklich braucht, sei einmal dahingestellt – insbesondere, weil die mittig auf dem Armaturenbrett thronende Stoppuhr irgendwie ein Störfaktor ist. Überhaupt hat sich die werkseitige Zubehörliste extrem multipliziert. Es gibt kaum etwas, was es nicht gibt. Dass Porsche neben den Farbtönen aus der Farbkarte gegen entsprechende Bezahlung auch jeden anderen gewünschten Farbton lackiert, ist nicht neu. Solche Extras wie automatisch abblendende Innen- und Außenspiegel, integrierter Regensensor, innere Schwellerverkleidungen mit Lederbezug, diverse Interieur-Zusatzpakete zur individuellen Innenraumgestaltung oder die in die Dachkonsole integrierte HomeLink-Funktion zur frei programmierbaren Öffnung von drei Garagentoren suchte man noch vor wenigen Jahren vergeblich in der Aufpreisliste. Auch sollte man meinen, dass bei einem Sportwagen vom Schlage eines Porsche 911 eine Sportabgasan-

Lange vor seinem Erscheinen am 17. Juli 2004 fütterte die Fachpresse die Elfer-Fangemeinde mit Informationen und Computeranimationen des neuen Modells. Für viele 911-Jünger bedeutet das neue Modell ein Anknüpfen an alten Porsche-Traditionen. Endlich wieder runde Scheinwerfer mit darunter angeordneten Nebelscheinwerfern und Blinkern in einem Gehäuse sowie stärker ausgebildete Kotflügel.

Bei Porsche wurden schon immer individuelle Kundenwünsche erfüllt. Dieser 997 Carrera S wurde mit der optionalen Porsche Ceramic Composite Brake (PCCB) ausgestattet, die den Fahrzeugpreis um 7830 Euro nach oben treibt. Ferner ist es mit dem Aero Kit, bestehend aus Front- und Heckschürze sowie feststehendem, doppelflügeligem Heckspoiler ausgestattet, das die Anmutung der sportlichen Carrera-Modelle auf 997-Basis andeutet.

Die neuen Cabriolets Porsche 911 Carrera (links) und Porsche 911 Carrera S sehen ausgesprochen gut aus und dürften nicht nur die traditionelle Elfer-Klientel ansprechen. Runde Hauptscheinwerfer und die leicht taillierte Karosserie lassen klassische Stilelemente früherer Modelle aufleben und wirken trotzdem sehr eigenständig und harmonisch.

lage nicht für 1699,40 Euro oder eine Schaltwegverkürzung zur verbesserten Führung in der Schaltgasse für 556,80 Euro als Extra geordert werden muss. Anscheinend ist die Sportwagenwelt von heute anders als noch vor wenigen Jahren, als zu einem Sportwagen auch wirklich sportliche Accessoires gehörten. Dennoch ist es löblich, dass man seinen neuen Porsche ab Werk so individuell ausstatten kann, wie man es sich wünscht. Andere Hersteller bieten da oft erheblich weniger. Und wenn das Angebot in der offiziellen Preisliste nicht reicht, dann gibt es im Hause Porsche noch immer die Exclusive-Abteilung, wo nahezu jeder auch noch so ausgefallene Wunsch erfüllt werden kann.

Was diese Abteilung bis April 2005 nicht anbieten konnte, war ein offener Porsche 911. Dieser erscheint im April 2005 als 911 Carrera sowie als Carrera S, von der Frischluftgemeinde unter den 911-Fahrern sehnlich erwartet. Das Verdeck ist immer noch mit Stoff bezogen

2004 – heute

und öffnet sich innerhalb von nur 20 Sekunden. Dabei faltet es sich wie ein Klappmesser zusammen, wenn es sein muss auch während der Fahrt bis maximal 50 km/h. Damit das geschlossene Dach auch bei höherem Tempo nicht durch Aufblähen die schöne Cabriolet-Silhouette zerstört, verbirgt sich unter dem Stoff eine aufwändige, gegenüber dem Vorgängermodell verstärkte Magnesium-Konstruktion, die in geöffnetem Zustand völlig im geschlossenen Verdeckkasten verschwindet. Öffnen und Schließen erfolgen per Knopfdruck jetzt von der Mittelkonsole aus oder ferngesteuert per Funk bequem vom Platz im gegenüberliegenden Straßencafé über den Zündschlüssel. Alles geht natürlich vollautomatisch. Mit einem Klack löst sich der Verdeckhaken und leise surrend schiebt sich die Stoffhaut nach hinten, bis sie zusammengekauert unter der hinteren Verdeckklappe halb verschwindet. Dabei liegt der äußere Teil des Verdeckes oben auf und schützt so die gläserne, beheizbare Heckscheibe vor Kratzern. Die Porsche-Techniker haben sich wieder einmal inspirieren lassen und dem neuen Modell einige kleine, aber feine Details mit auf den Weg in die Produktion gegeben. Wer schon einmal nach einem Regenschauer in ein 911 Cabriolet eingestiegen ist, der weiß die neuen, als Regenrinne funktionierenden Leisten am Verdeck oberhalb der Türscheiben schnell zu schätzen. Das Wasser wird darin aufgefangen und durch Kanäle innerhalb der A-Säule abgeleitet.

Das Fahrwerk hat eine etwas sanftere Abstimmung als im Coupé und lädt so zum beschaulichen Fahren auf Landstraßen dritter Ordnung ein. Ansonsten kommt das Cabriolet ähnlich perfekt daher wie das Coupé. 85 Kilogramm mehr Gewicht bringt es durch diverse Versteifun-

Gerade mit geöffnetem Verdeck erscheint das neue Porsche 911 Carrera Cabriolet reizvoller als je zuvor.

2004 – heute
Feinarbeit mit Fingerspitzengefühl

Das Stoffverdeck mit der ausgeklügelten Mechanik bringt allein 42 Kilogramm auf die Waage und sitzt perfekt.

In 20 Sekunden öffnet sich das Cabrioverdeck per Knopfdruck vollautomatisch – bei Bedarf auch während der Fahrt bis 50 km/h.

gen der offenen Karosserie sowie durch verschiedene Sicherheitseinrichtungen auf die Waage. Gegenüber dem Modell 996 verfügt es beispielsweise über eine verstärkte A-Säule und eine um neun Prozent erhöhte Biege- und sechs Prozent erhöhte Torsionssteifigkeit. Das ist mitunter auch der Grund, warum das Cabriolet, selbst wenn man es über schlechteste Straßen bewegt, keine Knarz- und Knistergeräusche von sich gibt. Die Seitenscheiben lassen sich durch den Einsatz stabilerer Führungen jetzt auch bei höherem Tempo hochfahren, und über das bei schnellerer Fahrt sehr angenehme Windschott verfügen nun beide Cabriolet-Varianten serienmäßig. Einziger Wermutstropfen ist, dass das Hardtop jetzt nicht mehr zum Lieferumfang gehört und bei Bedarf für 3200 Euro extra geordert und bezahlt werden muss.

Wer mit dem neuen Carrera Cabriolet unterwegs ist, kann den heiseren Boxersound beim Beschleunigen noch intensiver genießen. Naturgemäß wirkt dieser im Cockpit des offenen Elfer noch kerniger und eindrucksvoller als im Coupé. Dabei beschleunigt das Cabriolet nur unwesentlich langsamer auf 100 km/h als die Coupé-Variante. Im normalen Carrera vergehen gerade einmal 5,2 Sekunden, das S-Modell schafft es mit 4,9 Sekunden noch einen Wimpernschlag schneller.

Das Interieur des neuen Modells macht einen hochwertigen Eindruck. Materialanmutung und Haptik entsprechen den gehobenen Erwartungen der Kunden. Der Fahrersitz wurde im 997-Modell gegenüber seinem Vorgänger um 10 Millimeter abgesenkt und die Pedalerie um 15 Millimeter nach vorn versetzt, um so auch größeren Fahrern mehr Platz zu bieten.

Die allradgetriebenen Porsche 911 der Modellreihe 997 in den Versionen 4 (hinten) und 4S hatten hinten jeweils um 22 Millimeter verbreiterte Kotflügel und traten dadurch optisch bulliger auf als ihre ausschließlich heckangetriebenen Brüder.

Was früher sonnenklar erschien, hat sich heute völlig verändert, so wie die Kundschaft des Hauses Porsche auch. Fast 40 Prozent der Käufer fahren ihren Elfer am liebsten offen, möchten aber auf Leistung, Komfort, Sicherheit und Exklusivität nicht verzichten. So wurde Zug um Zug auch die kleinste Lücke in der neuen 911-Modellreihe geschlossen. Nach der Einführung des Cabriolets folgten im Oktober 2005 die allradgetriebenen Varianten Carrera 4 und Carrera 4S. Das hatte seit der Einführung des Modells 964 im Jahre 1988 bereits Tradition, und viele Kunden schätzten das Plus an Sicherheit, gerade auf problematischem Untergrund. Wer sich für die Allrad-Varianten entschied, bekam aber nicht nur diesen und den bekannten Carrera-Schriftzug auf dem Heckdeckel, der um die Zahl 4 erweitert wurde. Porsche machte Appetit auf das neue Modell, indem man es hinten mit um jeweils 22 Millimeter verbreiterten Kotflügeln versah, was ihn wesentlich stattlicher als seine heckangetriebenen Brüder daherkommen ließ. Der dadurch gewonnene Platz in den Radkästen wurde mit breiteren Felgen bei geringerer Einpresstiefe ausgefüllt. Beim Carrera 4 waren es 18-Zoll-Räder, bei der stärkeren 4S-Version sogar 19-Zöller. Mit den breiteren Felgen wuchsen auch die Reifengrößen, die jetzt das Format 295/35 ZR 18 beziehungsweise 305/30 ZR 19 aufwiesen.

Technisch präsentierte sich der Vierer in bewährter Form. Bei ihm ging es mehr um die Optimierung der Fahrdynamik als um die Verbesserung der Traktion, gerade unter winterlichen Bedingungen. Die Porsche-Techniker hatten das System mit der Visco-Kupplung nach wie vor so ausgelegt, dass es auf Drehzahlunterschiede zwischen den Achsen reagierte, der Schwerpunkt aber immer auf dem Hinterradantrieb lag, wie es sich für den Elfer gehörte. So gelangt bei gleichmäßiger Geradeausfahrt nur fünf Prozent der Antriebskraft an die Vorderräder, was sich positiv auf den Geradeauslauf auswirken soll. Erhöht sich der Schlupffaktor an der Hinterachse, steigt die Antriebskraft vorne auf bis zu 40 Prozent. Von alledem spürt der Fahrer kaum etwas, solange die Straße trocken ist und der Fahrer verhalten mit dem Gaspedal umgeht. Bei nasser Piste oder abruptem Beschleunigen spielt der Carrera 4 seine Vorteile voll aus, indem er die Leistung

Das Porsche 911 Carrera 4S Cabriolet ist eine gelungene Erscheinung und macht gerade von hinten durch die mächtigen, besonders üppig und rund geformten Kotflügel eine gute Figur gegenüber den Basismodellen.

des Boxermotors viel besser in Vortrieb umwandelt als seine ausschließlich heckangetriebenen Artgenossen. Gerade beim Ausnutzen der Leistung vermittelt er dem Fahrer das Gefühl, als kralle er sich sprichwörtlich in den Asphalt und macht damit Querbeschleunigungen möglich, die von normal Sterblichen kaum für möglich gehalten werden. Der schon bestens liegende Basis-Elfer wird vom Carrera 4 und 4S in seinem Fahrverhalten nochmals übertroffen. Dazu trägt insbesondere auch die sehr exakte und gefühlvolle Lenkung bei, die dem Fahrer ein exzellentes Gefühl für die Beschaffenheit der Straße vermittelt.

Die Motoren wurden unverändert aus den normalen Carrera-Modellen übernommen. Ihre spontane Reaktion auf Gaspedalbewegungen und ihr ganz spezifischer Sound vermitteln dem Fahrer das unverwechselbare Elfer-Gefühl. Dabei ist ihr Lauf so seidenweich und dank der Boxerbauweise so vibrationsarm, dass man glauben könnte, in einer komfortablen Limousine unterwegs zu sein.

Natürlich haben die Vierer mehr Gewicht an Bord als die normalen Elfer. Porsche beziffert dieses mit 50 Kilogramm. Das macht sich auch bei den Werten für Beschleunigung, Höchstgeschwindigkeit und Verbrauch bemerkbar. Im Vergleich zum Basis-Elfer büßen die Allradmodelle in der Höchstgeschwindigkeit etwa fünf km/h ein. Der Verbrauch steigt mit 0,3 Litern auf 100 km nur geringfügig. Dafür hat man den Tank bei den Allradmodellen um drei auf 67 Liter Inhalt vergrößert. Die Basis-Elfer verfügen weiterhin über einen 64 Liter großen Tank.

Die Bremsanlage hat man überarbeitet und weiterentwickelt. Ein sogenannter Tandem-Bremskraftverstärker reduziert jetzt die erforderliche Pedalkraft. Darüber hinaus kommt eine neue Bremsassistenz-Funktion zum Einsatz, die innerhalb der Stabilitäts-Elektronik PSM serienmäßig an Bord ist. Wird schnell der Fuß vom Gaspedal genommen, sorgt diese Funktion dafür, dass vorsorglich Druck im Hydraulik-System aufgebaut wird. Dadurch legen sich die

2004 – heute
Feinarbeit mit Fingerspitzengefühl

Beläge an die Scheiben an. So wird die Ansprechzeit um bis zu 80 Millisekunden reduziert und hilft den Bremsweg zu verkürzen. Darüber hinaus kann das System selbsttätig mehr Druck aufbauen, wenn der Fahrer schnell, aber mit zu wenig Kraft auf die Bremse tritt, und hilft so alle vier Räder in den Regelbereich des Antiblockiersystems zu bringen.

Nachdem der Allradantrieb zunächst für die Coupé-Versionen angeboten wurde, folgte Schlag auf Schlag in kurzer Folge das Cabriolet mit den beiden bekannten Motorvarianten mit 325 PS im Carrera 4 und 355 PS im Carrera 4S. Damit war das Offenfahren im Elfer nochmals um eine Attraktion erweitert worden. Allerdings hatte dieses auch seinen Preis. Bei seiner Einführung Mitte des Jahres 2005 kostete die S-Version des 911 Cabriolets mit Allradantrieb immerhin 103 073,– Euro.

Anfang 2006 betrat dann ein 911 ganz anderer Art die Bühne und richtete sich ganz eindeutig an die Gusseiserner unter den Fans des klassischen Porsche: der GT3. Mit seiner für derzeitige Verhältnisse völlig ungewöhnlichen strahlend weißen Lackierung stach er förmlich aus dem dunkelfarbigen Einerlei der Automode heraus und erinnerte damit ganz klar an die Präsentation seines Ur-Urenkels im Jahre 1972. Der Carrera RS 2.7 legte damals den Grundstein für alle besonders sportlichen Versionen der 911-Baureihe. Diese setzte der Neue ganz konsequent

Als »Die reine Lehre« präsentierte Porsche den Sportler unter den Elfern in Anzeigen und aufwändigen Prospekten: den GT3.

Besonders bullig erscheint der GT3 durch die Kühllufteinlässe an der Front, das um 30 Millimeter tiefergelegte Sportfahrwerk und die speziellen Michelin-Sportreifen in den Dimensionen 235/35 ZR 19 und 305/30 ZR 19 auf 8,5 J x 19 und 12 J x 19-Felgen.

fort, das wurde auf den ersten Blick klar: ein großer, doppelflügeliger und einstellbarer Heckspoiler, das um 30 Millimeter gegenüber dem Basis-Elfer tiefergelegte Fahrwerk und die kiemenartigen Be- und Entlüftungsschlitze in der Karosserie sowie die zentral, mittig unterm Fahrzeugheck mündenden, annähernd faustgroßen Auspuffendrohre und eine Tachometerskala, die erst mit der Markierung 350 km/h endet. Allein diese Äußerlichkeiten weisen darauf hin, dass dieser weiße Renner ein ganz besonderer Elfer sein muss. Geht man ins Detail, so stellt man fest, dass hier keine halben Sachen gemacht wurden. Der GT3 steht auf einteiligen, besonders leichten und hochfesten Rädern, die den Einsatz größerer Bremsen mit einem Durchmesser von 350 Millimetern erlauben. Die vom Carrera 4S stammende Karosserie wurde mit Türen und einer Kofferraumhaube aus Aluminium versehen,

Der GT3 verfügt über titanfarbene Instrumente und gelbe Zeiger im gewohnten Design. Der Tacho endet bei 350 km/h.

Das Lenkrad des GT3 ist serienmäßig mit Alcantara überzogen und manuell längs- und höhenverstellbar.

2004 – heute

und dort, wo im Allrad-Elfer das Vorderachs-Differenzial platziert ist, hat der GT3 einen auf 90 Liter vergrößerten Tank zu bieten. Was aber wirklich zählt bei diesem Elfer, befindet sich im Heck. Der gegenüber seinem Vorgänger im Hubraum gleich gebliebene Boxermotor dreht hier noch bereitwilliger bis zur Drehzahlgrenze von 8400 U/min hoch. 415 PS und 405 Newtonmeter wirken jetzt auf die Hinterräder und werden bei Bedarf, falls einmal mehr Schlupf als nötig entstehen sollte, durch eine manuell abschaltbare Traktionskontrolle gebremst.

Dass dieser nur 1395 Kilogramm wiegende Sport-Elfer nur etwas für kundige Hände ist, bedarf keiner Erklärung. Aber diejenigen, die sich diesen Renner leisten können, sind schon allein wegen seines Einstandspreises beim Erscheinen von 108 083 Euro gezählt. Dass sich dieser Preis durch einige Zutaten ganz schnell um einige Tausender noch oben schrauben lässt, macht der Blick in die aktuelle Zubehörliste klar. So schlagen Leichtbauschalensitze aus kohlefaserverstärktem Kunststoff mit 4700,50 Euro zu Buche, die für den Sportbetrieb sinnvolle Keramik-Bremse namens »Porsche Ceramic Composite Brake« mit 8710,80 Euro und vier Radnabenabdeckungen mit farbigem Porsche-Wappen mit 160,65 Euro. Aber wer braucht diese bei einem solchen Auto, wo doch nur wirklich zählt, was der heiser röchelnde Boxer im Heck von sich gibt?

Der neue Turbo – die sechste Generation

Wem der sportliche GT3 zu spartanisch geriet, trotzdem aber auf höchste Leistung nicht verzichten wollte, dem kam der neue Turbo im Frühjahr 2006 mit seinen 480 PS gerade recht. Die unglaublichen Geschichten der ersten Turbo-Fahrer gehören mit dem Modell im Gewand des 997 endgültig der Vergangenheit an. Vorbei ist das atemberaubende Erlebnis des mit einer solchen Vehemenz einsetzenden Turboschubes über einen extrem kurzen Drehzahlbereich, dass einem Hören und Sehen zu vergehen drohte. Das soll nicht heißen, dass die sechste Version des Porsche 911 Turbo zu einem Langeweiler mutiert ist. Ganz im Gegenteil, die atemberaubende Leistung ist nun nahezu in allen Drehzahlbereichen spürbar, gleichmäßig ohne Turboloch und durch den serienmäßigen Allradantrieb wesentlich leichter zu beherrschen, als

Der Turbo verfügt über ein eigenständiges Frontdesign mit geänderten Blinkern, Nebelleuchten und Kühllufteinlässen.

Das bullig wirkende Heck des Tubro mit noch immer dominantem, ausfahrbarem Heckspoiler und markanten Kühlluftöffnungen.

Der Turbo der sechsten Generation (vorne) erschien in seinem optischen Auftritt noch weit bulliger als seine Vorgänger. Die technisch anmutenden Fünfstern-Dreifachspeichen-19-Zoll-Felgen waren exklusiv dem Turbo vorbehalten.

es früher der Fall war, als die Kraft nur über die Hinterräder auf die Straße gebracht werden musste. Dafür zeichnet neben dem Allradantrieb die allgegenwärtige Elektronik verantwortlich. Unter normalen Fahrbedingungen liegt die Hauptantriebskraft an den Hinterrädern. Erst wenn die ESP-Sensoren hier drohenden Schlupf melden, verändert sich die Kraftverteilung mittels der elektromagnetisch aktivierten Mitten-Lamellenkupplung. Innerhalb von Millisekunden regelt diese die Kraftverteilung so, dass ein großer Teil der Leistung auf die Vorderräder wirkt. So vorbereitet lassen sich mit dem neuen Turbo selbst extreme Kurven in hoher Geschwindigkeit mit souveräner Gelassenheit nehmen. Trotz allem ist er nicht das kompromisslose, ungestüme und wilde Tier. Diesen Part überlässt er gerne

dem GT3. Wer sich für den Turbo entscheidet, sucht nicht das letzte Quäntchen an Zehntelsekunden für die Rennstrecke, sondern den sportlichen, schnellen, exklusiven und überlegenen Reisewagen innerhalb der 911-Familie. Er verzichtet auf Effekthascherei und lautes Gebrüll und wirkt im Vergleich zu seinen noch sportlicheren Artgenossen schon fast zahm. Er ist eben erwachsen geworden.

Wer innerhalb der Elfer-Baureihe Exklusivität statt übertriebener Sportlichkeit suchte und offen fahren wollte, orderte nicht selten die Targa-Version. Seit dem Modell 993 hatte der klassische Targa-Bügel ausgedient und das große, unter der Heckscheibe verschwindende Glasdach Einzug gehalten. Nach diesem Konzept stellt Porsche Mitte 2006 den Targa der Modellreihe 997 vor,

Die zu öffnende Heckscheibe besaß exklusiv das Targa-Modell.

Elektrisch betätigtes Rollo gegen Lichteinfall durch das Targa-Dach.

Der GT3RS verfügte über einen vergrößerten Heckspoiler.

Das 911 Turbo Cabriolet komplettiert die 997-Baureihe.

der nun ausschließlich mit Allradantrieb zu haben war. Wie bei seinem Vorgänger, ließ sich die Heckscheibe separat öffnen und erleichterte so das Beladen der umgelegten Rücksitze. Erstmalig konnten Interessenten den Targa mit den bekannten zwei Motorisierungen mit 325 PS als Targa 4 zum Preis von 91 843 Euro oder mit 355 PS als Targa 4S für 102 167 Euro ordern.

Optisch fiel der Neue aus dem Rahmen: Als einzigen 911 zierten ihn silberglänzende Aluminium-Zierleisten entlang der Dachholme, und er geriet damit zum echten Hingucker. Das Glasdach ließ auch im geschlossenen Zustand bei offenem, elektrisch zu bedienendem Rollo viel Licht in den Innenraum. Gleiches galt natürlich, wenn man das Dach mittels eines Schalters auf der Mittelkonsole öffnete und so die Fahrt offen genießen wollte. Durch die solide Karosseriekonstruktion waren keine Knarr- oder Klappergeräusche zu vernehmen. Zusammen mit dem Allradantrieb zeichnet sie aber auch dafür verantwortlich, dass der Targa um 115 Kilogramm schwerer geriet als das Basismodell.

Auch besonders exklusiv, aber ganz anderer Natur war der Elfer, der zuletzt der nach Leistung lechzenden Kundschaft vorgestellt wurde. Der GT3 RS baute auf dem sportlich getrimmten, leichten und leistungsmäßig gleichstarken GT3 auf. Insgesamt geriet er um 20 Kilogramm leichter, was seine Kundschaft mit einem Mehrpreis von immerhin 22 134,05 Euro zu bezahlen hatte. Dafür wurde konsequenter Leichtbau geboten: eine Heckscheibe aus Kunststoff, spezielle Sportsitze und ein gegenüber dem GT3 vergrößerter Heckflügel aus kohlefaserverstärktem Kunststoff. Wer noch weniger Gewicht wünschte, konnte ohne Aufpreis auf die serienmäßige Klimaanlage verzichten. Die 34 Millimeter breitere Hinterachsspur verschwand unter abermals verbreiterten Kotflügeln. Zur Serienausstattung gehörte das Clubsportpaket mit einem Überrollbügel hinten in geschraubter Ausführung, einem vorgerüsteten Batteriehauptschalter und beigelegtem roten 6-Punkt-Gurt für die Fahrerseite sowie einem Feuerlöscher. Die gegenüber dem normalen GT3 verkleinerte Aufpreisliste hielt noch einige Zutaten bereit. Insbesondere die leistungsfähige Keramik-Bremsanlage verteuerte den Kaufpreis von 133 012,25 Euro um 8710,80 Euro.

Als vorerst letztes Elfer-Modell komplettiert das Porsche 911 Turbo Cabriolet ab 8. September 2007 die 997-Baureihe in Deutschland. Dabei ist es bis zur Gürtellinie mit der Coupé-Variante identisch. Allerdings ist es durch verschiedene Karosserieversteifungen, wie etwa die im Frontscheibenrahmen integrierten Stahlrohre und den automatisch ausfahrbaren Überrollschutz, 70 Kilogramm schwerer. Der Motor leistet wie im Coupé 480 PS, womit der offene Über-Elfer bei der Beschleunigung von Null auf 100 km/h mit vier Sekunden eine Zehntelsekunde langsamer ist als die geschlossene Version. Die Höchstgeschwindigkeit wird für das Cabriolet, dessen dreilagiges Stoffverdeck sich in rund 20 Sekunden öffnet, mit 310 km/h angegeben.

Die technischen Daten 2004 – heute

Modell	911 Carrera (4)	911 Carrera S (4S)
Baujahr	2007	2007
Karosserieform	Coupé	Coupé
	ab 4/2005 Cabriolet	ab 4/2005 Cabriolet
	Targa	Targa
Hubraum	3596 cm³	3824 cm³
Motorleistung	239/325 kW/PS	261/355 kW/PS
bei Drehzahl	6800 U/min	6600 U/min
Drehmoment	370 Nm	400 Nm
bei Drehzahl	4250 U/min	4600 U/min
Verdichtung	11,3:1	11,8:1
Verbrauch (ECE-Norm)	11,0 Ltr. Super Plus	11,5 Ltr. Super Plus
Serienbereifung		
vorne	235/40 ZR 18	235/35 ZR 19
auf Felge	8J x 18	8J x 19
hinten	265/40 ZR 18 (295/35 ZR 18)	295/30 ZR 19
auf Felge	10J x 18 (11J x 18)	11J x 19
Länge	4427 mm	4427 mm
Breite	1808 mm	1808 mm
Radstand	2350 mm	2350 mm
Leergewicht	1395 kg	1420 kg
Höchstgeschwindigkeit	285 km/h	293 km/h
Beschleunigung	5,0 sec	4,8 sec
Preise		
Coupé	79 938,25 EUR	90 529,25 EUR
Coupé 4	86 126,25 EUR	96 717,25 EUR
Cabriolet	90 529,25 EUR	101 120,25 EUR
Cabriolet 4	96 717,25 EUR	107 308,25 EUR
Targa 4	94 218,25 EUR	104 809,25 EUR

Turbo	GT3	GT3 RS
2007	2007	2007
Coupé	Coupé	Coupé
–	–	–
–	–	–
3600 cm³	3600 cm³	3600 cm³
353/480 PS	305/415 PS	305/415 PS
6000 U/min	7600 U/min	7600 U/min
620 Nm	405 Nm	405 Nm
1950 – 5000 U/min	5500 U/min	5500 U/min
9,0:1	12,0:1	12,0:1
12,8 Ltr. Super Plus	12,8 Ltr. Super Plus	12,8 Ltr. Super Plus
235/35 ZR 19	235/35 ZR 19	235/35 ZR 19
8,5J x 19	8,5J x 19	8,5J x19
305/30 ZR 19	305/30 ZR 19	305/30 ZR 19
11J x 19	12J x 19	12J x 19
4450 mm	4445 mm	4460 mm
1852 mm	1808 mm	1852 mm
2350 mm	2355 mm	2360 mm
1585 kg	1395 kg	1375 kg
310 km/h	310 km/h	310 km/h
3,9 sec	4,3 sec	4,2 sec
–	110 878,25 EUR	133 012,25 EUR
137 058,25 EUR	–	–
–	–	–
150 900,00 EUR	–	–
–	–	–

Porsche 911 Carrera S, Baujahr 2004, mit optionalem 19-Zoll-Sport-Design-Rad.

Suchtfaktor 911

Mit dem Elfer unterwegs

Es ist noch früh an diesem Frühlingsmorgen, und die Nachbarschaft liegt noch verschlafen mit ihren Sonntagmorgenträumen in den Betten. Die ersten Sonnenstrahlen blinzeln durch die Baumwipfel am Horizont. Buchfinken und Rotkehlchen zwitschern unterhaltsam am Bachlauf im Garten und der Kaffee auf dem Frühstückstisch verströmt sein duftendes Aroma. Schön ist es und so friedlich. Eben ein Bilderbuchsonntagmorgen, wie er nicht alle Tage zu erleben ist. Frühlingsgefühle – und der Gedanke an den guten alten Kumpel, der in der Garage wohnt, kommen auf. Warum nicht? Gegen eine kleine Sonntagmorgentour bei strahlend blauem Himmel ist schließlich nichts einzuwenden – im Gegenteil!

Durch das halb geöffnete Garagentor werfen die Sonnenstrahlen lange Schatten auf die blank polierte Karosse des kompakten Sportlers. Kraftvoll und geduckt steht er da mit seinem runden Hinterteil und scheint geradezu darauf zu warten, dass der Schlüssel mit der integrierten, kleinen Leuchte ratschend ins Schloss gesteckt wird. Kurz und knackig springt mit einem Dreh nach links der Verriegelungsstift auf der Fensterschachtleiste in die Höhe. Der auch nach fast 20 Jahren noch wie neu wirkende Innenraum mit dem klassischen Nadelstreifenvelours lädt ein, doch endlich einzusteigen. Nichts lieber als das, und mit gekonntem Hüftschwung nimmt man Platz in dem wie angegossen passenden Gestühl, das einem vorkommt, als wäre es ausschließlich für einen höchstpersönlich gemacht.

Wie von selbst fällt die rechte Hand auf den Knauf des leicht gekrümmten, knorrigen Schalthebels, der immer etwas störrisch wirkt, um ihn mit Nachdruck in die Leerlaufebene für den Rückwärtsgang nach hinten rechts zu ziehen. Gut gelaunt, der Alte heute, scheinbar freut auch er sich auf die bevorstehende Frischlufttour – oder warum funktioniert das heute so problemlos?

Ohne zu suchen findet die linke Hand den Weg um das Lenkrad herum ins Zündschloss im Armaturenbrett. Kaum ist der Dreh nach rechts vollendet, erwacht der Sechszylinderboxer röchelnd und bellend zum Leben. Ein vorsichtiger Gasstoß und der Motor läuft sauber und rund. Der linke Fuß tritt das stehende Kupplungspedal mit viel Kraft durch bis aufs Bodenblech, und ein beherzter Griff drückt den Schalthebel nach hinten rechts in die Rückwärtsgangebene. Mit einem lauten Klacken quittiert das Getriebe das Einrasten des Ganges. Jetzt heißt es Achtung, denn das Anfahren erfordert auch nach 20 Jahren noch immer volle Konzentration, wenn man die Fuhre nicht gleich wieder abwürgen möchte. Der Elfer setzt sich rückwärts in Bewegung und man glaubt förmlich das Drehen der einzelnen Zahnräder zu spüren. Das für heutige

Luftgekühlte Elfer unter sich.

Gibt es einen besseren Arbeitsplatz?

Traumpaar auf altem Pflaster.

Spaß am Fahren bietet jeder Elfer, aber insbesondere die frühen luftgekühlten Modelle lassen die Herzen der 911-Freunde höher schlagen. Hier hintereinander: Porsche 911 T (1970), Porsche 911 Carrera 3,2 (1985) und Porsche 911 Carrera Typ 993 (1994).

Verhältnisse dünne Dreispeichen-Lederlenkrad verrichtet seinen Dienst noch ohne Servounterstützung und ist dementsprechend fest zu halten. Aber es liegt vorzüglich in der Hand und vermittelt besten Kontakt zur Straße. Beim Herunterfahren vom Bordstein ist festes Zupacken angesagt, wenn einem das Volant nicht aus den Händen gleiten soll. Dass der Elfer nichts für zarte Naturen ist, dürfte spätestens hier klar werden.

Alles geht noch etwas schwer, schließlich wollen mehr als 13 Liter feinstes Motorenöl erst einmal wohl temperiert werden. Der Sechszylinder im Heck frohlockt und freut sich auf den Auslauf, so kreischt und brüllt er los beim Niedertreten des Gaspedals. Das Getriebe macht Geräusche, als hätte bei der Montage jemand eine Dose voller alter Schrauben darin vergessen, so rasseln die Zahnräder aneinander, um im nächsten Augenblick bei schnellerer Fahrt in ein grollendes Brummen überzugehen. Mit jedem Kilometer, die sich der maßgeschneiderte, kleine Sportler vom engen Straßengewirr der Großstadt entfernt, scheint er sich wohler zu fühlen. Je weitläufiger die Land-

Suchtfaktor 911
Mit dem Elfer unterwegs

straßen und je kurvenreicher die Strecke, desto mehr ist der Elfer in seinem Element. Enge Kurven lassen sich fein umzirkeln, und wenn es etwas zügiger vorangehen und der Spaßfaktor multipliziert werden soll, kann auch schon einmal das Gaspedal zu Hilfe genommen werden, um auch das Hinterteil zum Steuern einzusetzen – vorausgesetzt, man hat den rechten Fuß unter Kontrolle und weiß, worauf man sich hierbei mit dem Elfer einlässt. Es geht voran und scheint, als katapultiere sich der Elfer jeder Kurve entgegen. Der Boxer im Heck heult sein Lied und animiert den Fahrer stets noch einen Gang zuzulegen. Dabei hat er alle Hände voll zu tun und darf an den Hecktriebler keine Sekunde der Unaufmerksamkeit verlieren. Zurück in den Zweiten und mit Schwung in die ansteigende Links-rechts-Kombination. Die Hand stets am Schaltknüppel und die Ohren lauschen fasziniert dem Sound des Sechszylinders. Etwas sägen am Lenkrad und voll ausbeschleunigen, sodass das Heck in die Knie sackt, und ab geht die Post. Beim Schalten vom zweiten in den dritten Gang glaubt man, die Trompeten von Jericho blasen zu hören und am eigenen Leib zu spüren, wie es sein muss, als Münchhausen den Ritt auf der Kanonenkugel mit links zu erledigen. Auch wenn die Traditionalis-

Porsche 911 Carrera, 1985

ten unter den Elfer-Piloten die späten Exemplare des luftgekühlten 911 als lammfrommen und wohlerzogenen Softie belächeln, manche ihn gar verspotten, so gibt er sich hier doch kernig und aus jenem Schrot und Korn, das man bei der wassergekühlten Fraktion schon längst

Schönes Pärchen: Gerade die 3,2-Liter-Carrera-Modelle vermitteln unverfälschten Fahrspaß.

Suchtfaktor 911
Mit dem Elfer unterwegs

nicht mehr findet. Mit seiner Direktheit, der auf kleinste Unebenheiten reagierenden, etwas stößigen Lenkung und dem zupackenden Biss des luftgekühlten Sechszylinders im Heck weckt er die rebellische Jugend im Fahrer und lässt alle Gedanken an Katalysatoren, Antiblockier- und Sicherheitssysteme, an Airbags, EPS und vieles andere mehr blitzschnell vergessen. Seine Sensoren sitzen im verlängerten Rücken des Fahrers, der sich bewusst ist, dass Sicherheit in erster Linie vom eigenen Kopf und nicht von Mikroprozessoren gesteuert wird. Keine Frage, diesen Elfer mag nur der, der das Fahren als Passion und nicht als Mittel zum Zweck empfindet. Und man mag ihn seit Generationen. Schon unsere Väter hatten ihren Spaß mit ihm und wir im jugendlichen Alter waren froh, damals im Autoquartett die Karte mit dem Trumpf Porsche 911 in der Hand zu halten.

Hinter der nächsten Biegung erfordert die Kraftmaschine wieder volle Aufmerksamkeit, denn es heißt in den Anker zu gehen. Ein fester Tritt auf die Bremse und der Elfer verzögert genauso atemberaubend und sicher, wie er in Schwung kommt. Dabei das Lenkrad fest im Griff und schon geht es weiter, der nächsten Serpentine entgegen. Das ist Elfer-Fahren pur, ohne synthetische Verwässerung des Ursprünglichen. Ach, wie bedauernswert sind jene, die der Versuchung des Neuen nicht widerstehen können. In den Genuss der feuchten Hände, die ein sportlich-zügig auf Landstraßen bewegter luftgekühlter Elfer ganz gratis bereitstellt, kommen Piloten in wasser-

Porsche 911 L Coupé (1968) mit kurzem Radstand.

Suchtfaktor 911

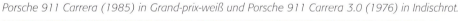

gekühlten, vollsynthetischen Pseudosportlern nie. Auch die bei Tempo 230 km/h ganz automatisch hervortretenden Schweißtropfen auf der Stirn des Fahrers bleiben jenen verwehrt, die das spoilerlose Original verschmähen.

Porsche hat es verstanden, diese Ikone über Jahrzehnte zu einem Diamanten unter den Sportwagen zu entwickeln. Frei von irgendwelchen Starallüren und Zipperlein hier und dort. Wer mit dem Elfer unterwegs ist, fühlt sich irgendwie zu Hause. Ganz natürlich ist auch der manchmal verspürte Drang nach etwas anderem, Aufreizenderem Ausschau zu halten, um letztendlich doch wieder zufrieden in der heimischen Garage zu landen, um dem Elfer liebevoll übers runde Hinterteil zu streicheln. Was ist denn schon ein Traumauto, an dem in der feuchten Jahreszeit die Heckleuchten nicht unter Wasser stehen und kein einziges der klassischen Rundinstrumente beschlägt? Was sind denn das für Automobile, an denen immer alles wie vorprogrammiert funktioniert und alle Schalter dort sind, wo Otto Normalverbraucher sie erwartet? Wo kein metallisches Tickern beim Abstellen des warmgefahrenen luftgekühlten Boxermotors erklingt! Wer den Bazillus 911 einmal in sich aufgesogen hat, kommt so schnell nicht wieder von ihm los, auch wenn manche Alternativen auf den ersten Blick noch so reizvoll erscheinen mögen.

Porsche 911 Carrera (1985) in Grand-prix-weiß und Porsche 911 Carrera 3.0 (1976) in Indischrot.

Danksagung

Dank sei an dieser Stelle allen gesagt, die mich bei der Erstellung dieses Buches unterstützt haben.

An Wolfgang F. Heimeshoff, Ulrich E. Trispel, Karl Zimmermann (†) und die Porsche AG, die bereitwillig ihr Wissen und ihre Archive zur Verfügung stellten.

An die Porsche 911- und 912-Besitzer, die ihre Fahrzeuge für die Fotoaufnahmen zu diesem Buch zur Verfügung stellten: Seppl Althoff, Peter Bongartz, Hans-Günter Breitmoser, Ralf Dickhoff, Bernd Fischer, Robert Gebauer, Wolfgang F. Heimeshoff, René Hoogendoorn, Leo Janknecht, Roger Kempf, Stefan Knümann, Ludger Konopka, Rainer Kugel, Manfred Leuner, Ingo Mehrwald, Jochen Pelzer, Franz Rischka, Michael Rüngeler, Franz Jürgen Schmitz, Arthur Strefling, Hans Tervooren, Ulrich E. Trispel und Michael Zajec.

Bei der Erstellung dieses Buches war man bemüht, möglichst originale Fahrzeuge für die Fotoaufnahmen zu finden. Es hat sich gezeigt, dass dieses heute kaum möglich ist, denn viele Besitzer haben ihre Fahrzeuge nach eigenen Vorstellungen modifiziert. Manchmal standen auch zur Zeit der Restaurierung bestimmte Originalteile nicht zur Verfügung, sodass andere Teile eingebaut werden mussten. Deshalb können abgebildete Fahrzeuge vom werksmäßigen Auslieferungszustand in Details abweichen.

Hier erfahren Sie mehr – Telefon 0711 911 - 27150 oder www.porsche.de/classic.

Wir sorgen dafür, daß er bis ins hohe Alter seinen Spieltrieb nicht verliert.

Porsche Classic.

Wartung, Restaurierung und Originalteile für Ihren Porsche Klassiker.